Johann Friedrich

Abhandlung von Livländischen Geschichtschreibern

Johann Friedrich

Abhandlung von Livländischen Geschichtschreibern

ISBN/EAN: 9783741192685

Hergestellt in Europa, USA, Kanada, Australien, Japan

Cover: Foto ©Andreas Hilbeck / pixelio.de

Manufactured and distributed by brebook publishing software
(www.brebook.com)

Johann Friedrich

Abhandlung von Livländischen Geschichtschreibern

Abhandlung

von

Livländischen Geschichtschreibern.

Riga,

bey Johann Friedrich Hartknoch, 1772.

Abhandlung
von liefländischen
Geschichtschreibern.

§. 1.

Diejenigen, welche sich um die liefländische Geschichte bekümmert haben, sind überzeuget, wie selten die gedruckten, noch mehr aber die ungedruckten Geschichtbücher in Liefland selbst sind. Die bekanntesten unter den gedruckten sind Russow, Kelch und Arndt. Die beyden ersteren, wenn sie hier im Lande bey Versteigerungen vorkommen, werden sehr theuer, und oft mit acht bis zwölf Rubeln oder Reichsthalern erstanden. Arndt wird auch schon über den ersten Preis bezahlet. Es wäre zwar zu wünschen, daß man eine Sammlung der Geschichtschreiber unsers Vaterlandes anstellete und zusammen druckte. Man hat aber Ursache zu zweifeln, daß ein solches Werk so bald zu Stande kommen werde. Wenige sind, die diese Bücher nur dem Namen nach ländern: Lettland, Esthland und Kurland. Das letzte erhielt im sechzehenten Jahrhunderte seinen eigenen Herzog, den es auch bis auf den heutigen Tag hat. Das Herzogthum Esthland unterwarf sich damals der Krone Schweden; und das übrige Livland gerieth unter die Botmäßigkeit der Krone Polen, welche es im siebenzehenten Jahrhunderte dem Könige in Schweden überlassen muste. Im gegenwärtigen Jahrhunderte hat der glorreiche Kaiser aller Reußen, Peter der Grosse, alles, was Schweden in Livland besessen hat, seinem Zepter unterworfen. Wenn ich also von livländischen Geschichtschreibern rede: so nehme ich dieses Wort in seinem weitläuftigsten Verstande.

§. 4.

Meine Abhandlung wird aus folgenden Hauptstücken bestehen.

1) Von den Geschichtschreibern, die vor dem Jahre 1500; 2) die im sechzehenten Jahrhunderte; 3) von denen, die im siebenzehenten; 4) von denen, die im achtzehenten Jahrhunderte gelebet haben; und endlich 5) von denen, die entweder eines ungewissen Zeitalters, oder noch am Leben sind. Da ich der erste bin, der diese Materie bearbeitet: so kann es seyn, daß meine Abhandlung ihre Fehler habe. Ich wünsche also, daß diejenigen, welche im Stande sind, meine Fehler zu verbessern, solches aus Liebe zum Vaterlande thun mögen.

Erstes Hauptstück.

Von livländischen Geschichtschreibern vor dem Jahre 1500.

§. 5.

Diwo oder Diwonis.

Dieser Mann soll aus Bithynien, und der vornehmste einer Gesellschaft gewesen seyn, welche der Kaiser August in die nordischen Länder gesandt habe. Diese Gesellschaft soll durch die Tatarey, Rußland, Finland, Livland und Preußen gereiset; von allen aber nur der einzige Diwo, da die übrigen gestorben wären, am Leben geblieben seyn. Dieser Diwo hätte von dieser Reise ein Buch in reußischer Sprache mit griechischen Buchstaben geschrieben, und solches, wie er zu Plock in der Masau gestorben, dem dortigen Thumpropste, Jaroslaw, gegeben. Dieses Buch soll Jaroslaw dem ersten Bischofe in Preußen, mit Namen Christian, geliehen haben, im Jahre 1210. Aus dieses Bischofes Buche, welches liber filiorum Belial cum suis superstitionibus Bruticae factionis heißen soll, hat Simon Grunow diese Nachricht genommen, welche in diesem Jahrhunderte einige Gelehrten beschäfftiget hat, um zu prüfen, ob sie gegründet, oder ungegründet sey. Ich will mich hierbey nicht lange aufhalten, und glaube, daß alle Mühe vergebens angewandt werde, so lange man das diwonische Buch selbst nicht hat. Wie kann denn Diwo, der unter des Kaisers Augusts Regierung

gierung gelebet und gereiset haben soll, im zwölften oder dreyzehenten Jahrhunderte nach Christi Geburt gestorben seyn? Simon Grunow beruft sich zwar auf das angeführte Buch des Bischofs Christians. Wo ist dieses? Wolbrecht träget kein Bedenken, es zu den Hirngespinsten zu rechnen. Erläut. Preußen B. II. S. 402. f. Nichts destoweniger hat Bayer sich mit diesem vermeynten Diwo beschäfftiget. S. Acta Borussica, B. I. S. 887. In der preußischen Lieferung steht, S. 17-44. eine Prüfung der Reise Diwonis aus Bithynien nach Preußen unter dem Kaiser August; dessen Verfasser sich viele Mühe gegeben hat, die Person des Diwo in alten Verfassern aufzusuchen und kenntlicher zu machen. Doch muß er am Ende ausrufen: Ein jeder mag davon so viel glauben als ihm gut dünkt. Die Ursachen, warum man so wenig von diesem Diwo findet, sind folgende: erstlich, weil sein Buch nirgend gefunden worden; hernach weil die Schriften, worinn seiner gedacht wird, entweder verloren gegangen, oder ungedruckt und selten sind.

§. 6.

Papst Innocentius III.

Johann Lothar, aus der Familie der Grafen von Segni und Anagni, erblickte das Licht der Welt zu Anagni in Campagna di Roma, studirete zu Paris, und wurde nachdem er verschiedene Ehrenstellen bekleidet, endlich am 8ten Jänner 1198 römischer Papst. Er hieß hierauf Innocentius III, und regierte sehr herrschsüchtig bis zum 16ten Jul. 1216. Er hatte große Eigenschaften und schrieb sehr vieles, wovon nur seine

Briefe hierher gehören, welche, wie seine übrigen Werke, in lateinischer Sprache abgefaßt sind. Wir haben noch keine vollständige Ausgabe derselben. Paul Düman, ein Parlamentsrath zu Dijon, stellete die vornehmsten davon mit Anmerkungen zu Toulouse 1625 in 8. ans Licht, welche in eben dem Jahre zu Paris nachgedruckt wurden. Franz Bosquet, welcher hernach Bischof zu Lodeve und endlich zu Montpellier gewesen, gab, nebst den gestis dieses Innocentius, vier Bücher seiner Briefe gleichfalls mit Anmerkungen, zu Toulouse 1635 in Folio heraus. Die Ausgabe des Alteserra beschäfftiget sich nur mit den Briefen an die Spanier, und ist einem Livländer entbehrlich. Die vollständigste Ausgabe ist also die, welche Stephan Balüze zu Paris 1682 in zweenen Folianten drucken lassen. Es fehlt auch in dieser Ausgabe das sechste, siebente, achte und neunte Buch. Sie erläutern die älteste livländische Geschichte ungemein, insonderheit, was mit dem Orden vorgefallen ist, welchen Innocentius bestätiget hat. Konrad Samuel Schurzfleisch merket schon an, daß die livländischen Geschichtschreiber diese Briefe nicht genug gekannt und noch weniger gebrauchet haben. Ich trage daher kein Bedenken, sie unter die Quellen der livländischen Geschichte zu setzen.

§. 7.

Heinrich von Lettland.

Dieser ist der älteste einheimische Geschichtschreiber. Er hat, was er geschrieben, entweder selbst erfahren, oder doch von glaubwürdigen Männern vernommen. Bey vielen Begebenheiten ist er selbst zugegen gewesen.

Bey

Bey dem Bischofe Albrecht stand er in Gnaden, dessen Schüler er sich nennet. Bey dem Bischof Philipp von Ratzeburg vertrat er die Stelle eines Dolmetschers. Mit demselben reisete er 1214 nach Italien. Es ist zu vermuthen, daß er der römischen Kirchenversammlung beygewohnet, wenigstens sich damals in Rom aufgehalten habe. Es scheint, daß er in eben dem Jahre, nämlich 1215, in sein Vaterland zurück gekommen und bey dem Zuge nach Harrien und Wick zugegen gewesen sey. Zwey Jahre hernach zog er mit den Kriegesleuten nach Esthland. Seine Jahrbücher schrieb er in lateinischer Sprache auf Bitte seiner Herren, wodurch Gruber die Brüder der Ritterschaft Christi versteht. Warum aber nicht die Bischöfe? Da es scheint, daß Heinrich ein Priester und den Bischöfen sehr ergeben gewesen sey. Seine Jahrbücher erstrecken sich von 1184 bis 1225 oder 1226. Die Urschrift wird, nach David Werners Zeugniß, in dem königlichen Archive zu Stockholm verwahret. Die Abschriften sind sowohl in als außer Livland sehr selten anzutreffen. Eine fiel dem sel. Herrn Hofrathe, Johann Daniel Gruber, in die Hände. Sie war aber mangelhaft. Er erkannte den Werth derselben und ließ sie unter folgendem Titel abdrucken: Origines Liuoniae sacrae et ciuilis, seu Chronicon Liuonicum vetus, continens res gestas trium primorum Episcoporum: quibus deuictae a saxonibus et ad sacra Christianorum traductae Liuoniae absoluitur Historia: a pio quodam sacerdote qui ipse tantis rebus interfuit, conscripta et ad annum Christi nati 1226 deducta. E codice manuscripto recensuit scriptorum cum aetate, tum locis vicinorum testimonis illustrauit, siluamque documentorum et triplicem indicem adiecit Ioan. Daniel Gruber, A. B. Francofurti et Lipsiae Anno 1740. in folio. **Gruber** war von Ipsheim in Franken gebürtig und starb am 24sten März 1748 zu Hannover, wo er der königlichen Bibliothek vorstand, und den Titel eines geheimen Justitzrathes und Historiographen erhielt. Seine Verdienste um diesen Annalisten sind unwidersprechlich. Vor seinem Ableben schickte er einige Anmerkungen und Verbesserungen dem nun auch verstorbenen Arndt zu, welche dieser in dem zweyten Theile seiner livländischen Chronik, S. 8. Anmerk. **) bekannt machete. Dieser **Arndt** übersetzte die alten Jahrbücher, nebst den vortrefflichen gruberischen Anmerkungen in die deutsche Sprache, und ließ diese Arbeit unter folgender Aufschrift drucken: „Der livländischen Chronik Erster Theil, von Liefland unter seinen ersten Bischöfen, welcher die alte Geschichte der Russen, Deutschen, Schweden, Dänen, Esthen, Liven, Letten, Litthauer, Curen und Semgallen erläutert. Oder die Origines Liuoniae sacrae et ciuilis, wie solche der königliche Hofrath und Bibliothekarius zu Hannover, Hr. Johann Daniel **Gruber**, aus einem alten Manuscripte lateinisch herausgegeben, und mit gelehrten Noten versehen, nunmehr aber aus anderen Handschriften ergänzet, mit der nöthigsten Anzeige der verschiedenen Lesarten, wie auch mit kurzen Anmerkungen begleitet und ins Deutsche übersetzet, von Johann Gottfried **Arndt**, der Schule zu Arensburg auf Oesel Rector. Halle im Magdeburg. gedruckt bey Joh. Justinus Gebauer, 1747. in Folio.„ Der damalige öselische Landeshauptmann, Herr Heinrich Johann

Tunzel-

Tunzelmann, Edler von Adlerflug, welcher am 23sten October 1759 zu Kondo im dörpatischen Kreise gestorben ist, unterstützte Arndten auf eine rühmliche Weise. Er theilte dem Uebersetzer verschiedene Handschriften der alten Chronik mit, welche er mit der Gruberischen zusammen hielt, nebst derjenigen Abschrift, woraus die Lücke der vier Blätter, die in der gruberischen Ausgabe mangelten, ergänzet wurde. Arndt bedienete sich hauptsächlich zwoer Handschriften, wovon er die eine die Rigische, und die andere die Revalische nennet. Jene gieng nur bis auf das Jahr 1207. Gruber hat bey Gelegenheit dieser Chronik viele nützliche Urkunden mit abdrucken lassen, wovon Arndt nur diejenigen beybehalten hat, welche Livland angehen. Er hat diese Chronik fortgesetzt; daß ich also unten von ihm, an seinem Orte, weiter handeln muß. S. Arndts Chron. Th. II. S. 9.

§. 8.

Hartmann oder Hermann, Graf oder Herr von Heldrungen.

Er war ein deutscher Ordensritter aus dem Geschlechte der edlen Herren von Heldrungen, welches seinen Namen von dem jetzt geschleiften Schlosse Heldrungen, im Fürstenthume Querfurt hat, und 1414 ausgestorben ist. Als der livländische Orden dem Deutschen einverleibet wurde, trug er sehr vieles dazu bey. Nach dem Tode Hannons von Sangerhausen wurde er Hochmeister, und starb am 19ten August 1283 zu Venedig. Er hat einen Bericht von der Vereinigung des livländischen mit dem deutschen Orden geschrieben. Brandis saget

saget dieses ausdrücklich, mit dem Zusatze, daß er aus diesem Berichte seine Erzählung genommen habe. Kelch berufst sich gleichfalls auf diesen Bericht. Arndt zieht denselben in Zweifel und saget gerade zu, Brandis habe seine Geschichte von der Ordensvereinigung aus dem Waissel genommen und weitläuftig ausgeputzet: worinn ich ihm nicht beypflichten kann. In den Livonicis, und zwar Fasc. III. S. 20. ff. steht eine schwedische Deduktion, unterm Titel; Veritas a calumniis vindicata, mit vielen Beylagen. In der Beylage L und M werden die Jahrbücher, welche eigentlich von Heinrich von Letthland herrühren, diesem Hartmann von Helbrungen zugeschrieben. Dieses fällt nunmehr zwar weg; allein, die daselbst angeführte Stelle ist nicht ganz unnütze. In der gruberischen Ausgabe der alten livländischen Jahrbücher, S. 10. stehen folgende Worte: Sed dum Wirones de fide recipienda tractarent, Dux, accepto potius tributo ab eis, vela sustollens, in molestiam Teutonicorum. Bey dem Worte, sustollens, machet Gruber die Anmerkung, es sähe Jedermann, daß hier, durch Nachläßigkeit des Abschreibers, rediit in terram suam ausgelassen wäre. Allein, aus der angeführten Beylage L erhellet, daß der Abschreiber weiter nichts, als das einzige Wort, diuertit, vergessen habe. S. Arndts Chron. Th. I. S. 15.

§. 9.

Peter von Düsburg.

Er hatte seinen Namen von seiner Vaterstadt, lebete in der ersteren Hälfte des vierzehenten Jahrhunderts, und war ein Priester des deutschen Ordens und lehrer der freyen Künste. Er schrieb die Chronik des Landes Preußen und des deutschen Ordens von 1190 bis 1326. Diese widmete er dem Hochmeister Werner von Ursel, welcher von 1325 bis 1330 regieret hat. Er bath denselben, daß er sein Buch durchgehen, und wo es nöthig, verbessern, hierauf aber der Nachwelt zum Besten an das Licht stellen sollte. Diese Freymüthigkeit hat dem Verfasser einen ziemlichen Glauben erworben, daher seine Chronik oft abgeschrieben, und von einem Ungenannten bis auf das Jahr 1435 fortgesetzet worden. Hartknoch bekam eine unter diesen Handschriften in die Hände, und ließ sie, nebst seinen Anmerkungen und Abhandlungen, 1679 in 4 zu Jena drucken. Der Titel ist folgender: Petri de Dusburg Chronicon Prussiae cum incerti aucturis continuatione, cura Christophori Hartknochii; und des zweytens Theils: Christophori Hartknochii selectae Dissertationes historicae de rebus Prussicis. Peters von Düsburg Werk hat Nikolaus Jeroschinus in deutsche Verse übersetzet, und Wigand von Marburg ist der Verfasser der Fortsetzung bis 1394. Dieser Düsburger ist unter den bekannten preußischen Geschichtschreibern der älteste. Die Handschrift, welche Hartknoch gebrauchet hat, ist erst 1550 verfertiget worden, und hat so viele Fehler, daß der Herausgeber sich an vielen Stellen nicht finden konnte. Simon Grunau hat eine vollständigere Abschrift besessen. Es wäre zu wünschen, daß diese entdeckt und hervorgezogen würde, weil die livländische Geschichte dadurch Licht erhalten könnte. Kelch hat diesen Schriftsteller gebrauchet.

§. 10.

§. 10.

Heinrich von Langenstein.

Von seinem Vaterlande wird er Heinrich von Hessen der ältere genannt. Er war anfänglich Magister der Gottesgelahrheit und Vicekanzler zu Paris, hernach Thumherr und Priester zu Worms, und endlich öffentlicher Lehrer der Theologie zu Wien, seit 1384. Daselbst starb er am 11ten Febr. 1397. Unter seinen vielen Schriften gehöret nur hierher seine Epistola de oblato sibi episcopatu liuoniensi, welche Hermann von der Hardt soll haben drucken lassen. Fabricius zweifelt hieran; aber Jöcher redet davon mit Gewißheit.

Mehr Geschichtschreiber dieses Zeitraumes sind mir nicht bekannt geworden. Ich schreite also zu denen, die im sechzehenten Jahrhunderte gelebet haben.

Zweytes Hauptstück.

Von livländischen Geschichtschreibern des sechzehenten Jahrhunderts.

§. 11.

Matthias Waissel.

Er lebete im sechzehenten Jahrhunderte und war aus Bartenstein gebürtig. Zu Langenheim in Preussen bekleidete er das Amt eines Pfarrers; ich weiß nicht, wenn er gestorben sey. Es scheint aber, daß er bis gegen das Ende dieses Jahrhunderts, wo nicht länger gelebet habe, indem Hartknoch ihn beschuldiget, er hätte des Dionysius Runau Historie des dreyzehenjährigen Krieges in Preußen ausgeschrieben. Runau ließ diese Historie zu Wittenberg 1582 in 4 drucken, und ist erst am 23sten April 1605, als Prediger zu Dirschau, gestorben. Waissel, den Hartknoch immer Thomas nennet, ist demnach Verfasser der Chronik preußischer, livländischer und kurländischer Sachen, welche bis 1525 gehet, zu Königsberg 1599 in 4 gedruckt und sehr selten geworden ist. Außer dem angeführten Runau hat er die ungedruckte preußische Ordenschronik geplündert.

§. 12.

Johann Meletius, oder Menetius, oder Maletius.

Ein polnischer Edelmann, bey Krakau geboren, bekleidete seit 1537 das Pfarramt zu Lyck in Preußen, und

und lebete noch 1567, in welchem Jahre er die Repetitionem corporis doctr. pruten. unterschrieb. Sein Sohn, Hieronymus, war Pfarrherr zu Bialla, legete auf seinem Landgute eine Druckerey an, und druckete in derselben einige polnische Bücher. Johann Maletius ließ ein Schreiben an den berühmten Sabinus ab, welches de sacrificiis et idololatria veterum Liuonum et Borussorum handelt. Solches wurde in Königsberg 1551 in 4 gedruckt, nachher vermehret und verbessert von seinem Sohne 1563 in 4 herausgegeben, und endlich 1582 in 8 ebendaselbst wieder aufgeleget. Man findet es auch in der Frankfurter Collectione Scriptor. Polon. B. II. S. 417. und in den Actis Borussicis, B. II. S. 401-412. In diesem Buche wird er Erzpriester zu Lyck genannt.

§. 13.

Thomas Horner,

von Eger, ist der Verfasser einer Historiae Liuoniae in compendium ex annalibus contractae, welche nebst des Meletius angeführtem Schreiben 1551 in 4 ans Licht getreten ist. Sollte sie eben so mager seyn, als die Arbeit des Meletius: so ist es kein Wunder, daß man sie nicht mehr sieht.

§. 14.

Augustin Eucadius,

nicht Eucadius, wie er bey dem Voßius, Fabricius und Jöcher heißt. Unter seinen Schriften, wovon in der kaiserl. Bibliothek zu Wien die Lebensläufe der Kaiser, und die Beschreibung der Donau ungedruckt verwahret liegen sollen, habe ich in der rigischen Rathsbibliothek folgende gesehen: Aulaeum Dunaidum, continens seriem Archi-

episco-

episcoporum rigensium in Liuonia. Wittenberg 1564 in 8. Dieses Werkchen ist merkwürdig, weil darinn der Erzbischof, Siegmund August, vorkömmt. Dieser war ein mechelnburgischer Prinz. Sein Vater wandte viele Mühe an, ihm das Erzstift zu verschaffen; es kam mit den Verhandlungen ziemlich weit: aber der Prinz ist niemals zum Besitz gekommen. Mich wundert, daß Franke dieser wichtigen Unterhandlung zwischen dem Könige in Polen und dem Herzoge von Mechelnburg nicht gedacht hat.

§. 15.

Philipp Olmen.

Er ist Thumprediger zu Dörpat sieben Jahre und hernach Pastor zu Ressen, wie auch Doktor gewesen. Von ihm sind Historien vom livländischen Kriege vorhanden, die aber niemals gedruckt sind. Bredenbach hat sich derselben bedienet. Venator, Kelch und Arndt erwähnen seiner, ohne seine Historien gesehen zu haben. Weiter kenne ich ihn nicht.

§. 16.

Martin Kwiatkowski oder Quiatkowski, von Rozycze, sonst Blachta.

Dieser polnische Edelmann, aus der Woiwodschaft Siradien, studirete zu Leipzig, begab sich 1560 nach Königsberg, und unterrichtete daselbst des Herzogs Albrechts in Preußen Prinzen in der polnischen Sprache. Hernach hielt er sich bey dem Woiwoden Stanislav Szafraniec von Sendomir auf. Er hat eine Abhandlung de vtilitate linguae slauonicae geschrieben, und eine polnische Uebersetzung des veränderten augsburgischen Bekenntnisses herausgegeben, worüber er mit den königsbergischen Lehrern in großen Verdruß gerieth. Seine Beschreibung von Livland in polnischer Sprache ist zu Königsberg 1567 in 4 gedruckt. In Polen sind seine Schriften verbothen.

§. 17.

Stanislav Sarnicius, oder Sarnizki, oder Sarnecius.

Er war aus einem adelichen Geschlechte in Polen. Sein Vater hieß Johann und sein Großvater Jakob, welcher königlicher Gesandter bey den Tatarn war. Dieser Stanislav war zu Lips in Rothreußen geboren, und studirete unter andern zu Königsberg. Nach angenommener reformirten Religion wurde er Prediger zu Nieswiez in der Waiwodschaft Nowogrodeck; daher ist es geschehen, daß seine Schriften in Polen verbothen worden. Er verließ aber den geistlichen, und trat wieder in den weltlichen Stand. Von seinen Werken gehören hierher

1) Synopsis Annalium Polon. edendorum, Krakau 1582 in 4, welche sehr rar ist.

2) Annales siue de origine et rebus gestis Polonorum et Lithuanorum libri octo, Krakau 1587 in Folio. Diese Jahrbücher fangen mit Asarmoth, den er für den Anherrn der sarmatischen Völker hält, an, und hören mit dem Jahre 1586 auf. Die angeführte Ausgabe ist auf des Verfassers Kosten gedruckt. In der Sammlung

lung polnischer Geschichtschreiber, welche 1711 und 1712 zu Leipzig gedruckt sind, stehen diese Jahrbücher im andern Theile, S. 827 - 1232. Was darinn von Livland steht, ist sehr unerheblich.

3) Descriptio veteris et nouae Poloniae, vt et Russiae ac Liuoniae, Krakau 1585 in Folio. Der Herausgeber war Johann Sieninski. Sie ist zweymal wieder gedruckt worden, nämlich in der angeführten leipziger Sammlung, Th. II. S. 1873 - 1944; und in der Sammlung der polnischen Geschichtschreiber, welche der Herr Hofrath Lorenz Mizler von Kolof 1761 zu Warschau in Folio herausgegeben hat, Th. I. S. 232 - 282. Am Ende dieser Beschreibung findet man die Beschreibung Livlandes sehr kurz unter dem Titel: Situs et ambitus Liuoniae prouinciarumque ad flumen Duuam sitarum. Die Namen der Oerter sind sehr verstellt, daß man oft Mühe hat, sie zu errathen. Die Grade der Länge und der Breite sind angemerket, aber nicht nach mathematischer Art, sondern nach Gutdünken und von Hörensagen. Viele Unrichtigkeiten sind in diesem kurzen Werkchen. Also giebt er vor, es wäre auf der letzten tridentinischen Kirchenversammlung ein Bischof von Dorpat zugegen gewesen. Aus Falkenau oder Valkena macht er Falkenhaus. Järwen soll am Meere liegen. Habsal heißt Haspal. Helsingfors verwandelt er in Herschenfort. Jamburg, welches bey ihm Jamma heißt, soll zu Livland gehören, und zwölf Meilen von Narva liegen. Kawelecht verwandelt er in Kawelicht und machet dabey folgende seltsame Anmerkung. Significat candelam. Et reuera candelis ibi opus est. Ibi enim dies iam

hieme noctescunt et noctes aestate diescunt, propter vicinitatem arctici poli. Libau soll von einem Libo, der auf des Pompejus Flotte gedienet und dorthin gekommen, seinen Namen haben. Die Insel Nargen soll so viel als gen Narva bedeuten. Aus Kexholm machet er Rexheim, und saget, es bedeute so viel, als das Haus des Königes. Wit soll eine Stadt auf der Insel Oesel seyn.

§. 18.

Matthias Strubycz.

Ich weiß von ihm weiter nichts, als daß er ein Livländer und königlicher polnischer Sekretär gewesen ist. Er schrieb ein historisches Werkchen, welches Magister Just Lorenz Diez im Jahre 1727 zu Amsterdam in 8 unter folgendem Titel drucken lassen: Matthiae Strubyczii, Liuoniensis, Breuis atque accurata Liuoniae Ducatus Descriptio Historico-Geographica ad ecclesiasticam et profanam inprimis Ordinum Iohannitarum, Teutonicorum et Templariorum faciens Historiam e MSto suo vetustissimo eruta ac in lucem protracta a M. Iusto Laurentio Diezio. M. F. Lilienthal hat es seinen Actis Borussicis, im 3ten Bande und dessen fünften Stück, S. 627-676 eingerückt, jedoch die Dedikation sowohl des Urhebers an den König Stephan in Polen, als auch des ersteren Herausgebers an den sächsischen Rath Johann Michael Langguth weggelassen, dagegen alle Fehler der Handschrift und der amsterdammer Ausgabe beybehalten, wie schon Arndt angemerket hat. Strubycz hat seine Dedikation zu Thorn am 10ten Jänner 1577 unterschrieben, wo sich

damals

damals der König aufhielt, um sich die Danziger, welche ihrer Privilegien wegen bekümmert waren, zum Gehorsam zu bringen. Er fängt im ersten Kapitel, welches von Livlands Beherrschern handelt, mit der Eroberung der Stadt Jerusalem im Jahre 1099 an. Er erzählet, daß der erste Bischof Meinhart den deutschen Orden nach Livland gebracht habe; daß Albrecht der dritte Bischof in Livland, die erzbischöfliche Würde gehabt, und nur drey Jahre regieret habe; daß der berühmte Blankfeld ein Däne gewesen sey; daß Herzog Christoph von Mechelenburg, nach Wilhelms Tode, Erzbischof von Riga geworden sey, und nach seiner Gefangenschaft das Erzbischofthum Riga wieder erhalten habe; mit einem Worte, dieses Hauptstück ist mit Fehlern erfüllet, gleichwie das andere, welches von Livlands Lage handelt. Ich unterschreibe also das Urtheil, was Arndt von diesem Büchlein gefället hat. Aber ich kann auch nicht anders glauben, als daß Dietz an eine sehr verderbte Handschrift gerathen sey, indem es mir unmöglich scheint, daß ein geborner Livländer so grobe Irrthümer, als hierinn enthalten sind, niedergeschrieben hätte. Das ganze Werkchen ist, ohne die beyden Zueignungsschriften nur drey Bogen stark, und man verliert nichts, wenn man es nicht liest.

§. 19.

Lambert Kämmerling.

Diesen führet Neustädt an, jedoch meldet er nicht, was er geschrieben habe.

§. 20.

Timan Brakel.

Dieser evangelische Prediger zu Dörpat wurde 1559 auf ungegründetes Angeben mit Stricken gebunden und eisernen Fußbanden gefesselt nach Moskow gebracht. Unterweges genoß er zu Pleskow viele Liebe, und die alten deutschen Kaufleute gaben ihm Reisegeld. Er rühmet an den Russen, daß sie ihm in seinen Banden sein Predigtamt ungehindert führen lassen, da hingegen die Papisten in Dörpat die lutherischen Prediger sehr drückten. Als er aus Rußland wieder kam, berief ihn der dänische Landeshauptmann auf der Insel Oesel, Klaus von Ungern, nach Oesel zum Prediger zu Piha; wo er aber, der vielen Bemühungen dieses rechtschaffenen Mannes ungeachtet, ziemlichen Widerstand antraf, und daher den Einfall der Russen auf Oesel, als ein göttliches Strafgericht ansah. Endlich wurde er evangelischer Prediger zu Antorf oder Antwerpen, wo er 1579 in 8 ein Gespräch von der grausamen Zerstörung in Livland durch den Moskowiter An. 1558 geschehen, drucken ließ, welches ich in der rigischen Stadtbibliothek gesehen habe. Kelch und Arndt führen es unter dem Titel an: Rhytmi de excidio Liuoniae.

§. 21.

Lorenz Möller.

Woher er eigentlich gebürtig gewesen, weiß ich nicht zu sagen. Einer seiner Nachkommen sagete mir, dieser Lorenz Möller wäre aus Lünen in der Grafschaft Mark gewesen; er habe in der Belagerung des Schlosses Burtnick

nick die Fußangeln erfunden, wodurch die Russen bewogen worden, die Belägerung aufzuheben; er sey in den Adelstand erhoben, und die Fußangeln wären in den Schild seines Wapens gesetzt worden; er habe sich mit eines Hauptmannes von Duren Tochter vermählet, und mit ihr das Gut Durenhof bekommen, welches er Lünenhof genennet hätte; er liege in der burtnickischen Kirche begraben. Er war aber bey der Rechte Doktor und fürstlicher kurländischer Rath. Er wurde von dem Könige Stephan in Polen 1581 nach Schweden und Dännemark geschickt. Die Absicht dieser Gesandtschaft war, die Könige beyder Reiche zum Kriege wider die Russen zu bewegen. Es gelung dem Minister in Schweden, aber nicht in Dännemark. Nach seiner Wiederkunft wurde er als königlicher Kommissarius bey der Untersuchung der Urkunden der livländischen Landgüter im pernauischen Kreise gebrauchet. Wenn und wo er gestorben sey, ist nicht bekannt. Seine polnische, livländische, moskowitische, schwedische und andere Geschichte von 1576 bis 1593 ist zu Frankfurt 1585 in 4 und 1586 in Folio, zu Amberg 1595 in 4 und zu Leipzig 1606 in Folio gedruckt. Seine Arbeit ist von einem Ungenannten fortgesetzet worden. Man hat auch diese Septentrionalhistorien, wie man sie gemeiniglich nennet, in einer schwedischen Uebersetzung. Neustädt hat Anmerkungen darüber geschrieben, welche nicht gedruckt sind. S. Arndts Chron. Th. II. S. 3. Anmerk. ***). In Jena wurde sie 1595 nicht nur verbothen, sondern so gar eingezogen, und zwar auf Verlangen des Königes in Polen. S. Tetsch kurländ. Kirchengesch. Th. III. S. 289 - 292. Teu-

 mern

mern meldet in der Vorrede zu seiner Schaubühne: „D. Möllers historische Beschreibung sowohl von Lief„land als andern Oertern, ist in allem nicht so völlig „anzunehmen, weil er zu seiner Zeit geschehen lassen, „daß dieselbe in der berühmten vornehmen Akademie „zu Rostock aboliret worden.„

§. 22.

Tilemann Bredenbach.

Seine Geburtsstadt war Emmerich. Sein Vater Matthias, Rektor der Stadtschule, ist seines Hasses wegen bekannt, den er wider Luther und dessen Freunde hegete, und in öffentlichen Schriften so weit äußerte, daß man ihm ferner wider die augsburgische Konfession zu schreiben verboth. Dieser Haß erbete auf den Sohn, welcher seines Vaters Schriften vertheidigte. Er war Doktor der Gottesgelahrheit und Thumherr zu Köln, Dörpat und Antorf. An dem ersten Orte starb er 1587. Er hat mancherley geschrieben. Hier will ich nur seiner Historiae belli liuonici gedenken, das ist die Geschichte des Krieges von 1558 bis 1582: wiewohl sie nur ein Stück davon enthält. Diese Geschichte ist zu Köln 1558 in 12 und 1564 in 8, zu Douay 1565 in 8, und in den Scriptoribus rerum moscouiticarum, die 1600 zu Frankfurt in Folio herausgekommen sind, S. 210, imgl. ebend. 1684 in 8 gedruckt worden. Man hat sie auch in holländischer Sprache. Bredenbach, dessen latein richtiger, als seine Geschichte ist, schrieb sie dem Bischofe, Julius Pflug, zu Naumburg zu, und war unter allen livländischen Thumherren vermuthlich der einzige, welcher sich durch Schriften bekannt gemacht hat.

hat. Wenigstens hat der Herr von Bar in seinen Babioles litteraires keinen andern angeführet, und mir ist sonst Niemand vorgekommen.

§. 23.

Salomon Henning.

Dieser verdiente Mann erblickte das Licht dieser Welt im Jahre 1528 zu Weimar. Seine Aeltern waren nicht aus dem Adel, wie man lange geglaubet hat, sondern gute, redliche und fromme Bürgersleute. Der Vater hieß Friedrich Henning, und die Mutter Margareta Streithorstinn. In den Schulen zu Weimar, Naumburg und Zwickau legete er Grund zu seinem Studiren, welches er mit Hülfe eines nürnbergischen Kaufmannes, Hieronymus Wolkensteins, zu Wittenberg, Leipzig, Erfurt und Jena, sechs Jahre lang, unermüdet fortsetzte. Die lateinische, griechische, französische und italienische Sprache hatte er, insonderheit aber die beyden ersteren, sehr gut erlernet, und damit die Beredsamkeit, Geschichtkunde, Weltweisheit, Staatskunst, Rechtsgelehrsamkeit und Gottesgelahrheit verbunden. Von Jena wollte er sich nach Rostock begeben; als er aber nach Lübeck kam, wurde er daselbst 1551 mit Gotthart Kettlern bekannt, welcher in seiner Person einen geschickten und zu den wichtigsten Geschäfften aufgelegten Mann gewahr ward. Kettler trug ihm den Dienst des Ordens an, mit dem Vorbehalt, daß, wenn er selbst zu höherer Würde gelangen möchte, Henning ihm allein dienen sollte. Sie giengen beyde zu Wasser von dort nach Riga, von wannen sein Gönner ihn nach Wenden zu dem Ordensmeister,

Heinrich von Galen, sandte. Im folgendem Jahre 1554 wurde Kettler Komthur zu Düneburg, und Henning trat nun in seine Dienste. Er brauchte ihn in sehr wichtigen Angelegenheiten und schickte ihn noch in demselben Jahre an den Fürsten Nikolaus Radzivil, Herzog von Olika und Woiwoden von Wilda. Im folgenden Jahre mußte er wiederum zu diesem Fürsten reisen, dessen Gnade er sich völlig erwarb. Bald darauf giengen die schädlichen innerlichen Unruhen in Livland an. Kettler rüstete sich dazu und fertigte unvermerkt Henningen nach Deutschland ab. Diese Reise war nicht ohne Gefahr. Aus Deutschland gieng er nach Polen, wo er dem Könige des Ordensmeisters Klagen vortrug. Er mußte von dort nach Lübeck, und hierauf zu Wasser nach Livland mit wichtigen Gewerben an den Koadjutoren, Wilhelm von Fürstenberg, reisen. Kettler erklärte ihn zu seinem Geheimschreiber, worauf er mit dem Ordensmeister dem Friedensschlusse zu Poswol 1557 beywohnete. Nach demselben that er dem bekannten Werner Schall von Bel zu Wilda sehr wichtige Dienste, welche nicht nur von ihm selbst, sondern auch von seinem Bruder, Philipp, vergolten wurden. Seine vielen und wichtigen Geschäffte entkräfteten ihn; er fiel in eine Krankheit, daß er sieben Wochen in Reval zu Bette lag; ein geschickter Arzt, mit Namen Fuhrmann, half ihm wieder zu seiner Gesundheit. Noch in eben demselben Jahre, nämlich 1558 wurde Kettler Koadjutor. Den Tag nach der Wahl mußte Henning als Gesandter des Ordens nach Wien reisen. Das war also der zehente Tag des Heumonates. Er reisete durch Litthauen und Polen in dreyen Wochen nach Wien. Der Kaiser war zwar unpäßlich, ließ ihn aber doch vor sich kommen. Henning blieb vier Wochen in Wien, genoß daselbst alle Höflichkeit, und wurde so gar oft an des römischen Königes Tafel gezogen: allein er erhielt weiter nichts, als einige Schreiben an den Koadjutor, und an die Könige von Spanien, England, Dännemark und Schweden, und Befehle an die Städte Lübeck und Hamburg. Er reisete nach Lübeck, und von dort mit Georg Sieberg und dem nachmaligen Kanzler Brunnau, zu Lande nach Riga, vor welcher Stadt er Kettlern mit seinem Kriegesvolke antraf. Mit demselben reisete er nach Reval, wo er von seinem Herrn mit einer goldenen Kette, und dem daran hängenden Bildnisse des Koadjutors beschenket ward. Im folgenden Jahre, 1559, reisete der Koadjutor nach Krakau, um mit dem Könige in Polen, des Schutzes wegen, zu handeln, und sandte Henningen, nebst Gildeöheim, über Abo nach Süderköping, wo damals der König Gustav von Schweden seinen Hof hielt. Diese Begebenheit erzählet Arndt etwas zu früh. Die Wirkung dieser Gesandtschaft war den Liefländern eben nicht zuträglich. Henning reisete wieder nach Reval und sogleich nach Wilda, wohin der Koadjutor aus Krakau gekommen war. Kettler war mit Hennings Bemühungen so wohl zufrieden, daß er ihm die Mühle Keriffer mit allen Zubehörungen im Amte Reval schenkete. Der Aufenthalt zu Wilda daurete zwölf Wochen, in welcher Zeit der Schutzhandel am 31sten August zum Stande kam. Nach seiner Wiederkunft in Liefland, stattete er dem ganzen Orden von seinen Verrichtungen

gen Bericht ab, schrieb das Kriegesvolk auf, reisete nach Reval und verlobete sich mit Anna Margareta von der Pahlen: bey welcher Gelegenheit er mit dem falkenauischen Hause in Reval beschenket ward. Henning wurde 1560 an den König in Polen gesandt, und richtete damals so viel aus, daß in dem Vertrage des Schutzes wegen, die Worte: Saluo tamen et integro S. R. Imperii iure et directo dominio eingeschaltet wurden. So erzählet es Herr Pastor Tetsch. Eigentlich lauten die Worte also: Non derogando Sacri Romani Imperii directo dominio. Hiervon stattete Henning seinem Herrn zu Reval Bericht ab, und vollzog das Beylager mit seiner Braut, wobey ihn Kettler selbst in die Kirche führete, und die Braut mit einer goldenen Kette, die er ihr anhängete, beschenkte. Bald darauf mußte er in den Geschäfften seines Herrn nach Kockenhausen, Litthauen und Schweden reisen, und erhielt zu seiner Belohnung zwey Häuser, eines in Riga, das andere in Pernau, ohne die goldene Kette, womit Radzivil ihn begabete. Zu der Zeit, als Henning in Stockholm war, starb der König Gustav. Sein Nachfolger Erich fertigte ihn nach Weihnachten ab, und Henning trat seine Reise von Stockholm nach Finnland am Tage der Erscheinung Christi 1561 an, und erreichete mit vieler Gefahr die Stadt Reval. Kaum hatte er seinen Bericht dem Ordensmeister erstattet, als er nebst Just Clodten, dem Stammvater dieser Familie, und einem Gesandten des Erzbischofes von Riga, nach Wilda zu dem Könige von Polen gehen mußte. Von dannen mußte er sehr eilig nach Mitau zurück kommen, weil Kettler daselbst gefährlich

krank

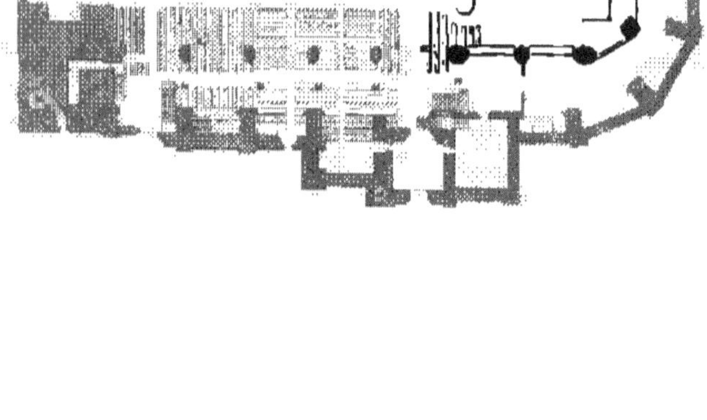

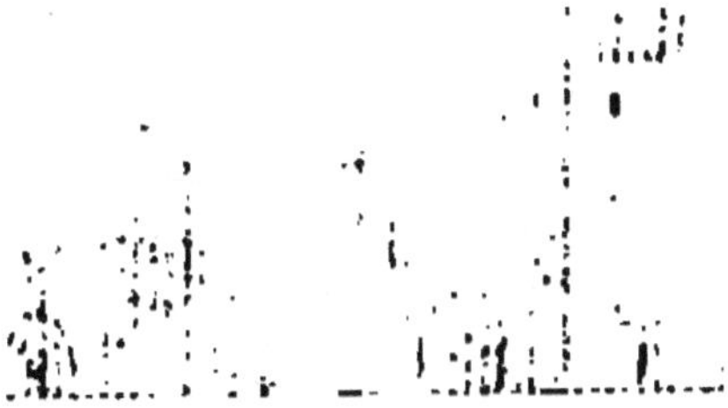

krank lag. Tag und Nacht war er um diesen seinen Herrn, der des Dieners Treue zu belohnen suchete. **Henning** war nun sein wirklicher Rath, und der Unterwerfungshandel des Adels und der Stadt Reval machte, daß er seine Rückreise nach Wilda beschleunigen mußte. In diesem Jahre erhielt er die einträglichen wahnischen Güter in Kurland, die ihm der König in Polen bestätigte. Daß er bey dem Unterwerfungsvertrage zugegen gewesen, darf ich kaum anführen, weil Kettler ohne diesen seinen Liebling nichts wichtiges vornahm, und es also gerne sah, daß der König bey dem Abzuge diesem geschickten Minister eine goldene Kette verehrete und ihm ein Jahrgeld anwies: worzu der neue Herzog ihm noch gewisse unbewegliche Güter einräumete. Die Wohlthaten dieses Fürsten bewogen ihn, in seinen Diensten zu bleiben, ob gleich ihm der Großfürst von Finnland die Seinigen anbiethen ließ. Im Herbste 1562 wohnete er den Unterhandlungen zu Hasenpoth bey; von dannen mußte er die Post nach Kauen nehmen, und in geheim mit Radzivil handeln. Bey der Verehelichung des Herzoges und der Prinzessinn von Mechelnburg besorgete **Henning** die wichtigsten Geschäffte, und zu Königsberg brachte er alles in Richtigkeit, ehe der Herzog Gotthart selbst dahin kam. Im Jahre 1566 hielt der Herzog Beylager, und es ist gewiß merkwürdig, daß die Mutter der neuen Herzoginn ihm, als einem so bewährt erfundenen Diener, ihre Tochter, als eine Fremdlinginn, zu aller Treue empfahl. So drückte sich die Herzoginn von Mechelnburg aus. Hier hat Tetsch wieder einen Gedächtnißfehler begangen. Die

Gemah-

Gemahlinn des Herzoges von Kurland war eine Schwägerinn der Herzoginn von Mechelnburg. S. Frankens A. und N. Mechelnburg, B. X. S. 152. f. Nach diesem Feste begab sich Henning auf den Reichstag nach Lublin, wo er von dem Könige Siegmund August in den Adelstand am 10ten May erhoben wurde. Er ist also der Stammvater dieser noch blühenden kurländischen Familie. Noch in diesem Jahre legete Jost Clodt, ein anderer Stammvater einer noch in Livland übrigen, in Kurland aber verblüheten Familie, die kurländische Kanzlerwürde nieder. Diese hatte der Herzog seinem Henning zugedacht; allein er bedankte sich und brachte sie dem Michael Brunnau zuwege. Es ist vermuthlich ein bloßer Gedächtnißfehler, wenn der Herr Pastor Tetsch ihn Wilhelm nennet. Dagegen wurde Henning, nebst Wilhelm von Effern und Alexander Einhorn, Visitator und Reformator der kurischen und semgallischen Kirchen: ein Amt, worinn er sich um sein neues Vaterland unsterblich verdient gemachet hat. Inzwischen brauchete ihn der Herzog beständig in Staatssachen und Gesandtschaften, welche bey Gründung eines neuen Staates so häufig und nöthig sind. Wenn der Herzog sich persönlich zu dem Könige begab, war es Henning, der ihm den Weg bereitete, und Henning war es, der seine Schritte und Unterhandlungen mit seinem Rathe leitete. Im Jahre 1568 bath er um eine völlige Erlassung von den fürstlichen Diensten, obgleich er damals erst vierzig Jahre alt war; diese wurde ihm zwar nicht, aber doch eine Erleichterung, gewähret. Am 29sten November mußte er des Herzogs Testament aufsetzen, und nebst andern

Räthen

Räthen unterschreiben und besiegeln. Im Jahre 1572 wurde er von allen Vormundschaften, womit ihn das Land zu viel belästigte, befreyet. Desto eifriger setzte er das Kirchen-Visitationswerk fort, und am 2ten Heumonates 1573 war er Zeuge bey der Taufe des Prinzen Georg. Im Jahre 1579 empfieng der Herzog das Lehen von dem Könige Stephan. Hierbey fielen Geschäffte vor, welche Hennings Gegenwart und Rath erheischeten. Im Jahre 1582 schickte er seinen Sohn auf die hohe Schule zu Königsberg, und mußte den Herzog nach Riga begleiten, wo damals der König zugegen war, und auf des Zamoiski Eingeben von der Stadt eine Kirche zum papistischen Gottesdienste foderte. Henning war ein eifriger Lutheraner, und suchete dieses durch seinen Herzog zu hintertreiben; allein der König drang durch. Im Jahre 1583 wurde er nebst Lukas Hübenern, an die Stände des Stiftes Kurland oder Pilten abgefertiget, um ihnen zu Gemüche zu führen, daß beyde Könige von Polen, Siegmund August und Stephan bewilliget hätten, daß das Stift, nach dem Tode oder Abzuge des Herzoges Magnus von Holstein, dem Herzoge von Kurland heimfallen sollte; ferner, daß Herzog Magnus noch bey seinem Leben das Stift dem Prinzen von Kurland vermachet hätte, mit Einwilligung der Stände; endlich, daß die Stände, wenn sie sich nicht unmittelbar an Polen ergeben wollten, den Herzog von Kurland für ihren Herrn annehmen, und ihm den Eid der Treue leisten möchten. Jedoch die Stände hiengen damals gar zu sehr an der Krone Dännemark, als daß diese gegründeten Vorstellungen Eingang finden konnten. Drey

Jahre

Jahre hernach vermählete sich der Hofmarschall, Johann Albrecht Radziwil, mit der Prinzessinn, Anna von Kurland. Die Trauung geschah von einem römischkatholischen Priester. Dawider setzete sich Henning dergestalt, daß er sehr viel darüber leiden mußte, und vor Unmuth in eine Krankheit fiel, welche dadurch gefährlich wurde, weil ein unvorsichtiger Arzt ihm Opium für Apium eingab. Er genas, kam wieder zu seinen verlornen Kräften, verlor aber seinen Herzog am 17ten May 1587, der ihn mit Gnade und Wohlthaten überschüttet hatte. Henning drückte ihm die Augen zu, und blieb unter seinem Nachfolger, dem Herzoge Friedrich in seinen Aemtern und seinem Ansehen. Herzog Gotthart hatte so gar in seinem Testamente verordnet, daß er seiner Witwe und seinen Kindern mit Rath an die Hand gehen sollte. Jedoch entfernete er sich allmählich vom Hofe, und wohnete meistentheils auf seinen Gütern, insonderheit zu Wahnen, wo er 1573 eine neue Kirche gestiftet, und nebst zwoen Kapellen auf seinen angränzenden Gütern erbauet und reichlich versorget hatte. Seine drey Gemahlinnen, die er nach einander heurathete, hiessen Anna Margareta von der Pahlen, Anna von Bockum und Margareta von Tobbin. Er starb auf Wahnen am 29sten Wintermonates 1589 im ein und sechzigsten Jahre seines Alters, als fürstlicher kurländischer geheimer Rath und Kirchenvisitator, Erbherr auf Wahnen, Walgum, Aruppen, Sutmen, Warriben und Sahrzen in Kurland, und auf Kirrepe, Wilkemit und Mühlgraben in Livland, lauter Belohnungen seiner redlichen Dienste, und augenscheinliche Zeugnisse, daß Herzog Gotthart

von

von Kurland Talente und Verdienste gekannt, geschätzet und vergolten hat; aber auch ein überzeugender Beweis, daß die Wissenschaften arme Leute empor bringen können, und wirklich durch göttlichen Segen empor bringen. Salomon Henning war von armen, wenigstens unbemittelten, Aeltern; er konnte sein Studiren, ohne fremde Hülfe, nicht vollenden: allein, er schwung sich in die Höhe und wurde ein sehr berühmter und brauchbarer Staatsmann seiner Zeit, nicht durch eine lange Reihe fremder Verdienste, noch durch einen Zufall, am wenigsten durch unanständige Wege, sondern durch seine hervorstechenden und durch unermüdeten Fleiß verbesserten Naturgaben, durch einen mit Gottesfurcht und Weisheit geschmückten Geist, durch unverdrossene Arbeitsamkeit, durch einen unermüdeten Diensteifer. Er opferte einem neuen Staate seine Kräfte, seine Einsichten, sein Vermögen, die Herzen der Fürsten und Gewaltigen zu lenken, gänzlich auf. Seine Treue, die er hierinn bewies, war ohne Schranken, aber auch ohne Geräusch; und dennoch ist es wahr, daß er dazu, daß Kurland ein Herzogthum wurde, das allermeiste beygetragen hat. Er nahm sich nicht allein der weltlichen, sondern auch der geistlichen Angelegenheiten an, und er brachte es so weit, daß der Herzog ihn nicht missen, und er den Herzog nicht verlassen wollte. Dieser Charakter ist uns Bürge für seine Schriften, deren nur drey vorhanden sind.

1) Kurländische Kirchenordnung. Rostock 1570 in 4. Hiervon ist Henning der Urheber und fast der einzige Beförderer, aber nicht allein der Verfasser, sondern Alexander Einhorn, sein Mitarbeiter gewesen. Sie

ist nicht bloß selten, sondern beynahe unsichtbar geworden. In der Kirchenbibliothek zu Libau ist ein Exemplar davon vorhanden.

2) Bericht, wie es bishero in Religionssachen im Fürstenthum Kurland, Semgallen und Liefland ist gehalten worden, nebst dem Leben und Sterben des letzten Heermeisters und ersten Herzogs in Kurland. Rostock 1589 in Folio. In der rigischen Stadtbibliothek habe ich davon ein Exemplar unter Nr. 50. in der historischen Klasse angetroffen.

3) Sein vornehmstes Werk ist: Lief- und curländische Chronica. Rostock 1590 in Folio. Auch diese ist in der rigischen Stadtbibliothek mit dem angeführten Bericht in einem Bande. Diese Chronik fängt mit dem Jahre 1554 an, und man sieht daraus, daß sie von solchen Sachen handelt, die der Verfasser nicht nur selbst erlebet, sondern auch behandelt hat. Herr Past. Tetsch erwähnet, sie sey 1589 durch Augustin Ferbers Druck zu Rostock in Folio herausgekommen. Sie wurde hernach 1594 zu Leipzig in Folio durch Zachariam Berwald zu drucken angefangen und 1595 vollendet. Dennoch ist sie eine Seltenheit. Der sel. Arndt saget, sie komme vielen partheyisch vor, weil sie mit noch lebenden Personen, oder deren Häusern zu thun gehabt. Dieses könnte ein Gewicht haben, wenn Henning seine Arbeit bey seinem Leben ans Licht gestellet hät.e. Sie kam aber erst nach seinem Tode mit Chyträus Vorrede heraus. Arndt meldet noch, es wären vier Blätter auf Befehl des Königes von Pohlen und der Churfürsten des Reichs in der leipziger Ausgabe unterdruckt worden, weil die Stadt Riga durch ihren Syndikus

Hilchen

Hilchen darauf gedrungen hätte. Er merket an, daß unter andern Unrichtigkeiten die Beschuldigung des Krumhausens und der königliche pohlnische Eid weggeblieben wären. Ich kann die verschiedenen Ausgaben nicht mit einander vergleichen. Jedoch, Herr Pastor Tetsch, welcher die henningische Chronik bey der kurischen Geschichte unentbehrlich achtet, hat bewiesen, daß die Universität Jena am 19ten Weinmonates 1595, auf Befehl Herzog Friedrich Wilhelms von Sachsen, und auf Anhalten des Königes von Pohlen, diese Chronik verbothen, und alle vorhandenen Exemplare eingezogen hat. Er hat aber auch bewiesen, daß der König sich auf Anhalten der Fürsten in Kurland bedacht, und von dem damaligen Churverweser unterm 9ten Sept. 1597 verlanget hat, er möchte dem Senate der Universität Jena befehlen, daß er durch einen anderen Anschlag, sowohl das Buch selbst, als auch den Ruhm des Verfassers von den falschen, dem Könige vorgebrachten, Anschuldigungen retten sollte. S. Tetsch kurl. Kirchengesch. Th. III. S. 289. ff. Anm. l und m, in welchem dritten Theile, S. 237-294. die Geschichte dieses verdienten Mannes, nach Anleitung eines eigenhändigen Aufsatzes dieses Ministers, erzählet wird.

§. 24.

Johann Löwenklau, oder Leuenclauig, oder Lewenclaius.

Dieser Westphälinger von Amelbeuern oder Amelbüren im Stifte Münster, hat etwa 1633 zu leben angefangen, und ist in seiner Jugend nach Livland von seinem Vater gesandt worden. Hernach begab er sich an den savoyischen Hof; er lehrete ferner die griechische Sprache zu Heidelberg; er durchzog das türkische Reich, und sammlete aus den Schriften der Türken genauere Nachrichten zu Aufklärung ihrer Geschichte; endlich begab er sich nach Wien, wo er dem Vorsteher der kaiserlichen Bibliothek, Blot, vielen Verdruß zufügete, und im Brachmonate 1593 starb, da er beynahe sechzig Jahre alt geworden war. Von seinen vielen Schriften gehöret hieher Commentatio de Moscorum bellis aduersus finitimos gestis ab annis iam LXX, quibus, antea per Europam obscuri, paulatim innotuerunt. Ich weiß nicht, ob dieses etwa aus vier Bogen bestehende Werkchen besonders gedruckt sey: man findet es aber in Pistorii Corpore Historiae polonicae, Th. III. Bl. 128-136. Aus dem, was er in seinen Annalibus Sultanorum von Livland, welches er Eifland nennet, aufgezeichnet hat, müßte man schließen, daß er nicht lange hier geblieben sey. Wenn inzwischen Daniel, Prinz von Buchau, ihn rühmet: so sieht er vornehmlich auf die angeführte Commentationem.

§. 25.

Bartholomäus Paprocki von Glogol.

Dieser gelehrte pohlnische Edelmann erblickte das Licht der Welt auf seines Vaters Landgute, Paprocka Wule, um 1550. Er legete sich auf die Geschichte seines Vaterlandes und die Geschlechtregister. Um hierinn desto mehr zu erforschen, und die Verwandtschaft der slavischen Familien mit dem pohlnischen zu erken-

erkennen, reisete er nach Schlesien, Böhmen und Mähren. Eine alte böse Frau, womit er sich verehelichet, machte seinem Leben und Fleiße ein Ende, als er noch nicht funfzig Jahre, oder doch nicht viel darüber hiernieden gewallet hatte. Von seinen Schriften, welche er theils in pohlnischer, theils in böhmischer Sprache verfertiget hat, gehöret hierher: Nidus virtutis, vnde stemmata equitum polonorum magnique ducatus Lithuaniae, Russiae, Prussiae, Samogitiae et aliarum prouinciarum huic regno annexarum principum magnatumque originem ducunt. Es ist in pohlnischer Sprache zu Krakau in Fol. gedruckt, aber nicht 1584, sondern schon 1578. S. Hoppii Schediasma de scriptoribus histor. polon. S. 16. A. **Simon Okolski** hat dieses Werk auch dermaßen geplündert, und wenn man ihm dasjenige wieder nähme, was er dem **Paprocki** geraubet hat, würde sein Orbis Polonus gewiß nicht so stark seyn, als er jetzt ist.

§. 26.

Balthasar Rüssow.

Ein geborner Livländer, wurde in seiner Geburtsstadt Reval 1563, bey der heil. Geistkirche Pastor, und starb plötzlich im Jahre 1600. Es ist ein bloßer Druckfehler, wenn im **Jöcher** steht, er wäre 1660 gestorben. Wir haben von ihm eine livländische Chronik, welche im Jahre 1578 in 4 und in 8 zu Rostock, und 1584 zu Barth in Pommern in der fürstlichen Druckerey das Licht gesehen hat. Die erste Ausgabe geht bis 1577; die zweyte hat schon einige Zusätze, und die dritte geht bis 1583. Man darf sich nicht wundern, daß dieses

Buch in so kurzer Zeit dreymal aufgelegt worden. Vor ihm hatte keiner eine vollständige Geschichte von Livland drucken lassen. Der langwierige Krieg, worinn Rußland sich mit Pohlen und Schweden um Livland gezanket hatte; der Untergang des livländischen Ordens; das neue Herzogthum Kurland; Bredenbachs und Eucädius Schriften; der zapolskische Friede hatten Jedermann neugierig gemacht, eine an einander hängende Erzählung von diesem Lande zu sehen und zu vernehmen, wie die Veränderung nach und nach entstanden. Die dritte Ausgabe, welche ich in Händen und zu einem großen Geschenke von dem verstorbenen Herrn Landrichter von Brömsen erhalten habe, führet folgenden Titel: „Chronica der Provinz Lyfflandt, darinne „vermeldet werdt, wo dat sülvige Landt ersten gefun„den, vnde thom Christendome gebracht ys. Wol de „ersten Regenten des Landes gewesen sindt: vom dem „ersten Meister Düdesches Ordens in Lyfflandt bet up „den lesten vnde vom eines ydliken daden. Wat sick „in der Voranderinge der lyfflendischen Stende vnd na „der tydt bet in dat negeste 1581 Jar, vor seltzame vnd „wünderlike Gescheffte im Lande tho getragen hebben: „nütte vnde angenehme tho lesende korth vnd loffwer„dig beschreuen. Dorch Balthasar Russowen, Reua„liensem. Thom andern mal mit allem flyte auerse„hen, corrigeret, vorbetert vndh mit velen Historien „vormehret dorch den Autoren sülvest. Tho. Bard; „1584 in gr. 4.„ Diese Chronik ist in niedersächsischer oder plattdeutscher Sprache geschrieben. Vielleicht ist Russow der letzte unter den deutschen Chronisten, der sich dieser Sprache bedienet hat. Herr Präsident

Präsident Gatterer hat keinen späteren gefunden. Er hat sein Werk in vier Theile getheilet. Der Verfasser schrieb es 1577 dem Rathe der Stadt Bremen zu, weil diese Stadt, wie der Geschichtschreiber in der Vorrede saget, eine Mutter vieler livländischer Städte und Schlösser gewesen wäre, fast ganz Livland aus der Taufe gehoben, und nächst Gott, dieses Land aus dem Heydenthume zum Christenthume verholfen, und aus der gräulichen Finsterniß der Abgötterey zu dem heilsamen Lichte göttlicher Erkenntnisse zuerst gebracht hätte. Der erste Theil handele von dem Anfange des Christenthumes und der christlichen Regierung in Livland; und von der Gelegenheit des Landes. Er theilet das Land in drey Hauptstücke, Esthland, Letthland und Kurland, und zählet hierinn neun mit Mauern umgebene Städte, nämlich Riga, Reval, Dörpat, Narva, Vellin, Pernau, Wenden, Wolmar und Kockenhausen, die von Deutschen bewohnt und regieret worden. Unter das livländische Wildpret rechnet er auch das Reh, welches doch heutiges Tages im Lande sehr selten, und nicht anders, denn aus benachbarten Ländern zu haben ist. Er erzählet, daß man in den letzten Zeiten der Ordensregierung eine Last Roggens oder Malzes um zwölf Thaler, einen fetten Ochsen für drey, und ein fettes Schwein für anderthalb Thaler gekauft hätte. Der wohlfeile Preiß ist nicht immer ein Zeichen des Ueberflusses und der Glückseligkeit. Hier aber ist es gewiß ein Beweis davon. Denn er meldet, daß die einzige Stadt Reval jährlich habe über zehen tausend Last Roggens ausschiffen können. Im Jahre 1158 haben die bremischen Kaufleute zum erstenmal Livland besuchet, und in der Gegend, wo die Liven wohneten, an der Münde der Düna, wohin sie durch einen Sturm verschlagen worden, mit den Einwohnern Handel und Wandel getrieben. Die Richtigkeit dieser Epoche bestätiget Heinrich von Letthland, von dem ich im 7ten §. gemeldet habe, daß er im Anfange des dreyzehenten Jahrhunderts gelebet und geschrieben hat. Dieser erste Theil, welcher nur sieben Blätter enthält, erzählet die Merkwürdigkeiten bis auf die Vereinigung des Ordens der Ritter des Krieges Christi mit dem Deutschen. Der zweyte Theil hat zum Gegenstande die livländischen Begebenheiten unter den Meistern des deutschen Ordens in Livland. Der Chronist nennet diese Regenten niemals anders als Meister. Das war ihr ordentlicher Titel. Aus Ehrerbiethigkeit nannte man sie Herr, oder im Niedersächsischen Heer. Daraus haben diejenigen, welche es nicht recht verstanden haben, einen Heermeister, Dominum exercitus, gemacht. Russow zählet, von Hermann Balke bis auf Gotthart Kettler, sechs und vierzig Meister. Andere rechnen die beyden Meister der Ritter des Krieges Christi mit, und bringen also acht und vierzig heraus. Dieser zweyte Theil, worinn er das Regiment und Wesen des Ordens, wie er es von Hasenkamps Zeiten bis zu des letzten Meisters Regierung gesehen und erlebet hat, beschreibet, erstrecket sich von Bl. 8 bis 50, und der dritte von Bl. 51 bis 106, nämlich von dem Anfange der pohlnischen und schwedischen Regierung bis an das Ende des Jahres 1577. Man könnte diesen Theil die Geschichte seiner Zeit nennen. Den vierten Theil hat er dem Rathe und der Bürgerschaft zu Reval gewidmet. In dieser Vorrede bekennet

kennet er, daß er mit seiner Chronik nicht bey allen, Dank verdienet hätte. Er gedenket unter andern eines ernstlichen Bußpredigers, mit Namen Peter von Halle, dem die Kanzel verbothen worden. Dieser vierte Theil geht von Bl. 113 bis zum Ende des Werkes, oder vom Jahre 1578 bis 1583. Kelch nennet ihn den aufrichtigen livländischen Historicum. Ich will ihm dieses Lob nicht abstreiten, es kann aber wohl seyn, daß er das gemeine Gerücht von der Wahrheit der Begebenheiten nicht sorgfältig genug unterschieden hat. Neustädt hat sich oft auf ihn berufen. Aber Elerd Kruse hat ihn in seinem noch nicht gedruckten Gegenberichte hart gezüchtiget. Thomas Hiärne berichtet uns in seinem dritten Buche, daß Daniel Müller ein Supplementum ad Russouii Chronicon geschrieben habe. Es wäre gut, wenn dasselbe aus der Finsterniß hervorgezogen würde, weil es, sich über das ganze Werk zu erstrecken scheint. Das russowische Werk ist, ungeachtet es dreymal gedruckt worden, nicht nur in Livland, sondern auch in Deutschland selten, wie man aus vielen Verzeichnissen ansehnlicher Bibliotheken abnehmen kann.

§. 27.

Ein Ungenannter.

Ich will hier einen Ungenannten einrücken. Sein Werkchen heißt: Liuoniae Descriptio. Addita est quoque breuis narratio, quomodo haec regio in ius inuictissimi regis Poloniae Sigismundi Augusti, Magni ducis Lithuaniae, cesserit et quo pacto a Moschorum principe et Sueciae rege diminuta fuerit. Diese Beschreibung Livlandes steht in derjenigen Sammlung, welche unter dem Titel: Respublica siue Status regni Poloniae, Lituaniae, Prussiae, Liuoniae etc. diuersorum autorum. Lugduni Batauorum ex officina Elzeuiriana, 1627, in Sedez zum andernmal gedruckt worden, von S. 366 bis 402. Der Verfasser ist mir unbekannt. So viel ist gewiß, daß er diese magere Beschreibung nicht gar lange vor dem zapolskischen Frieden aufgesetzt hat, und daß er ein Papist, und vermuthlich ein Officier unter der litthauischen Armee gewesen ist, welcher, nebst seinem Vater, der Belagerung des Schlosses Tarwacht beygewohnet hat; das die Litthauer 1561 den Russen abnahmen. Dieses ist fast das einzige, was wir aus ihm lernen können, weil die livländischen Geschichtschreiber davon schweigen. Sonst ist das Büchlein voll Unrichtigkeiten, und die Begebenheiten, die er erzählet, sind aus andern richtiger und besser bekannt. So gar schlägelt er in den Begebenheiten seiner Zeit. Er giebt vor: der Krieg zwischen dem Ordensmeister und dem Erzbischofe wäre entstanden, weil jener lutherisch und dieser papistisch gewesen; der Orden hätte den Pohlen 1557 die Kriegeskosten bezahlet; und die Livländer wären um ihre Freyheit gekommen, weil sie die evangelische Religion angenommen hätten. Wenn er Esthland von der Wick, Järwen, Wirland, Harrien und dem Stifte Dörpat unterscheidet: so sieht man leicht, daß er Livland nicht sehr gekannt habe. Diese Proben mögen zureichen, darzuthun, daß ein Livländer eben nicht viel daraus lernen werde.

§. 28.

§. 28.

David Chyträus oder Kochhaff.

Dieser berühmte Mann wurde zu Ingelfingen in Schwaben am 26sten Horn. 1530 geboren. Er gehöret zu den frühzeitigen Gelehrten. Denn er war noch nicht neun Jahre alt, als er die hohe Schule zu Tübingen bezog. Im funfzehenten Jahre wurde er dort Magister. Darauf begab er sich nach Wittenberg und hielt Vorlesungen über die Redekunst, Mathematik und Melanchthons Locos communes. Nach diesem that er eine Reise durch Deutschland, Schweiz und Italien, und wurde schon 1551 Professor der Theologie zu Rostock, wo er auch den Doktorhut empfieng. Vier Jahre hernach wohnete er dem Reichstage zu Augsburg bey. Er war auch bey den theologischen Unterredungen zu Torgau, Magdeburg, Tangermünde, Worms, Naumburg und Jüterbock zugegen. In den letzten Zeiten des Ordens war man auf Anlegung guter Schulen in Livland bedacht. Georg Möller that hierzu dem Ordensmeister Wilhelm von Fürstenberg einen Vorschlag. Gotthart Kettler ließ durch Georg Sieborg diesem Chyträus den Antrag thun, daß er in Pernau ein Gymnasium einrichten, und dabey Rektor werden möchte. In demselben sollten Sprachen, Redekunst und Gottesgelahrheit gelehret, und die Kinder der Esthen, Letthen und Kuren im Latein und der christlichen Lehre unterrichtet und zum Predigamte zubereitet werden. Ein vortrefflicher Anschlag, den aber der nachfolgende Krieg unterbrochen hat. Chyträus half an der Formula concordiae arbeiten, verfertigte die Gesetze der helmstädtischen

schen Universität, und starb zu Rostock am 25sten Brachmonates 1600. Sein Leben haben Christoph Sturz der ältere und Otto Friederich Schütz beschrieben. Jenes ist zu Rostock 1601 in 4 und 1700 in 4; dieses aber 1720 und 1721 in dreyen Theilen in 8 zu Hamburg gedruckt worden. Man kann auch Reimmanns Einleitung in die gel. Gesch. B. IV. S. 574, und Historiam Biblioth. Fabric. Th. I. S. 275 zu Rathe ziehen. Seine Schriften, welche Livland betreffen, sind diese. 1) Chronicon Saxoniae ab anno 1500. ad ann. 1595. Lipf. 1611 in fol. Arndt merket an, daß Chyträus in der andern Auflage das Privilegium Siegmund Augusts weglassen müssen, und daß eben dieser Freyheitsbrief auch in der deutschen Uebersetzung nicht angetroffen wird; welche unter dem Titel: Neue Sachsen Chronica: zu Leipzig 1597 in Folio gedruckt ist. Diese Uebersetzung hat Chyträus selbst übersehen. 2) Orationes, welche sein Sohn 1614 in 8 zu Hanau drucken lassen, wovon diejenigen drey, welche von dem Herzoge Gotthart von Kurland, dem Herzoge Christoph von Mechelnburg und der Herzoginn Dorothea, seiner Gemahlinn, handeln, merkwürdig sind. Die erste steht auch in einem Werke, das den Titel führet: Gothardi Liuoniae Ducis vita et res gestae. 3) Vandalia, regionum ad mare balthicum, Pomeraniae, Prussiae, Liuoniae, Moscouiae, Poloniae et vicinarum aliquot gentium principes et statum reipublicae et ecclesiae summatim exponens. Rostochii 1589 in 8. Hoppe und Dunkel legen ihm dieses Werk bey. Allein Albrecht Kranz ist der eigentliche Urheber desselben; Chyträus hat es nur fortgesetzt. Dunkel hat sich

auch

auch darinn geirret, wenn er schreibt, es stünde in des Herrn Hofraths Mizlers erstem Bande der Scriptorum Historiarum Poloniae et magni ducatus Lithuaniae. Doch dieses ist Dunkeln nicht zu verdenken. Dieser Band ist erst 1761 ans Licht gestellet worden, als Dunkel schon auf eine betrübte Art die Welt verlassen hatte. Es ist nur zu bedauren, daß diese mizlerische Sammlung ins stecken gerathen ist. Wie weit Ant. Possevins des ältern Retractio imposturarum Dauidis Chytraei hierher gehöre, kann ich nicht sagen.

§. 29.

Heinrich Rätel.

Er war von Sagan, und schrieb in deutscher Sprache: Narrationem eorum, quae ab anno 1584 in regnis septentrionalibus, Polonia, Liuonia, Moscouia et Suecia acciderunt, Görlitz 1591 in 4. Er hat auch den Heidenstein de bello moscouitico unter dem Titel: Warhaffte, gründtliche vnd eigendtliche Beschreibung des Krieges, welchen der nechstgewesene König zu Polen Stephan Batori etc. etliche Jahr nach einander wider den Großfürsten in der Moschkaw, Iwan Wasilowitzen, geführet, dadurch er das hochbedrengete Liefflandt, von des Moschkowiters vieljähriger hefftiger Verfolgung erlediget: zu Görlitz 1590 in 4, bey Ambrosius Fritsch drucken lassen; welche Uebersetzung er den Churfürsten, Christian von Sachsen, widmete. Ferner hat er des Curäus schlesische Jahrbücher verdeutschet. Gatterer, Handbuch der Universal-Historie, Th. II. S. 143-398. Endlich hat er auch Oderborns Leben des

Czaren

Czaren Iwan Wassiliewitsch verdeutschet, und also betitelt: Wunderbare, erschreckliche, unerhörte Geschichte und warhaffte Historien: Nemlich des nechst gewesenen Großfürsten in der Moschkaw, Joan Basilidis, (auff ire Sprach Iwan Basilowitz) genannt, Leben. Es ist zu Görlitz bey Johann Rhambaw 1596 in 4 gedruckt. Ich vermuthe, dieses sey wenigstens die zweyte Ausgabe, weil die Zueignung an Niklas von Rottenburg schon am 24sten April 1588 zu Sagan geschrieben ist. Weil ich nirgend von ihm etwas, ausser den Titel des ersten Buches beym Hoppe, gefunden habe: so weiß ich nicht, wenn und wo er gestorben sey. Vermuthlich ist es in seiner Geburtsstadt geschehen.

§. 30.

Bischofschronik.

Der völlige Titel derselben heißt also, nach meiner Handschrift: Bischoffs Cronica, oder kurze Verfassung der Liefländischen Geschichte unter Regierung der Bischöffe und Erz Bischöffe von Riga. Sie fängt, gleich Russow, mit dem Jahre 1158 an. Ich bin der Meynung, sie sey ein Auszug aus Heinrich dem Letten und Russow. Der erstere, wenn er die Eroberung der Stadt Dörpat 1223 erzählet, führet einen Friederich und Friedehelm an, mit diesen Worten. Et inter eos erat Fredericus Dux et Fredehelmus Dux et Advocatus peregrinorum, nobilis et diues qui dicebat, u. s. w. Russow hat dieses Umstandes nicht erwähnet. Die Ordenschronik saget: „Die deutschen Kriegesleute „waren unter 2 deutschen Fürsten, nehmlich Herzog „Friede-

„Friederich von Sachsen, und Herzog Friedhelm mit „seinem Volke.„ Es ist nur Schade, daß diese Herzoge sonst nirgend zu finden. Hiärne im dritten Buche, S. 200, folget ihr hierinn. Gruber hat schon erkannt, daß in dieser Stelle Dux keine Würde, sondern eine Familie bedeute. Ich habe an einem andern Orte wahrscheinlich gemacht, daß die zween Männer, woraus Arndt gar drey bildet, nur eine Person gewesen. Derjenige, dem man als den Eroberer der Stadt mit Recht betrachten kann, war des Bischofes Albrechts Bruder, Johann Appeldern, wie ihn Heinrich der Letthe deutlich nennet. Die Ordenschronik heißt ihn Johann Appeltourn, wenn dieses nicht ein Schreibfehler ist. Bey Hiärne steht Appeldorn, und beym Kelch, Appelborn. So verschieden wird dieser Name angegeben. Da aber die Handschriften des Heinrichs von Letthland übereinstimmen: so ist kein Zweifel, er habe Appeldern geheißen. Diese Bischofschronik erzählet, daß Papst Innocentius dem Bischofe Albrecht gebothen hätte, das Volk in Livland die Beichte, das Vater unser und den Glauben zu lehren, und ihnen das Sakrament des Altars in beyder Gestalt zu reichen. Nach dem Inhalte dieser Chronik soll Bischof Nikolaus zu Riga nur vier Jahre regieret haben: welches jedoch ein großer Irrthum ist. Des Erzbischof Albrechts Nachfolger wird Johann von Liwen genannt. Das kann wohl ein Fehler des Abschreibers seyn. Wenn unser Verfasser die Einnahme der Stadt Ackers in Syrien erzählet: so vergrößert er alle Umstände. Der Sultan soll die Stadt mit 600000 Mann belagert, vierzig Tage auswendig und sechzig Tage inwendig

dig bestürmet, und dabey 310000 Mann verloren, die Belagerten hingegen 160000 Mann eingebüßet haben. Daß der Erzbischof Jsarnus hier Erasmus genennet werde, ist schon, nebst andern Dingen, von Arndt bemerkt worden. Der sechste Erzbischof heißt Friederich, hier aber Franz, welches wider die Urkunden ist. Sonst war er ein Pannerherr aus Böhmen, von dem Orden der Minoriten. Avignon, wo dieser Erzbischof gestorben, rechnet unser Geschichtschreiber zu Wälschland. Im Jahre 1368 soll der König Kuistats von Litthauen, der sonst Kieystuth genennet wird, mit 150 Pferden nach Königsberg gekommen, von dem Hohemeister Heinrich von Kniprode wohl empfangen, von einem Bischofe getaufet, in der Taufe Heinrich genannt, von dem Kaiser Karl IV zum Herzoge und Großfürsten von Litthauen gemacht worden, und sein Lebetage ein guter Christ geblieben seyn. Lauter Mährchen. Zwar meldet Arndt eben dieses Th. II. S. 106. Anm. b). Allein, Kieystuth ist als ein Heyde gestorben, und nach den Gewohnheiten seines Vaterlandes verbrannt worden. Dlugos. B. X. S. 66. A. Der zehnte Erzbischof Johann von Sinten wurde Patriarch von Alexandrien, und starb auf seiner Reise gen Rom 1394 zu Stettin. Nun erzählet Kranz eben dieses; allein diese Umstände bedürfen einer weiteren Untersuchung. Der zwölfte Erzbischof hieß Johann Habundi, und war vorher Bischof zu Cur. Die Bischofschronik erzählet, er wäre Bischof von Lüttich gewesen, und hätte dieses Stift mit dem Erzstifte vertauschet. Hiärne schreibt solches treulich nach. Kelch nennet ihn gar Harburdus, einen Bischof in Kurland, welches letztere man auch im Russow

findet.

findet. Ich bedauere, daß Herr Pastor Tetsch hierinn lieber dem Kelch als Arndten folgen wollen, dessen Nachricht mit den Actis concilii constantiensis übereinstimmet. Daß sein Vorfahrer Johann von Wallenrod ein wichtiger Mann zu seiner Zeit, Richter im Fürstenrechte und des Kaisers Siegmunds Liebling gewesen, habe ich in keinem livländischen Geschichtbuche bisher gefunden. Nichts destoweniger ist nicht nur dieses, sondern auch das gegründet, daß er auf der kostnitzer Kirchenversammlung eine Hauptperson gewesen ist. Silvester Stobwasser, der vierzehente Erzbischof von Riga, kam durch Gift ums Leben, welches Arndt, der doch sonst diese Chronik gebrauchet hat, bezweifelt, mit Gründen, die einen jeden nicht befriedigen werden. Von dem siebenzehenten Erzbischofe, Kaspar Linde, wird nicht einmal angemerket, daß unter ihm die Lehrverbesserung in Livland den Anfang genommen habe. Vielmehr wird solches erst unter dem nachfolgenden Erzbischofe Blankenfeld angeführet, welcher nach dem Inhalte dieser Chronik aus Livland nach Rom und von dort nach Spanien gereiset ist, wo er am 9ten Sept. 1527 an der Ruhr gestorben seyn soll. Umstände, die nach meiner Meynung einer näheren Beleuchtung bedürfen. Von dem Erzbischofe Wilhelm wird erzählet, er habe bey seinem fast verlebten Alter den Fürsten Christoph von Mechelnburg 1545 ins Land berufen. Wilhelm war damals nicht älter, als sieben und vierzig Jahre. Es ist aber gewiß, daß der Anschlag, den Herzog zum Mitgehülfen anzunehmen, viel später gefaßt worden, nämlich 1555 nach Kelchen oder 1553 nach Arndten. S. Franken A. und N. Mecklenburg, B. X. S. 20. f.

Nicht den 18ten, sondern den 28sten Nov. 1561 kam der Unterwerfungsvertrag zu Wilda zu Stande. Ich halte dafür, daß diese Bischofschronik von einem Manne, der am Ende des sechzehenten Jahrhunderts gelebet, zum eigenen Gebrauche aufgesetzt worden.

§. 31.

Gerhart Kürich Rosenstrauch.

Er hat eine schlechte Beschreibung aller Bischöfe und Erzbischöfe des Erzstiftes Riga aus alten Schriften zusammen getragen, welche nicht gedruckt, und nach Arndts Urtheile des Aufhebens nicht werth ist.

So viele Geschichtschreiber und Chronisten sind mir aus dem sechzehenten Jahrhunderte bekannt geworden. Ich will demnach das siebenzehente vornehmen.

Drittes Hauptstück.

Von livländischen Geschichtschreibern des siebenzehenten Jahrhunderts.

§. 32.

Moritz Brandis.

Wenn und wo er geboren, oder zu welcher Zeit er gestorben sey, habe ich nicht erfahren können. Vielleicht stammet er von dem Leipziger Buchdrucker, Moritz Brandis, her, welcher am Ende des funfzehenten Jahrhunderts lebete. Im ersten Buche seiner Geschichte steht eine Stelle, welche also heißt: „Ich lasse „mich begnügen, daß die Liven in ihrer eigenen Spra„che Livonen oder Liven mögen gerufen worden seyn.„ Dieses gerufen scheint einen gebornen Livländer zu verrathen. Seinem Amte nach war er Sekretär der esthländischen Ritterschaft, und schrieb 1606 seine livländische Geschichte, welche noch nicht gedruckt ist und folgenden Titel führet: „Der 1ste Theil Liefländischer Ge„schichte. Wahrhaffte und ordentliche Verzeichnißwür„dige Händel, so sich in der Province Liefland, vor „und nach Christi unsers Herrn und Erlösers Gebuhrt, „bey den Zeiten derer drinn wohnenden Völker, bis auf „derselben Bekehrung zum christlichen Glauben, und „dann ferner bey deutscher Regierung der ersten Bi„schöfe und Meistern des Ritterlichen Schwerdt-Brü„der Ordens, bis diese sich mit dem deutschen Orden des

„Hospitals St. Mariae zu Jerusalem vereinigt, jene „aber zur Ertzbischöffl. Würde und Dignitaet erhoben „worden sind, verlaufen und zugetragen. Aus glaub„würdigen alten und neuen Historien-Schreibern, ge„schriebenen Chroniquen und Verzeichnissen vorgetra„gen und aus gewissen unverwerfflichen Brieffen und „Siegeln zusammen gebracht und an den Tag gegeben. „Durch Mauritium Brandis, des Fürstenthumbs Ehlten „Ritterschaft Secretarium. Anno Domini 1606.„ Ich besitze hiervon zwey Exemplars, eines in Fol. das andere in 4. Der Titel, den man hier liest, ist aus dem erstern genommen. In dem letztern ist der Titel fehlerhaft. Beyde aber enthalten die Jahrzahl 1606. Arndt giebt in der Vorrede zum ersten Theile seiner livländischen Chronik das Jahr 1626 an. Ob dieses ein Druckfehler sey, oder ob er ein Exemplar von diesem Jahre gehabt habe, kann ich nicht bestimmen. Im Anfange dieser Historie meldet Brandis, Livland habe innerhalb funfzig Jahren her alle Calamitäten, Noth, Jammer, Elend und Kummer überaus erbärmlich erlitten. Daraus folget, daß er am Ende des sechzehenten Jahrhunderts dieses Werk aufgesetzt hat. Dieses wird durch eine andere Stelle bestätiget, welche also lautet: „Noch „vor 40 und mehrern Jahren, bey Zeit der teutschen „Regierung„ ꝛc. Die deutsche Regierung hörete aber 1561 auf. Es ergiebt sich solches ferner daraus, daß er die Stadt Wenden, den Sitz des Bischofes nennet. Indessen kann er wohl nach Endigung dieses Werkes etwas hinzu gethan haben. Denn, wenn er die Schlösser in Liv- und Kurland anführet: so setzt er hinzu, daß diese Städte, Schlösser, Häuser und Flecken noch vor 60 Jahren

Jahren den Erz- und Bischöfen, Herren Meistern und Ordensgebiethigern zugehöret hätten. Ist nun diese Zahl 60 kein Irrthum des Abschreibers: so würde hieraus folgen, daß der Verfasser diese Anmerkung um 1620 hinzu gesetzet hätte. So viel läßt sich aus der Handschrift selbst von der Zeit, in welcher Brandis geschrieben, bestimmen. Arndt saget von diesem Brandis, daß seine Geschichte in den alten Zeiten ohne Licht, dennoch aber von den folgenden Schriftstellern in vielen Stücken zum Grunde geleget worden sey. Ich erinnere mich nicht, von ihm etwas gelesen zu haben, außer beym Kelch und Arndt, deren Nachrichten jedoch sehr kurz sind. Brandis gesteht, daß vornehme Leute ihm zu seinen Urkunden und Quellen behülflich gewesen sind, und erwähnet im fünften Buche eines gelehrten schwedischen Reichsrathes, ohne ihn zu nennen, welcher seine Historie befördert hätte. Er erzählet unter andern, daß auf Ansuchen des Gouverneurs und der Landräthe des Herzogthumes Esthland, die letzte Aebtissinn des Michaelisklosters zu Reval, Katharina von Kudlen, welche 1598 zur Regierung kam, ihm den Gebrauch der Klosterurkunden verstattet habe. Wobey Lode, der diese Urkunden gleichfalls in Händen gehabt, und aus ihm Arndt die Anmerkung machet, daß er den Stiftungsbrief hundert Jahre zu alt gemacht habe. Daß ihm das revalische Stadtarchiv verschlossen geblieben, entdecket uns Brandis selbst, im fünften Buche. Dieser erste Theil besteht aus fünf Büchern. Das erste fängt mit einer Beschreibung des Landes an, welches aus fünf Landschaften besteht, Esthland, Letthland, Livland insonderheit, Kurland und Semgallen. Livland im im eigentlichen Verstande, lag an der Ostsee, etwa zwischen Riga und Pernau, und war ohngefähr dreyßig Meilen lang, und hin und wieder, besonders an der Düna, zehen bis zwölf Meilen breit. Bald hernach aber schreibt er, die Liven hätten sich längst der Ostsee bis an die preußische Gränze erstrecket: welches unwahrscheinlich ist. Die Eintheilung des Landes, wie sie zu den Ordenszeiten und hernach unter pohlnischer und schwedischer Regierung gewesen, wird sehr gut aus einander gesetzt. Hierauf wird die Frage untersuchet, zu welchem Volke die Einwohner des Landes gehöret hätten? wobey die Meynungen alter und neuen, deutschen, dänischen und schwedischen Schriftsteller angeführet, nichts entschieden, sondern nur angemerket wird, daß die Heruler vielleicht in Letthland möchten gewohnet haben, weil ihr Vater unser mit dem letthischen fast überein kömmt. Ferner beschreibt er die Sitten der alten heydnischen Völker in Livland, ganz kurz, und fängt die Erzählung ihrer Thaten mit Noahs Tode an. Dieses Buch endiget sich mit dem Jahre der Welt 3962, in welchem, nach Brandis Meynung, der Heiland geboren ist. Die Schriftsteller, welche er anziehet, sind Ptolomäus, Isidorus, Jornandes, Saxo von Seeland, Albrecht Kranz, Johann Magnus oder Stor, Lazius, Melanchthon, Cromer, Guagninus, Bonfinius, Curäus, Willichius, Bodinus und Jakob Gislenius, oder Gislonis. Wer dieser Gislenius sey, habe ich lange vergeblich geforschet. Endlich habe ich so viel gefunden, daß seine Chronologia siue temporum series ab initio mundi ad nostra tempora zu Stockholm 1592 in 4 gedruckt worden. Im 2ten Buche hat

Abbildung II zu S. 54

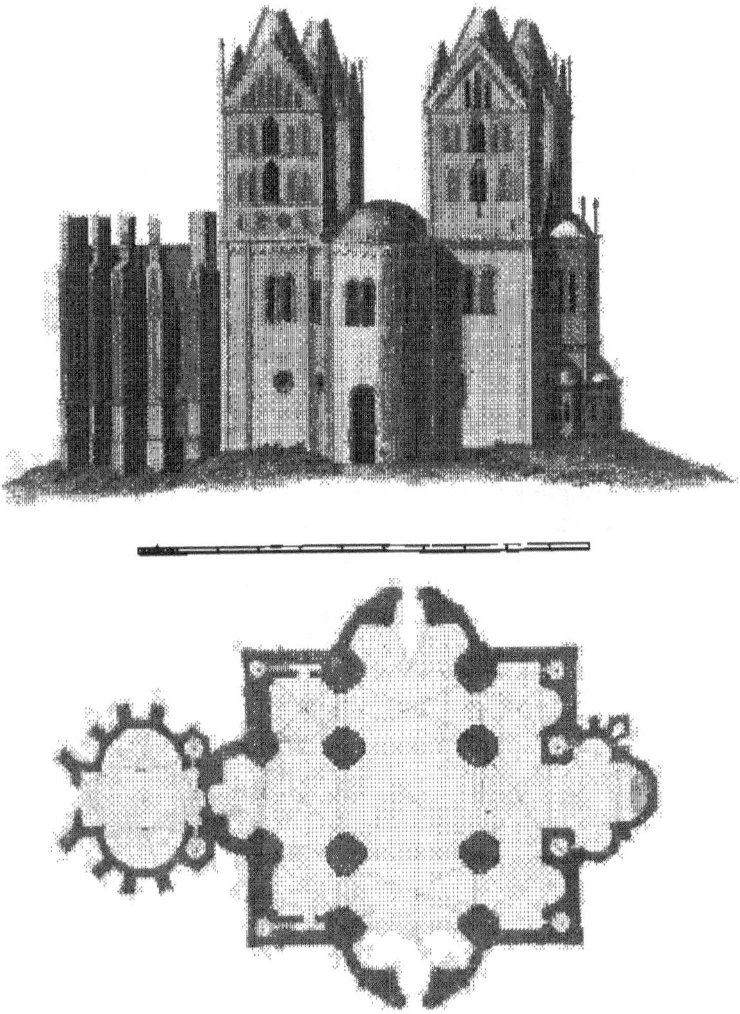

hat er die Nachrichten von der Geburt Christi an bis auf das Jahr 1082, aus Saxo von Seeland, Albrecht Kranz und Johann Magnus zusammen gezogen, und erwähnet, daß der König von Dännemark, Kanut der Heilige, aus dem heydnischen Königreiche Esthland, im Jahre 1080, ein Herzogthum gemacht habe. Er will dieses zwar aus den Urkunden des Michaelisklosters zu Reval beweisen: allein, daß er sich geirret hat, ist mehr als zu gewiß. Dieses zweyte Buch gehet bis auf die Ankunft der Deutschen in Livland. Diese Ankunft der Deutschen erzählet er im dritten Buche. Sie ist 1158 geschehen. Er fährt hierauf fort, die Geschichte der beyden ersten Bischöfe zu erzählen, und beschleußt das dritte Buch mit Bartholds Tode, ohne die Quellen kund zu machen. So viel sieht man, daß er die einzige echte, nämlich Heinrich von Letthland, nicht gebraucht hat. Im vierten Buche liest man die Geschichte des dritten Bischofs, Albrechts, den er, wie gemeiniglich geschieht, Burhövden nennet. Die Tiesenhausen und Meyendorfe kommen nach Livland. Riga wird 1200 erbauet. Kockenhausen wird wieder hergestellet und befestiget. Vellin wird erobert. Leal wird erbauet. Gersike wird zerstöret. Das Bischofthum Leal wird gestiftet. Meister Vinno wird ermordet. Womit das vierte Buch ohne Anzeige der Quellen geendiget wird. Das fünfte Buch fängt mit der Wahl Meister Volquins an, erzählt den Zug der Dänen nach Esthland, die Erbauung des Schlosses und der Stadt Reval, die Stiftung des Bischofthums dieses Namens, die Ankunft der Herren von Taube aus dem Stifte Paderborn, die Erbauung der Städte

Wäsenberg und Narva, die Einnahme des Schlosses Juriowgorod oder Dörpat, die Errichtung des Bischofthums, die Bezwingung der Selen, den allgemeinen Frieden mit den Russen, Esthen und Litthauern, die Verrichtungen des Bischofs, Wilhelm von Modena, den Sieg Lübberts von Ascherade über die Litthauer, die Ankunft Herzog Barnims von Pommern, den Sieg der Deutschen über die Russen bey Immeküll, die Ueberwindung der Oeseler und Anrichtung eines neuen Bischofthums unter ihnen, die Abreise des Herzogs von Pommern, die Siege der Deutschen über die Kuren und Litthauer, den Krieg und Sieg der Ritter über die Dänen, die damals Reval verloren, die von einem vermeynten päpstlichen Legaten erregte Unruhe der Esthen, die Eroberung der übrigen dänischen Provinzen, Wirlandes und Alentaken, die Vereinigung des livländischen Ordens mit dem Deutschen, die Bekehrung der Kuren und Stiftung eines Bischofthums unter ihnen, den Tod Bischof Albrechts von Livland, die Ernennung Albrecht Sauerbeers zu seinem Nachfolger, den hierüber entstandenen Streit, die Befreyung der livländischen Kirche von der bremischen, die Wahl des Bischofs Nikolaus zu Riga, die Ankunft der Herren von Uexküll, Rosen Ungern und Meyendorf in Livland, den Tod des Bischofs Nikolaus, und die Nachfolge oberwähnten Albrecht Sauerbeers, die große Niederlage der Deutschen, wobey Meister Volquin von den Litthauern erschlagen wurde, und beschließt mit der völligen Aufnahme des livländischen in den deutschen Orden, wobey den Dänen, nicht nur Reval, sondern auch alles, was ihnen Meister Volquin abgenommen

hatte,

hatte, wieder eingeräumet wurde. Die Handschrift in Fol. besteht aus 131 Seiten. Am Ende dieses fünften und letzten Buches verspricht Brandis den zweyten Theil dieser Geschichte, den er aber nicht verfertiget hat. Vermuthlich hätte er uns was bessers geliefert. Wenigstens hatte er die Urkunden der Ritterschaft zu seinem Gebrauche, welcher damals noch nicht bedenklich war. Er hat überdieß, nach dem Inhalte dieses fünften Buches ein adeliches Stammbuch schreiben wollen, welches aber, so viel ich weiß, nicht zu Stande gekommen ist.

§. 33.

Dionysius Fabricius.

Er war ein Polack und der papistischen Religion zugethan. Seine Compendiosa series Historiae liuonicae ist noch nicht gedruckt. Weil ich sie nicht gesehen habe, will ich dasjenige wiederholen, was Arndt davon aufgezeichnet hat. „Dionysius Fabricius, ein katho„lischer Geistlicher, schrieb in lateinischer Sprache ein „so betiteltes Compendium Historiae von Livland, so „noch hie und da in Abschriften verwahret wird, und „bis auf das Jahr 1610 geht. Etwas davon ist ver„deutschet und an Laurenz Müllers septentrionalische „Historien, als ein Supplement angehängt worden. „Es enthält nichts besonders, als einige seltsame Wun„derwerke, z. E. daß man durch geweihetes Salz und „Wasser Kranke gesund gemacht. Unsere Bauern „macht er zu erschrecklichen Hexenmeistern, welche durch „ihre Zauberey mitten im Sommer Eis und Schnee „hervorbringen, und das junge Roggengras mit den

„Spitzen so zur Erde drehen können, daß es wie ver„worrene Haare gewachsen. Hiärne hat im Anfange „seiner Historie diesen Schriftsteller fast von Wort zu „Wort übersetzt, weil er die Sitten des Landvolks am na„türlichsten zu schildern gewußt.„ Noch meldet Arndt von ihm: „Die ungeheure Beschreibung, welche Fa„bricius von der Person des Herzoges Magnus macht, „ist den dänischen und livländischen Berichten zuwider. „Sie ist eine förmliche Schmähschrift auf lutherische „Prinzen, und lautet dabey so niederträchtig, daß Fa„bricius dieser und vieler andern Unsinnigkeiten wegen „das Bürgerrecht unter den livländischen Geschichtschrei„bern verloren hat.„ Hiärne und Kelch ziehen ihn einigemal an. Der letztere zeiget, daß Fabricius sich in Ansehung des bekannten esthnischen Buhlenliedes: Jorru! Jorru! jooks ma tullen ꝛc. geirret, und es für ein Götzenlied gehalten habe. Wäre dieser Fehler des Schriftstellers sein einziger, würde man ihm denselben leicht verzeihen können, weil er ein Ausländer und der esthnischen Sprache entweder gar nicht, oder doch nicht genugsam kundig gewesen. Das Original seiner Handschrift ist zu Reval, wie David Werner bezeugen und daraus viel machen soll.

§. 34.

Anton Possevin.

Dieser berühmte Staatsmann war aus einer armen, aber angesehenen Familie. Seine Vaterstadt hieß Mantua, wo er 1534 das Licht dieser Welt erblickte. Als er etwa das sechzehente Jahr erreichet hatte, begab

er

er sich nach Rom, wo er bey dem Kardinal Herkules Gonzaga die Stelle eines Geheimschreibers und zugleich eines Lehrmeisters bey des Kardinals Vettern, Franz und Scipio Gonzaga bekleidete. Er studirete hauptsächlich zu Padua, und reisete mit erwähnten Prinzen nach Neapel. Im Jahre 1559 trat er in den Orden der Jesuiten, bewogen durch die Predigten des P. Palmio. Er wurde bald hernach gebrauchet, die Vortheile seiner Ordensbrüder bey dem Herzoge von Savoyen zu befördern. Er war hierinn glücklich, bewegete den Herzog, diese Ordensleute in seinen Staaten aufzunehmen, verfolgete die Waldenser, und erwarb sich dadurch die Zuneigung der Geistlichen. Nach vielen Verdiensten um seinen Orden trat er 1577 auf einen glänzendern Schauplatz. Papst Gregor XIII schickte ihn als seinen Bothschafter nach Schweden. Er that die Reise dahin durch Deutschland, und wurde von der Kaiserinn Maria, Maximilians II Witwe, zum Großbothschafter ernannt, damit er seinen Zweck desto sicherer erreichen könnte. Dieser bestand darinn, daß er den König Johann von Schweden, welcher den Papisten gewogen war, zur römischen Kirche ziehen sollte. Er soll ihn auch erreichet, und der König am 16ten May 1578, die evangelische Religion ingeheim abgeschworen haben. Als Possevin von dieser Gesandtschaft zurück kam, mußte er zum zweytenmal nach Schweden, als päpstlicher Bothschafter, gehen, um das angefangene Werk zu vollenden. Er konnte aber solches nicht ausrichten; die Schweden waren in der erkannten Wahrheit beständig, und der König nicht grausam genug, um über die Gewissen zu herrschen. Possevin kehrete wieder

der nach Rom. Damals war Rußland und Pohlen in einen schweren Krieg verwickelt. Der Czar Iwan Wassilievitsch zog den kürzern, und suchte, um einen Frieden zu erhalten, die päpstliche Vermittelung. Der Papst schickte Possevin nach Pohlen und Rußland. Er mußte dem Könige von Pohlen einen geweiheten Degen und Hut überbringen, welchen er 1580 zu Wilda überreichete. Hierauf gieng er nach Moskow mit großer Hoffnung, weil der Czar sich gestellet hatte, als wenn er geneigt wäre, zu der römischen Kirche zu treten. Er gab dem Possevin, als einem Bothschafter des Papstes eine prächtige Audienz; dieser aber, nebst etlichen andern Jesuiten, begab sich in das pohlnische Lager vor Pleskow. Daselbst fieng Possevin die Friedenshandlungen an, obgleich der König eben nicht dazu geneigt war. Ehe aber dieser Prinz am 1sten Christmonates 1581 nach Litthauen reisetete, ernannte er diejenigen Gevollmächtigten, welche dem Friedenswerke in seinem Namen beywohnen sollten. Man war Willens, diese Unterhandlungen in dem Dorfe Sabolotje oder Zapolsk, zwischen Pleskow und Welikiluki, vorzunehmen; weil aber dieses Dorf von den Kosaken verbrannt ward: so wählete man ein anderes Dorf, Kiwerarahorka genannt, in welchem man am 13ten Christmonates den Anfang zu diesem Geschäffte machte. Derjenige Punkt, worüber am meisten gestritten wurde, war die Auswechselung der Gefangenen. In Rußland befunden sich meistentheils Livländer, die der evangelischen Religion zugethan waren. Possevin rieth, man sollte sich um die lutherischen Ketzer nicht bekümmern, indem von ihnen noch mehr als zu viel in Livland übrig wären. Es

wurde

wurde also dieser Punkt ausgesetzt, und der Friede am 15ten Jänner 1582 auf zehen Jahre geschlossen. Der Hauptzweck des Possevins schlug fehl. Der Czar wollte nach erhaltenem Frieden von der römischen Kirche nichts wissen, und die vielen mündlichen Unterredungen, welche der Bothschafter mit dem Monarchen in dieser Absicht hielt, waren ohne Wirkung. Possevin reisete im Frühlinge 1582 nach Rom. Er hielt sich nach diesem vier Jahre zu Padua auf. Von dort berief ihn Papst Klemens VII nach Rom, wo er mit dem Herzoge von Nevers, wegen der Versöhnung Heinrichs IV mit der römischen Kirche, handeln mußte. Nach der Zeit war er theils zu Bologna, wo er das Rektorat des Jesuitercollegiums bekleidete; theils zu Venedig, wo er den Druck seiner Schriften besorgete. Um diese Zeit that Papst Paul der V die Republik Venedig in den Bann. Possevin wurde deshalben, nebst anderen, an den Papst geschickt: jedoch kann ich nicht sagen, ob ihm dieses Gewerbe die Venetianer oder die Jesuiten anvertrauet haben. Dieses ist das letzte Staatsgeschäffte, worinn er gebrauchet worden. Er vermerkte die Abnahme seiner Kräfte, beschloß zu Loretto zu sterben, wurde aber dieses seines Wunsches nicht gewähret. Der Tod führete ihn am 26sten Horn. 1611 plötzlich aus der Welt. Dieses geschah zu Ferrara. Der P. Dorigni ist sein Geschichtschreiber geworden, und hat sein Leben in französischer Sprache 1712 zu Paris an das Licht gestellet. Unter seinen vielen Schriften gehören folgende hierher. 1) Epistola de rebus suecicis, liuonicis, moscouiticis, polonicis, transsiluanicis. 2) Epistola ad Stephanum Batoreum, Poloniae Regem.

3) Re-

3) Responsio regi septentrionali, qui in fide catholica voluit instrui. 4) Ad Magnum Ducem Moscouiae, aduersus Anglos mercatores, Papam esse Antichristum, docentes. 5) Moscouia, welches am vollständigsten zu Köln 1595 in Fol. gedruckt ist. 6) De apparatu ad omnium gentium historiam, Venedig 1602 in 8. Im übrigen muß man ihn von seinem Vetter Anton Possevin dem jüngern, welcher auch ein Geschichtschreiber gewesen ist, unterscheiden.

§. 35.

Johann Krasinski von Krasne, oder Crassinius.

Ich will nichts von seinem vornehmen Geschlechte sagen. Das ist bekannt. Sein Vaterbruder der Franz Krasinski, Bischof von Krakau, sorgete für seine Erziehung, und schickte ihn nach Bologna, wo Sigonius ihn unterrichtete. Er besaß schon 1574 eine Pfründe, und war zuletzt Thumsänger und Thumherr zu Krakow und Gnesen, wobey er das königliche Sekretariat verwaltete. Am 13ten Apr. 1612 gieng er aus der Welt, und sein Bruder Stanislaus, Woiwod von Plock und Starost von Blonie, ließ ihm eine Grabschrift setzen, welche uns Starowolski und aus demselben Herr Hofrath Mizler, aufbehalten hat. Seine Schriften sind folgende. 1) Polonia, welches zu Bologna 1574 in 12 auf 147 Blättern gedruckt ist. Thuanus giebt uns die Nachricht, daß Sigonius der wahre Verfasser dieses Werkes ist. Er hat es von dem Sigonius selbst erfahren. Hierauf haben sich Deckherr, Placcius und

und Hoppe verlassen, und ebenfalls den Sigonius für den Urheber ausgegeben. Placcius, der seine Nachricht dem Deckherr abgeborget, nennet diesen Krasinski Peter. Dahingegen behaupten der Herr Janozki und der Herr Mizler, daß Krasinski der eigentliche Verfasser sey, obgleich letzterer zugiebt, Sigonius, auf dessen Antrieb Krasinski schrieb, könne daran gebessert haben. Die bologneser Ausgabe ist ganz ungemein selten, vermuthlich, weil wenige Exemplare gedruckt worden. Herr Hofrath Mizler zählet die vorhandenen Exemplare, nämlich eines in der ottobonischen Bibliothek zu Rom, welches den reisenden Pohlen, als die größte Seltenheit gezeiget wurde; das zweyte in der kasanatensischen Bibliothek gleichfalls zu Rom; das dritte in der krasinskischen Bibliothek zu Nawarwies in Pohlen. Außer diesen dreyen besaß die zaluskische Bibliothek noch 1747 zwey Exemplare, wovon das eine der königl. Bibliothek zu Dresden geschenket worden, das andere durch einen Zufall verloren gegangen ist. Nachher hat der Bischof von Kiew in Frankreich ein Exemplar erkaufet, das aber 1760 noch nicht in Pohlen angelanget war. Dieser Seltenheit hat der Herr Hofrath Mizler dadurch abgeholfen, daß er diejenige Abschrift, welche der Herr Bibliothekar Heinrich Jonathan Clodius ihm aus Dresden überschickt hat, von neuem zum Drucke befördert, und dem ersten Theile seiner Scriptorum Historiarum Poloniae, S. 387 bis 428 einverleibet hat. Es bestehet dieses krasinskische Werk aus zweyen Büchern. In dem letzten Hauptstücke des andern Buches, welches etwa eine Seite in Folio ausmachet, handelt der Verfasser von Livland; welches

welches ich denn kürzlich erwägen will. Die Stadt Moskow beschreibt er viel zu groß, wenn er saget, sie erstrecke sich längst dem Flusse Moskwa auf fünf Meilen. Die drey vornehmsten Städte nennet er Riga, Reval und Torpat. Wenn er erzählet, die deutschen Ritter hätten Livland erobert, irret er eben so sehr, als wenn er nur drey livländische Bischofthümer kennet, das Rigische, Revalische und Oeselische. Noch wichtiger ist der Irrthum, daß Wilhelm von Fürstenberg sich der Krone Pohlen unterworfen haben soll. Aus einem Vorurtheile meldet er: Liuonia ob profligatam catholicam religionem summis affecta incommodis. Daß Gotthart Kettler, ehe er Herzog geworden, Ordensmeister gewesen, und daß Radziwil, und nach ihm gemeldeter Herzog im Namen des Königes regieret habe, hat er nicht gewußt. Endlich beschleußt er diese magere und unrichtige Beschreibung Livlandes mit den Worten: Ex quo tempore ducatus ille, qui et amplissimi regni titulum, propter magnas ciuium opes et incredibilem maximarum vrbium potentiam meretur, Regis Poloni imperio in hunc vsque diem obtemperauit. Fast mit eben diesen Worten fängt Brandis seine Geschichte an. „Livland, die hoch- und weitberühmte Provinz, die da „noch bey Menschen Gedenken in sothanen herrlichen „Flor und Glückseligkeit gestanden, daß es einem an- „sehnlichen Königreiche verglichen rc.„ Ich will nun die übrigen krasinskischen gedruckten und ungedruckten Schriften anführen. a) Commentarii belli liuonici atque Ducis Moschouiae contra Liuones. Herr Kanonikus Janozki führet diese an, in der Nachricht von raren Büchern, S. 17. Herr Hofrath Mizler aber ziehr zieht es in Zweifel, weil niemand diese Kommentarien gesehen habe, oder beweisen könne, daß sie vorhanden seyn. 3) Oratio ad Senatum et Equites Polonos de electione Henrici Valesii, Poloniae regis, Bonon. 1573 in 4. Diese Rede ist 17 Seiten stark, und in der Bibliothek der vier Nationen zu Paris anzutreffen. 4) Vitae Archiepiscoporum Guesnensium. Dieses Werk ist nicht gedruckt; aber des Verfassers eigene Handschrift besitzet die zaluskische Bibliothek zu Warschau.

§. 36.

Alexander Guagninus.

Dieser Italiener erblickte das Licht der Welt zu Verona. Er gieng aber nach Pohlen und dienete daselbst von unten auf, und brachte es in den liefländischen, moldauischen und rußischen Kriegen durch seine Tapferkeit so weit, daß er nicht allein eine sehr hohe Kriegeswürde, sondern auch die Befehlshaberschaft zu Witepsk in Weißrußland an der Düna erhielt. Sein neues Vaterland beschenkete ihn mit dem Einzöglingsrechte. In seinem Alter fieng er erst an zu studiren, und sein Lebensende erfolgte zu Krakau 1614, im sechs und siebenzigsten Jahre seines Alters. Starowolski nennet ihn Equitem auratum et Comitem palatii lateranensis. Die Schriften dieses Mannes sind merkwürdig. Er schrieb in einem reinen und netten Latein: 1) Sarmatiae Europaeae Descriptionem, seu Poloniam, Lithuaniam, Russiam, Prussiam, Pomeraniam, Liuonium, Moschouiam, die zu Krakau 1578 in Folio gedruckt wurde, jedoch ohne daß man Ort und Zeit nannte. Unter der Zueignungsschrift steht

Krakau 1578. Sie wurde schon 1581 in Fol. zu Speyer nachgedruckt, in welcher Ausgabe auch die Figuren der ersten beybehalten worden, welche die pohlnischen Herrscher vorstellen. Nicht gar lange hernach ließ Johann Wechel sie wieder auflegen unter folgendem Titel: Rerum Polonicarum Tomi tres: quorum primus omnium Poloniae regum a Lecho, primo gentis duce, ad Stephanum Bathoreum, etiamnum regem, tum principum Lithuaniae chronologicam recensionem ac singulorum res gestas, complectitur: adiecta recens historiarum in nostram aetatem incidentium, continua narratione; secundus prouinciarum, quae vno Sarmatiae Europaeae nomine vulgo veniunt, chorographicam descriptionem continet; tertius res singulariter a Polonis in Valachia gestas, orationes item et epistolas, sceptri polonici negotia concernentes habet. Alexandro Guagnino, Equite aurato peditumque praefecto, auctore, Frankf. am Mayn 1584 in 8. Man muß aber nicht glauben, daß alles, was man allhier findet, von unserm Geschichtschreiber sey. Nein: man hat aus seiner Sarmatia, aus dem Warsewicki, Lasicki und andern Verfassern so viel zusammen gestoppelt, als man nur können. Martin Paskowski hat sie 1611 in die pohlnische Sprache übersetzt, und zu Krakau in Fol. herausgegeben. Johann Pistorius, welcher das Corpus Historiae Polonicae gesammlet und 1582 zu Basel in dreyen Foliobänden herausgegeben, ließ auch diese Sarmatiam Europaeam wieder darinn drucken, zerriß sie aber ungemein. Denn da er sich vorgesetzt hatte, in dem ersten Bande nur diejenigen Schriften zu sammlen, welche zur pohlnischen Chorographie

rographie gehören: so ließ er nicht allein das Historische des Guagninus, sondern auch die Beschreibung Rußlandes und der Tataren weg, und setzte die pohlnische und litthauische Geschichte in den andern Band. Die Chorographie ist in das Italienische gebracht, und dem zweyten Bande derjenigen Sammlung einverleibet worden, welche Johann Baptista Ramusio oder Rhamnusius im sechzehenten und siebenzehenten Jahrhunderte in dreyen Bänden unter dem Titel: Navigazioni et viaggi: ans Licht gestellet. Aus dieser Sarmatia Europaea machet ein angesehener Mann, dessen Gelehrsamkeit ich verehre, vier besondere Werke. Weit wichtiger aber ist die Frage: ob Guagninus diese Sarmatiam selbst verfasset, oder dem wahren Urheber entwandt habe? Ich habe noch nicht Grund genug diese Frage zu entscheiden, und ich kann weiter nichts davon sagen, als was mir bekannt ist. Matthias Strykowski Ossostewicki, ein sehr gelehrter Thumherr zu Miedniki in Schamaiten, welcher vorher die Philosophie zu Krakau und Leipzig gelehret, und das Amt eines Geheimschreibers bey dem Könige Siegmund August bekleidet hatte, schrieb in pohlnischer Sprache eine litthauische Historie, welche 1582 in Fol. zu Königsberg das Licht gesehen hat. Dieser behauptet, Guagninus habe, da er noch in Kriegesdiensten gewesen, ihm die Sarmatiam Europaeam geraubet, und ruft hierüber Gott zum Zeugen. Starawolski, Placcius oder vielmehr Rausch, und Arndt sind dieser Meynung, nebst Hartknochen, zugethan. Hingegen Jöcher, in dem Artikel Guagninus, und Herr P. Gatterer meynen, man habe nicht genugsamen Grund dem Strykowski dieses Werk zuzueignen.

§. 37.

Reinhard Heidenstein,

aus der kleinen Stadt Olesko in der Woiwodschaft Belcz in Kleinpohlen. Er stand als Kronsekretär in des Königes Stephans von Pohlen und seiner Nachfolger diensten. Im Jahre 1582 schickte ihn Stephan von Grodno an die Herzoge in Preußen und Kurland, um von ihnen Hülfe zu verlangen, im Falle die Schweden in Livland Händel anfangen möchten. Er lebete noch 1612. Denn damals übergab er nebst dreyen anderen königlichen Kommissarien, Simon Rudnicki, Stanislaus Dzialienski, und Wenceslaus Kielzewski, am 22sten May, dem Churfürsten Johann Siegmund das Herzogthum Preußen. Ich habe diese Nachricht einem nicht sonderlich bekannten Schriftsteller zu danken. Daher ich seiner hier erwähnen will. Felix Fiedler, so nennet er sich, ein preußischer Edelmann schrieb Bücher unter dem Titel de rebus gestis regiis. Ich besitze hiervon das zweyte Buch. Ob mehr herausgekommen, will ich nicht bestimmen, um so weniger, da der Verfasser der zweyten Anmerkung in Hoppii Schediasm. S. 81. auch nur dieses zweyte Buch in Händen gehabt hat. Vermuthlich war er ein Sohn des Felix Fiedlers, wie ihn Jöcher nennet, der sich, der Religion wegen, aus der Schweiz, seinem Vaterlande, nach Preußen gewandt, und 1553 sein Leben beschlossen hat. Ich kehre zu Heidenstein und seinen Schriften zurück, worunter 1) sein Commentarius de bello moscouitico merkwürdig ist. Davon habe ich in der rigischen Stadtbibliothek eine Ausgabe in Folio, ohne Druckort und

Jahr

Jahr gesehen. Er steht auch im zweyten Theile der pistorischen Sammlung, und in den Scriptoribus rerum moscouiticarum. Vorher aber war er zu Krakau 1584 in Folio, und zu Basel 1588 in 4 gedruckt. Es bestehet dieser Kommentarius aus sechs Büchern, welche Heinrich Rätel verdeutschet und 1590 in 4 zu Görlitz herausgegeben hat. Diese sechs Bücher sind ein Auszug aus einem grösseren Werke, welches Heidenstein 2) unter dem Titel: Rerum polonicarum ab excessu Sigismundi Augusti libri XII: hinterlassen, und sein Sohn Johann Heidenstein, Kastellan von Danzig, 1672 zu Frankfurt am Mayn in Folio ans Licht gestellet, und dem damaligen Könige, Michael, zugeeignet hat. Die sechs Bücher vom moskowitischen Kriege machen in diesem grösseren Werke das dritte, vierte, fünfte und sechste aus. Die zwölf Bücher aber enthalten die Geschichte Heinrichs von Valois, Stephan Bathors und Siegmund III. Gryphius hat demnach geirret, wenn er de Scriptoribus Sec. XVII. S. 520, aus diesem Heidenstein zwo Personen machet, und den Geschichtschreiber des rußischen Krieges von dem Verfasser der Rerum polon. unterscheidet. 3) Hoppe meldet, er habe eben dieses Heidensteins libros tres de vita Ioannis Zamoscii, Regni Poloniae Cancellarii et exercituum ducis summi im waesbergischen Buchladen gesehen. Sie wären, wie er saget, Solencii, das ist, vermuthlich Olesko, am 1sten März 1606 geschrieben, und des Großkanzlers Sohne, Thomas Zamoiski, zugeeignet. Er wünschet, daß diese Handschrift gedruckt werden möchte, welches aber noch nicht geschehen ist. Doch hat der Herr Hofrath Mizler einen Auszug aus

 diesem

diesem Werke in der Warschauer Bibliothek, S. 87-102. geliefert. Ich glaube mich nicht zu irren, wenn ich das bey Jöchern unter dem Titel Cancellarius angezeigte Werk für diese noch ungedruckte lebensbeschreibung des grossen Zamoiski halte. Ich will den lobspruch des Starowolski, de claris oratoribus Sarmatiae S. 32. hinzufügen: Reinholdus Heidensteinius, nobili loco in Prussia natus, nobilissimaeque dicendi scientiae totus plane deditus, ita de re quapiam copiose prudenterque disseruit, vt et vtilitati delectatio et maiestati rerum, verborum splendor ac dignitas non deessent. Apparet hoc ex commentariis illius de bello moscouitico exactissime scriptis itemque ex controuersiis contra hostes ecclesiae factis, aut aliis posthumis eius lucubrationibus. Darinn irret dieser Verfasser: Heidenstein war kein Preuß. Was er aber in Religionsstreitigkeiten geschrieben habe, ist mir unbekannt. Von dem Sohne, Johann Heidenstein, hat man Normam ciuis in republica boni somnio Io. Zamoscii expressam. Danzig, 1637 in 4.

§. 38.
Konrad Vetter.

Dieser Jesuit war von Engen in der landgrafschaft Stühlingen, und starb 1622 im 76sten Jahre zu München, als ein Mann, der unter seinen Religionsverwandten recht viel galt. Von seinen vielen Schriften, die er entweder selbst verfaßt, oder übersetzt hat, gehöret nur folgende zu meinem gegenwärtigen Zwecke. Historia monasterii virginum St. Benedicti Rigae a tempore haeresis lutheranae conseruati, Ingolstadii 1615.

Es war dieses das Magdalenenkloster in Riga, welches zu den Zeiten des König Stephans den Jesuiten eingeräumet wurde. Kelch und Arndt haben diesen Mann in ihren Schriften angeführet, und von dem letzteren ist der Umstand, als wenn die Jesuiten aus Riga hinaus gepeitschet worden, sattsam wiederleget.

§. 39.

Georg Helms,

ein Kaufmann zu Riga, schrieb eine Chronik, womit er 1628 fertig wurde. Nach seiner eigenen Vorrede ergriff er die Feder und schrieb, weil er bey dem verderbten Handelswesen wenig zu thun hatte, und befürchtete, beym Müssiggange in schwere Schande und Laster zu gerathen. Er schreibet Russowen und Henningen von Wort zu Wort gänzlich aus, und wo dieser aufhöret beschreibet er die Begebenheiten seiner Zeit. An vielen Orten beruft er sich auf eine uralte preußische geschriebene Chronik, aus welcher er die Risse der Festungen nachgemalet, und einige der Lage nach richtig getroffen hat. Er beschreibt die Waffen der alten Heyden in Livland, ihre Schwerter, Sensen, halben Monde, Spiese, Eichenholzkäulen, Aexte, Bärenspiese, Streithämmer, Handbogen, Schleudern, Balken, Steine, siedend heißes Theer, und dergleichen. Endlich berechnet er die Summe derer, die nach Russows Angabe in den livländischen Kriegen von 1198 bis 1557 umgekommen sind, welche 330,355 Seelen machet. Vermuthlich ist diese Chronik noch nicht gedruckt, und alles, was ich davon weiß, habe ich Arndten zu danken. Chron. Th. II. S. 68.

§. 40.

Daniel Prinz von Buchau,

wurde zu Lemberg in dem schlesischen Fürstenthum Jauer geboren, und zwar 1546. den 14 Septemb. Seine Aeltern waren arm. Nichts destoweniger brachte ers so weit, daß er kaiserlicher Kammerrath, Pfalzgraf und Beysitzer des Appellationsgerichts zu Prag, in den Freyherrenstand erhoben und zweymal als kaiserlicher Gesandter nach Rußland, das erste mal unter Maximilian II und das zweyte mal unter Rudolph II, geschickt wurde. Er starb 1628. zu Breslau im 82 Jahre seines Alters. So erzählet es Jöcher im A. G. L. Th. III, S. 1775. und führet des Ioan Caspari Eberti Leorinum eruditum an, welches 1714. in 4. zu Breslau gedruckt ist. Da aber die Glaubwürdigkeit dieses Mannes nicht außer allem Zweifel ist, wie Jugler bemerket: so will ich die Nachricht hersetzen, welche Gauhe in seinem Adelslexikon aufgezeichnet hat. Sie lautet also: „Zum „Anherren der prinzischen Familie wird Daniel Prinz „von Buchau angegeben; derselbe besaß Falkenau und „Krossen, und florirte gegen Ausgang des 16. Seculi, „als kaiserlicher Appellationsrath in Böhmen, hernach „Kammerrath in Schlesien. Er war zweymal kaiser„licher Gesandter in Moskow gewesen, wie sein Buch „de Moscouiae ortu et progressu bezeuget. Er starb „Anno 1608. zu Breslau 62 Jahre alt, und war ei„gentlich von Lemberg gebürtig.„ So weit Gauhe. Das Buch, welches hier benannt wird, führet diesen Titel: Moscouiae ortus et progressus, authore Daniele Printz a Buchau, Augustissimorum Imperatorum Maximiliani et Rudolphi vbiuis secundi Consiliario, nec non bis ad Ioannem Basilidem Magnum Ducem Moscouiae Legato extraordinario. Gubenae typis Christophori Gruberi Anno 1681. in 12. Der Herausgeber ist des Verfassers Enkel, der in der kurzen Vorrede folgendes meldet: „Im Jahr 1578. sandte Kaiser Maxi„milian II an den damals regierenden Großfürsten von „Moskow, Iwan Wassiliewitsch den Herrn Johann „Kobentzl von Prosseg, des deuschen Ordens Ritter, „und meinen Herren Großvater, Daniel Prinz von „Buchau, welcher auf allergnädigsten Befehl aller„höchstgedachten Kaisers, Maximilians, diesen kur„zen Begriff der moskowitischen Geschichte in neun „Hauptstücke getheilt, aber weil er darüber verstorben „ist, nicht ans Licht gestellet hat. Ich habe also, weil „ich dafür gehalten, daß es sehr nützlich sey, erwähn„tes Herzogthum kennen zu lernen, die Ausgabe dessel„ben nicht verzögern wollen. Ich erinnere mich zwar, „daß der Freyherr von Herberstein auch eine Beschrei„bung dieses Landes heraus gegeben habe, aber man „wird, wenn man beyde Werke mit einander verglei„chet, sehen, daß der moskowitische Staat sich zwischen „der Zeit, da gemeldeter Freyherr von Herberstein und „mein Großvater Moskow besehen haben, himmelbreit „verändert hat.„ Auf dem Tittelblatte desjenigen Exemplares, welches der Herr Oberpastor von Essen mir geliehen hat, stehen folgende Worte: Scripsit quoque a Buchau tract. de ducibus Moscouiae eorumque incrementis. Dieser ist vermuthlich mit dem von Jöchern angeführten de rebus moscouiticis einerley. In dem Buche: Moscouiae ortus et progressus: welches, wie gedacht, aus neun Kapiteln besteht, führet das erste diese Aufschrift: de ducibus Moscouiae eorumque incrementis, item de initiis belli Liuonici. Diesen Ursprung des livländischen Krieges erzählt der Verfasser von der 29sten bis zur 47sten Seite. Von der 57sten bis zur 110 Seite berichtet er die Ursachen des livländischen Krieges unter Jivan Wassiliewitsch II. Und dieser Stellen wegen führe ich den Schriftsteller hier an. Auf der 61 bis 70 Seite steht ein merkwürdiger Brief des ersten Herzogs von Kurland vom 22 May 1576, der von dem Ursprunge des Kopfgeldes, welches der Zar von den Livländern foderte, handelt. Das zweyte Kapitel redet von der Religion der Russen. Im dritten berichtet der Verfasser, wie die Gesandten empfangen und gehalten werden. Hier beschreibet er seine Reise nach Moskow ziemlich umständlich. Er kam nämlich, mit Kobenzl, im Wintermonate 1575 zu Wilda an, von wannen sie in wenigen Tagen, nebst ihrem Wegweiser, Lorenz Gorscia, die Stadt Orsza, siebenzig deutsche Meilen von Wilda, erreicheten. Er merket an, daß dieses Orsza wegen eines Sieges der Pohlen, den sie unter Konstantin Ostrowski erhalten, bekannt geworden ist. Von hier nahmen sie ihren Weg nach Smolensko, und sodann nach Drogobusk, wo sie bis in die sechste Woche aufgehalten wurden: weswegen sich der Zar endlich in einem besonderen Briefe entschuldigte, welcher in deutscher Sprache geschrieben war, und zwar im December, 7084, nach der alten rußischen Zeitrechnung. Er klaget, daß sie wie Gefangene gehalten worden, und weder ausgehen, noch mit den litthauischen Kaufleuten reden dürfen. Man erlaubete ihnen nicht

nicht einmal, an ihren Herren, den römischen Kaiser, zu schreiben, oder jemanden aus ihrem Gefolge an ihn abzusenden. Endlich kamen sie nach Mosaisko, welches Städtchen 20000 Schritte von Moskow lieget. Daselbst wurden sie feyerlich empfangen, nachdem ein jeder Gesandter vorher von dem Zaren einen mit Bärenfell bedeckten Wagen, nebst zweyen Pferden, zum Geschenke erhalten hatte. An diesem Orte hatten sie bey dem Zaren Audienz; der Tag aber wird nicht genannt; sie wurden von diesem Monarchen und seinem ältesten Sohne zum Handkusse gelassen, und hierauf von Nikita Romanow bewirthet. Drey Tage hernach traten sie mit den zarischen Ministern in Unterhandlung, welche zweene Tage währete, und sich ziemlich erwünscht endigte. An dem letzteren Tage wurden sie wieder beym Zaren zur Audienz gelassen. Er ließ sie abermal zum Handkusse und versprach, seine Gesandten an den römisch-kaiserlichen Hof zu schicken: zu welchem Ende einer von ihnen auf die Abreise der zarischen Bothschafter warten sollte. Am achten Tage nach ihrer Ankunft reiseten sie wieder ab. Kobentzl nahm seinen Weg durch Litthauen, und Prinz durch Livland, wo dieser zu Dörpat bis in dem Maymonat 1576. auf die zarischen Gesandten, Sachar Iwanowitsch Suhorski und Andreas Arcihasow, den Legationssekretär, warten mußte. Mit demselben gieng er durch Livland, Kurland, Preußen, Pommern, Brandenburg, Lausitz und Böhmen nach Regensburg, wo damals Kaiser Maximilian II einen Reichstag hielt. Sie langeten daselbst; nicht ohne viele Gefahr, jedoch glücklich, an, und nachdem des Zaren Gesandten ihre Geschäffte verrichtet hatten,

ten, wurden sie von Prinz bis Stettin begleitet; von wannen sie zu Schiffe wiederum in ihr Vaterland zurück kehreten. Von den Ursachen dieser von Kobenzl und Prinz verrichteten Gesandtschaft nach Rußland entdeckt letzterer so viel: „Es waren wichtige Beweggrün„de, warum der höchstselige Kaiser Maximilian sich „zu einer Gesandtschaft an den Zaren entschloß, die alle „auf den Nutzen der Christenheit zieleten. Der Still„stand lief zu Ende, welchen der Zar mit den Litthauern „auf etliche Jahre gemacht hatte. Weil sie nun besor„geten, er möchte, wenn jener verflossen wäre, vor„nehmlich im zweyten Zwischenreiche, nach des Köni„ges in Pohlen Siegmund Augusts Tode, wegen des „Heimzuges des französischen Prinzen, etwas feindli„ches wider sie unternehmen; und wohl wusten, wie „hoch er den allerdurchlauchtigsten Kaiser hielt: so „bathen sie bald darauf durch ihre Abgeordneten, daß „dieser, nach seiner Gesinnung gegen die Christenheit, „sich dieses in der größten Gefahr schwebenden Landes „annehmen, und ihm einen dauerhaften Frieden zuwe„ge bringen möchte. Um eben dieselbe Zeit griff der „Zar Livland an, dessen Einwohner, weil sie keine an„dere Zuflucht hatten, gleichfalls den römischen Kaiser „in vielen Briefen um Hülfe anflehenten.„ S. unsern Neustedt, S. 80. Dieses ist also die erstere Gesandtschaft, welche Prinz gethan hat. Das vierte Kapitel dieses Buches handelt von der wahren Bedeutung des Wortes Czar. Das fünfte von der Ehe. Hier ist folgende Stelle die merkwürdigste, die S. 222-225. „Vi„sum est hoc loco subiicere, quibus ceremoniis Magno „Holsato duci Maria Wlodimiri, qui Joanni Basilidi

„patru-

„patruelis fuit, filia, anno Christi 1573. in matrimoni-
„um collocata sit. Vt rebus suis, nescio quo fato
„turbatis, optimus princeps consuleret, eam potissi-
„mum ob caussam ad hoc matrimonium applicuit. Cum
„itaque ad nuptiarum solennitatem Nouogardium ve-
„niret, et a templo non longe abesset, pannus ipsi da-
„mascenus, coloris purpurei, quod ante haec tempo-
„ra paucis aut nulli fortasse contigit, vsque ad aedis
„sacrae vestibulum substratus fuit. Postquam in tem-
„plum ingressus paululum constitisset, Andreas Sczol-
„kalouius Cancellarius, vir prudentissimus, in medio
„alium coloris eiusdem, appositis certo quodam ordi-
„ne pellibus aliquot zebellinis, expandit. Eum in
„locum sponsus cum sponsa deducti, de more nostra-
„rum ecclesiarum, faustam precationem a sacerdote
„germano acceperunt. Hisce peractis et vtroque in
„subsellium, quod serico et puluinaribus coopertum
„fuit, collocato, pelles pretiosissimae, quibus aurei
„nummi illigati fuerunt, inter hospites et aulicos pro-
„iectae sunt, pannus vero damascenus substratus vna
„cum pellibus sacerdoti cessit. Hinc ad mensam itum:
„coenaque peracta, sponsus cum sponsa in cubiculum,
„ex ligneis trabibus, in quarum interstitia, quod alias
„fieri solet, ob nescio quam superstitionem, muscus
„insertus non fuit, extructum, et panno purpureo or-
„natum, introductus est. In conclaui anteriori femi-
„nae quaedam primariae et prouectae aetatis noctibus
„aliquot excubarunt. Cubiculum duo sponsi aulici,
„gladios districtos manibus gestantes, totam noctem
„obequitarunt: quibus hoc iniunctum fuit, vt nemi-
„nem omnino ad conclaue hoc admitterent: si quis

„vero

„vero accedere vellet, eum etiamsi magni Ducis filius „esset, nulla eiusdem ratione habita, confoderent. „Sequenti die Moscus nouis nuptis pretiosas vestes prae-„stantissimis pellibus suffultas dono misit, atque cum „ipsis summa hilaritate pransus est. Quamuis autem „Maria germano principi nupserit, graecae tamen ec-„clesiae caeremonias nihilominus obseruat.„ Im sechsten Kapitel ist eine Nachricht von den Gesetzen; im siebenden von den Sitten und der Lebensart; im achten von der Münze; und im neunten von den Handwerken und dem Ackerbau. Obgleich Rußland sich unendlich verändert hat: so wird man doch in diesem Buche vieles finden, welches noch heute zu Tage gebräuchlich ist. Ich will mit einer Anmerkung endigen, weil ich oben angeführet habe, daß dieser Prinz einen Tractat de ducibus Moscouiae eorumque incrementis geschrieben. Jöcher saget auch von einer Abhandlung de rebus moscouiticis. Da nun das erste Hauptstück desjenigen Werkchens, wovon ich bisher ausführlich geredet habe, eben den Titel führet: de ducibus Moscouiae eorumque incrementis: so muß ich es denen, die hierzu Gelegenheit haben, überlassen, zu bestimmen, ob Prinz mehr, als Moscouiae ortum et progressum nachgelassen habe: woran ich um so mehr zweifele, weil der Enkel des Verfassers in der Vorrede gar nichts davon gedenket; welches doch die Verwandtschaft des Inhalts erfodert hätte.

§. 41.

Becanus.

Im Anfange des siebenzehnten Jahrhunderts lebete dieser Mann, der ein Jesuit und Rektor des Gymnasiums stums zu Riga war, und, der Religion wegen, mit Paul Oderborn 1599. zu Mietau eine Unterredung hielt, wovon er die Akten 1605 zu Wilda herausgab. Diese Akten hat der Pastor zu Gränzhof in Kurland, Johann Salomon Bethalio, oder Betulius, oder, wie er sich sonst nennet, Friederich Bulteius beantwortet. Tetsch, kurländ. Kircheng. Th. I, S. 210. Th. III, S. 201.

§. 42.

Bartholomäus Wybers,

ein sehr verdienter Bürgermeister dieser Stadt Dörpat, hat uns drey Werke hinterlassen, welche jedoch nicht gedruckt und zum Theil verloren sind. 1) Collectanea maiora. Hiervon bezeuget Sahmen folgendes in seinem ungedruckten Alten Dorpat: „Von denen allerersten Zeiten der pohlnischen Regierung, Errichtung „der Stadt und des Rathes ist ebenfalls wenig zusammen hängendes zu finden gewesen, dem unermüdeten „Fleiße des sel. Herrn Bürgermeisters Wybers alleine „aber hat man es zu danken, was man noch davon jetzt „übrig hat. Dieser um die Stadt mit unsterblichem „Ruhme wohl verdiente Mann hat nicht nur in seinen „größern Collectaneis alles, was er aus denen Protocollis immer merkwürdiges gefunden, mit einer zierlichen reinen Hand geschrieben und zusammen getragen, „dann absonders alle Privilegia und nützliche Urkunden „der Stadt von pohlnischen und ersten schwedischen Zeiten abschriftlich zusammengebracht, und mit einem „brauchbaren Indice reali versehen, sondern auch über „das alles einige vor andern insonderheit des Andenkens

„werthe

„werthe Zufälle mit vieler Umständlichkeit verzeichnet.„ Wie ich das Archiv unter meine Aufsicht bekam, war meine erste Sorge, diese Kollektaneen aufzusuchen. Es war zum Theil vermodert, in Pappendeckel gebunden; aber vermuthlich bey dem starken Gebrauche mangelhaft geworden. Den Indicem vermißte ich ganz und gar, das Werk selbst war auch nicht mehr vollständig, sondern enthält itzt 1598 Seiten in Folio, wovon man die letzten anzufassen sich kaum getrauete. Diesen für die Stadt kostbaren Rest so viel als möglich von dem Untergange zu retten, habe ich diese Sammlungen in einen stärkern Band binden lassen. 2) Hierauf folgen seine Collectanea minora, oder wie Wybers sie selber nennet: Status Dorpatensis de anno 1625. vsque ad 1649. Da alles sich auf Protokolle und Urkunden gründet: so sind beyde Werke, welche unser Stadtarchiv verwahret, höchst schätzbar. Hingegen ist es zu bedauren, daß 3) seine Arbeit, de persecutione religionis nicht mehr vorhanden ist: welche von denen Verfolgungen gehandelt hat, die die Evangelischen zu Dörpat unter der pohlnischen Regierung ausgestanden haben. Betrachtet man alles, was Wybers gethan hat: so ist er einer der würdigsten Bürgermeister dieser Stadt gewesen, dennoch aber hat er den Verfolgungen gewisser Leute nicht entgehen können.

§. 43.

Nikolaus Specht.

Dieser Mann war der Weltweisheit Magister und Prediger zu St. Nikolai in Reval. Wir haben von

ihm

ihm eine Orationem de Livonia die 1630 gedruckt und von Schurzfleisch angeführet worden. Er hat nach Kelchens Zeugniß, eine livländische Geschichte schreiben wollen; ist aber vermuthlich durch den Tod daran verhindert worden.

§. 44.

Jakob Schotte.

Dieser livländische Edelmann schrieb Historiam de Livonia, Dorpat, 1639, in 4. Kelch, Hermelin und Phragmenius führen sie an. Sie ist auch in der rigischen Stadtbibliothek anzutreffen.

§. 45.

Franz Nystädt oder Neustädt.

Neustädt war ein Ausländer und kam ohngefähr 1554. nach Livland. Er ließ sich in Dörpat als ein Kaufmann nieder, und heurathete des Bürgermeister Meyers Tochter. Der Handel, den er nach Moskow, Neugard und Pleskow trieb, machte, daß er sich oft in diesen Städten aufhielt, und mit den Russen sehr bekannt war. Dieses verursachete, daß er 1557. nebst Jakob Steinweg nach Moskow geschickt wurde, um das freye Geleit für eine große Gesandtschaft auszuwirken, welches diesen beyden Männern, obgleich der Zar schon große Anstalten zu dem livländischen Kriege vorgekehret hatte, gelang. Ich vermuthe, er habe sich, nachdem die Russen Dörpat erobert, von hier nach Riga begeben. In der letztern Stadt wurde er Rathsherr

auf die Gedanken gerathen wäre, seinem Sohne die pohlnische Krone zu erwerben. Wie die Wahl zwistig war, hingen sich die Aufrührer an den Erzherzog Maximilian. Doch Siegmund behauptete den Thron, und ließ als er seinen ersten Reichstag hielt, die Bürger zu Riga vorladen. Diese krochen zum Kreuze, und bathen um eine Kommission, welche die Stadt in Ruhe setzen möchte. Die Kommission kam 1589 im Heumonate nach Riga, und verurtheilte die Rädelsführer nebst ihren Helfern und Helfershelfern, theils zur Lebens- theils zur Geldstrafe. Franz Neustädt und David Hilchen bewiesen sich hierbey sehr großmüthig, und bathen für diese Missethäter, daß die ausgesprochenen Strafen gemildert wurden. Neustädt schoß etlichen die auferlegte Geldbuße vor, damit sie im Lande bleiben und sich bessern möchten. Endlich wurde die Ruhe durch einen Vertrag zwischen Rath und Bürgerschaft wieder hergestellet, am 26 Aug. 1589. Weil nun dieser Tag Severin heißt, hat dieser Vertrag davon seinen Namen bekommen. Inzwischen drang der König auf Abtretung der Jakobikirche, und lud die Sadt Riga auf dem Reichstage zu Warschau 1590 vor. Unser Neustädt wurde, nebst dem Rathsherren Kaspar vom Hosse und dem Syndikus David Hilchen dahin abgeordnet. Der König fällete dieses Urtheil, daß die Stadt zwar die Kirche abtreten, die Jesuiten aber nicht in der Stadt, sondern auf dem Schlosse, wohnen sollten. Als die Schweden 1601 den 30 Aug. die rigische Vorstadt verbrannten, litte Neustädt großen Schaden, und büßete über 30 Wohnungen und Scheunen ein. Im Jahre 1608 den 22 Jul. als er sich zu Sonzel aufhielt, funden sich achtzig Franzosen zu Pferde von den schwedischen Truppen vor diesem Schlosse ein. Sie wurden durch Neustädts und der übrigen Leute, welche bey ihm waren, muthiges Betragen abzuziehen gezwungen. Wenn er sich eigentlich nach Sonzel begeben, welches er sein Exilium nennet, das weiß ich eben so wenig, als wenn er gestorben sey. Daß er aber in Riga der erste Oberweysenherr gewesen, erhellet aus dem XXXVIIsten Artikel der rigischen Vormünderordnung. Chyträus rühmet ihn, seiner sonderbaren Klugheit, Gelassenheit und Standhaftigkeit wegen. Er hat eine historische Nachricht von Livland hinterlassen, welche wenige Liebhaber, wie Arndt beobachtet, vollständig, sondern nur in einem Auszuge besitzen. Ich habe von dem sel. Herrn Landrichter von Brömsen eine Handschrift erhalten, welche vielleicht auch nicht vollständig ist. Der Seltenheit wegen will ich sie beschreiben. Der Titel heißt: Franz Neustädts vormaligen Bürgermeisters in Riga liefländische Cronica bis Anno 1609. Die Vorrede ist auf Sonzel 1604 geschrieben, und enthält nichts besonders, ausgenommen, daß er dieses Schloß sein Exilium nennet. Darauf folget das Werk selbst, welches aus 165 Seiten in Folio besteht. Das erste Hauptstück führet die Aufschrift: Von der Gelegenheit, wie sich Livland in die Länge und in die Queere erstreckt. Dieses enthält einige besondere Nachrichten, als von Erbauung der Stadt Neuschloß, und von dem Fischzolle bey Werenbeck, thut aber seiner Aufschrift kein Genüge. Das 2 Hauptstück enthält die Namen der Städte und Schlösser in Livland. Unter den Städten begreifet er Riga, Reval, Dörpat, Narva, Pernau, Kockenhausen, Wenden, Wolmar

und

und Welbin. Lemsal und Habsal nennet er Städtchen. Außer diesen zählet er 73 Schlösser. Am Ende bringet er eine kurze Nachricht von den Inseln, Oesel, Dagö, Mon, Worms und Nuck an, und saget, daß die Schweden im Anfange des 16 Jahrhunderts auf Dagö eine Schanze, mit Namen Gürgensburg, angeleget haben. Das dritte Hauptstück handelt von dem Zustande der alten heidnischen Völker in Livland, ihrem Glauben, Sitten und Gebräuchen, so sie gehabt, ehe und bevor die Deutschen ins Land gekommen sind. Hier erkläret er das Wort Liespfund, welches nichts anders ist, als ein livisch Pfund. In Ansehung der Religion hat er wohl nichts anders gesaget, und sagen können, als was andere vor ihm gemeldet haben, nämlich, daß die Religion der Einwohner dieses Landes mit derjenigen übereingekommen ist, welche man bey den Preußen, ehe die Ritter ins Land gekommen, angetroffen haben will. Das merkwürdigste in diesem Hauptstücke ist die Strafe der Honigdiebe. „Wenn einer dem andern einen Bienenbaum bestohlen, so hat man den Dieb mit einer „Linie gebunden, ihm den Nabel losgeschnitten, und „ihn mit Feuer um den Baum gejaget; bis er sein Eingeweid um den Baum ausgewunden und niedergestürzt „ist.„ Der Verfasser meynet, daß Leal der einzige feste Ort im Lande, vor Ankunft der Deutschen, gewesen. Die Sprachen und Mundarten verwechselt er augenscheinlich. Das vierte Hauptstück erzählet, was es für einen Zustand und Gelegenheit mit dem Kaufhandel an der Ostsee gehabt, ehe Livland erfunden ist. Hier redet der Verfasser von Vineta, welches ehemals die größeste Handelsstadt an der Ostsee gewesen. An ihre

Stelle kam hernach Julin, welche doch nicht so mächtig ward. Wisby kam nach Julins Untergange empor. Aus den Schragen des Komtoirs zu Neugard hat der Verfasser gesehen, daß die wisbyschen Kaufleute ihre Niederlage daselbst gehabt, eine Winter- und Sommerfahrt dahin gehalten, und im Sommer sich des Flusses Nüe oder Newa bedienet haben. Die Hansestädte hatten, ehe die Fahrt nach Livland bekannt wurde, ihre Niederlage zu Wisby: wohin die Russen und Schweden kamen, um mit ihnen zu handeln. Der Handel zu Wismar schadete der Stadt Wisby. Jene kam aber, nachdem man Livland entdecket, dergestalt herunter, daß **Neustädt** bezeuget, die meisten Häuser wären ledig gewesen, und man hätte, zu seiner Zeit, ein treffliches Haus, welches mit etlichen tausend Thalern gebauet worden, für eine jährliche Miethe von 12 bis 15 Thalern bewohnen können. Im fünften Hauptstücke berichtet er, wie die löbliche Provinz Livland anfänglich erfunden und aufgesegelt worden. Dieses ist, nach seinen Worten, im Jahre 1148 oder 1158 von einem bremischen Schiffe, geschehen. Woher der Verfasser die Nachricht von dem Handel habe, den dieses Schiff mit den Einwohnern getrieben hat, weiß ich nicht. Er füget noch hinzu, daß die Leute auf dem bremischen Schiffe einen livischen Knaben mit sich genommen, und ihn in der deutschen Sprache und christlichen Lehre unterrichtet, und zu Bremen getaufet hätten, um ihn ins künftige zum Dolmetscher zu brauchen. Das sechste und siebende Hauptstück handelt von der zweyten und dritten Fahrt der Bremer nach Livland, die, wie er vorgiebet, 1149 und 1150 geschehen seyn sollen. Schon

1150

1150 soll Meinhart nach diesem Lande gekommen seyn. Alle diese Nachrichten, die er in diesen beyden Hauptstücken, und in dem folgenden achten erzählet, sind, so ferne sie dem Heinrich dem Letthen widersprechen, schwer zu glauben. Das neunte und die folgenden, bis zum 24sten Hauptstücke, haben keine Aufschrift. Der Verfasser erzählet darinn, aber sehr fehlerhaft, was nach dem Tode des Bischof Bertholds in Livland vorgegangen. In dem eilften Hauptstück ist schon ein Beweis der Unrichtigkeit enthalten, welche sich in meinem Exemplare durch das Versehen des Abschreibers befindet. Die Stelle lautet also: „Kurz hernach ist König Waldemarus mit dem Bischof von Lunden selbst in Livland „gekommen, und hat Anno 1223 angefangen die Stadt „Reval zu bauen, auch folgends das Schloß Wesenberg „und die Narwe, welches alles Er bis Anno 1347 besessen. Hernach hat Er, der König, die Stadt Re„val, Narva und Wesenberg dem Orden, in welchem „damals auch des Königes Bruder Hans gewesen, vor „19000 Mark Silbers verkauft und abgestanden.„ In diesen Worten ist durch einen sehr sichtbaren Irrthum König Waldemar der II und Waldemar III in eine Person verwandelt worden, welcher von Neustädt unmöglich herrühren kann. Reval ist nicht 1223, sondern 1218 erbauet worden. Waldemars III Bruder hieß nicht Hans, sondern Otto. Im 13ten Hauptstücke hat der Verfasser gar gemeldet, daß Reval 1230 zu bauen angefangen worden. Im 16ten Hauptstücke führet er den Russow an, und ich zweifele nicht, daß dessen Chronik in dem, was vor seiner Zeit geschehen, seine Hauptquelle gewesen ist. Im 23sten Hauptstücke mel-

meldet er, daß die Stadt Wisby ganz abgenommen hätte, und ihre herrliche steinerne Häuser verfallen wären, weil die Städte Riga und Reval empor gekommen. Er erzählet ferner, wie 1494 der Stapel der Hansestädte zu Neugard untergangen sey. „Nachdem, „fähret er fort, ist Neugarden zu keiner Handlung mehr „gebrauchet worden, obgleich noch zuweilen Kaufleute „dahin gereiset; wie denn auch Ich selbst noch Anno „1570 da gewesen, und Handthierung gehabt, auf dem „alten verfallenen Contoir-Hofe, wo damals noch ein „Stück von St. Peters Kirchhof stund, welche die Kauf„leute ehedem von Steinen gebauet hatten. So war „auch ein klein gewölbter Keller da, in welchem Ich „Getränk und Victualien verschließen konnte, sonsten „war nichts mehr zu finden, als eine hölzerne Stube, „in welchem Ich, nebst meinem Diener und Jungen, „Ablager hatte, und eine andere dergleichen, darinn „der russische Hofwächter wohnete, der den Hof auf- und „zu machete. Dergestalt ist Neugarden verfallen, und „sind die russischen Waaren nachgehends alle nach Riga, „Reval und Dörpt, wodurch diese Städte bis Anno „1550 sehr gewachsen, geführet worden.„ Das 24ste Hauptstück hat die Aufschrift: von **Iwan Wassilewitsch** Regierung und Tyranney. Die Nachricht enthält weiter nichts, als folgendes: „Derselbe ist geboren „Anno 1528. Von dessen Leben vide alios authores. Er „plünderte manchmal Narva aus, ließ aber die Deut„schen im Frieden sitzen. Was für Herrmeistere seit „Anno 1276 nach **Otto** von **Rottensteins** Tode gewe„sen, hic non enumerantur, illos igitur alibi legere „licebit.„ Hieraus schließe ich, daß meine Handschrift

nur

nur ein Auszug aus Neustädts Chronik ist. Hierauf fähret er mit dem Jahre 1330 und dem Meister Eberhart von Monheim fort. Ich finde nun gar keine Kapitel, Hauptstücke oder Abtheilungen mehr. Nachdem er berichtet, wie Eberhart von Monheim abgedanket, und Livland, nebst dem Orden in großen Ehren verlassen habe, kömmt er so gleich auf Wolther von Plettenberg. Die Worte der Handschrift lauten also: „Anno 1495 ist Herr Wolther von Plettenberg (zwi„schen diesem und jenem sind noch andere Heermeister „gewesen) zum Heermeister in Livland erwählet.„ Die eingeschlossenen Worte zeigen deutlich an, daß die Handschrift nur einen kurzen Begriff von der neustädtischen Arbeit enthält. Das folgende von S. 49. an, wird sehr wichtig, und enthält die Geschichte der Begebenheiten, welche er selbst erlebet hat, und wobey er zum Theil gegenwärtig gewesen ist. S. 64 steht, Herzog Christoph von Mechelnburg habe 15 Jahre in Pohlen gefangen gesessen. Das ist ein Irrthum des Verfassers, oder welches wahrscheinlicher ist, des Abschreibers. S. 77. lieset man: „Nun sind viel Belagerun„gen und Eroberungen der Schlösser und Häuser in Lief„land, theils von den Schweden, theils Moscoviter „geschehen, wovon in der revelschen Chronika mit meh„reren zu ersehen.„ Diese revalische Chronik ist die russowische. Von S. 94 bis 122. erzählt Neustädt den Kalenderstreit in Riga. Die folgenden zwo Seiten enthalten den rigischen Tumult, welcher 1604 entstanden. Eben dieses aber kömmt, S. 141 nochmals vor. Die Händel zwischen König Siegmund in Pohlen, und Herzog Karl von Südermannland, nebst dem daraus entstandenen Kriege in Livland nehmen die Seite 124. 141. ein, wo das Elend, welches Livland 1601 und 1602 gedrücket, und der Verfasser selbst erlebt hat, erzählet wird. S. 146. setzt er die Krigesgeschichte in Livland fort. S. 148. rückt er ein, was mit dem falschen Demetrius oder Dmitri vorgegangen ist. Nachdem er auch der ungarischen Händel mit dem Buskai erwähnet hat, kömmt er S. 151. wiederum auf den livländischen Krieg. S. 158. stehen folgende Worte: „Vier„zehen Tage zuvor den 22 Jul. da waren bey 80 fran„zösische Reuter vor dem Hause Zonzel. Darauf war „Johann Nyenstädt mit seinem Diener Robrecht „Nagel, und mein Diener Berend der Weber, Al„brecht und Christopher Bruer, alle gute Schützen, „darnach der Aeltester. Michael Hermann, haben sie „aber rechtschaffen abgewiesen.„ Wer dieser Johann Nyenstädt, und ob er ein Verwandter des Verfassers gewesen, das habe ich nirgend gefunden. S. 160 findet man diese Worte: „Allhie folget die Nachricht von „denen, die sich nach des alten Großfürsten Iwan „Wasilowitz Söhne Tod, als des ältesten Fedor I„wannewitz und des jüngsten Dmitri Iwannewitz zu „Großfürsten und Reichserben aufgeworfen haben.„ Diese Worte beweisen, daß der Abschreiber das, was Neustädt hiervon aufgezeichnet, ausgelassen hat. Das Ende ist die pohlnische Eroberung der Festung Dünamünde, und die fruchtlose Belagerung des Klosters Tetschur. Auf den folgenden fünf Seiten meiner Handschrift findet man 1) etliche Wunderzeichen, die sich in Livland zugetragen haben. Es sind aber sehr natürliche Begebenheiten, z. E. Kometen, Wasserfluthen,

Mis-

Miegeburten, Seuchen, u. s. w. 2) einen Zusatz denkwürdiger Sachen und Geschichte ⁊c. Er enthält mehrentheils Dinge, die außerhalb Livland geschehen sind. Z. E. daß die Russen dem Herzog Albrecht in Preußen 1520 Geld oder Silber vorgeschossen, und dieses 1586 wieder verlanget, aber nicht bekommen haben. Ich habe meine Handschrift deshalben so umständlich beschrieben, damit ich erfahren möge, ob jemand eine vollständigere besitze. Die Schreibart ist sehr unangenehm; sie kann aber wohl durch Abschreiber verderbet seyn. Inzwischen ist diese Chronik ein sehr brauchbares Werk, indem ihr Urheber sehr vieles selbst erlebet, und vermuthlich nach und nach, so wie es sich zugetragen, aufgezeichnet hat. Obgleich die Vorrede schon 1604 geschrieben ist; so findet man doch Begebenheiten darinn, welche später vorgefallen sind; es sey nun, daß Neustädt selbst, oder eine fremde Hand sie hinzugethan hat. Arndt bezeuget, daß Neustädt Anmerkungen über Lorenz Müllers septentrionalische Historien geschrieben; und daß der Freyherr Elert Kruse seinen Gegenbericht auf Russows Chronik ihm zugeeignet hat.

§. 46.

Simon Starowolski.

Dieser pohlnische Edelmann stammete aus der sehr alten und berühmten Familie der Lodzier her, welche einen Fischerkahn im Wapen führet. Den ersten Unterricht genoß er zu Hause. Er studirete zu Krakau. Darauf nahm ihn Johann Gostomski, Abt des Cisterzienzienserklosters zu Vanchoc, oder vielmehr Vonchokfch in der Woiwodschaft Sendomir, in seine Dienste, daß er die jungen Klosterbrüder die Weltweisheit und Gottesgelahrheit lehren möchte. Nach diesem nahm der Feldherr von Litthauen, Johann Karl Chodkiewicki, ihn als Geheim- und Geschichtschreiber an. Nach dem Tode dieses in der livländischen Geschichte sehr bekannten Herren, besuchte Starowolski, Deutschland, Italien, Frankreich und die Niederlande, um in der Gelehrsamkeit zuzunehmen. Wie er wieder in sein Vaterland kam, wurde er Hof- und Lehrmeister bey Alexander Koniecpolski, dessen Vater Kastellan von Krakau und Krongroßfeldherr war. Hierauf trat er in den geistlichen Stand, und erhielt zuerst eine ansehnliche Pfründe zu Tarnow, er war nämlich Thumsänger, welches Amt ihm Gelegenheit gegeben hat, Erotemata Musices practicae zu schreiben, die das Licht zu Krakau 1650 in 8 gesehen haben, in der Woiwodschaft Sendomir, und zuletzt eine Thumherrenstelle zu Krakow. Sein Verstand, seine Gelehrsamkeit und sein Eifer gegen sein Vaterland und seine Religion war so groß, daß er deshalben von den Magnaten nicht nur geliebet, sondern auch belohnet ward. Insonderheit wurde er hochgeachtet von dem Bischofe von Krakow, Peter Gembicki, welcher seine Kirche, als König Karl Gustav Pohlen erobert hatte, diesem Thumherrn anvertrauete. Dieser Prinz besuchte, da er Krakau eingenommen hatte, die Thumkirche, welche dem heiligen Stanislaw gewidmet ist. Starowolski führete ihn herum, und zeigete ihm nicht allein die Merkwürdigkeiten und Alterthümer, sondern auch die Gräber der Könige, wobey

er

er das, was von ihnen hauptsächlich bekannt ist, kurz anzeigete. Man kam an das Denkmaal des Vladislaus Loktikus. Dieser König, sagte der Führer, hat sein Reich dreymal verloren und dreymal wieder erobert. Der König antwortete: aber euer Kasimir hat es einmal verloren und wird es nicht wieder einnehmen können. Jener blieb die Antwort nicht schuldig, sondern sagete: Wer weiß? Denn Gott ist mächtig und das Glück veränderlich. Der König, dem dieser hurtige Einfall nicht gefallen mochte, brach von der Materie ab, jedoch hörete er dem Alten auch hernach sehr aufmerksam zu. Er starb im April 1656, nicht 1658, wie Zaluski wider Pruski und Janozki bewiesen hat, und zwar aus der Leichenrede, welche ihm Franz Volski in pohlnischer Sprache zu Krakow gehalten hat. Viele Schriften hat er hinterlassen, aber auch den Fehler begangen, worinn die Polygraphen gemeiniglich verfallen; daß sie nämlich nicht genug Sorgfalt und Ordnung beobachten. Das vollständigste Verzeichniß seiner 46 Schriften, die mehrentheils in lateinischer, einige in pohlnischer Sprache geschrieben sind, findet man in des Herrn Bischofs von Kiow Bibliotheca scriptorum Polonorum, und aus derselben in des Starowolski Büchlein de claris Oratoribus Sarmatiae, welches 1758 zu Warschau in 8 wieder aufgeleget worden, S. 54. in Mizlers Scriptor. Histor. Polon. et Lithuan. Th. I. S. 432. und in Janozki Excerpto Polonicae litteratur. S. 93 - 106. Man sehe eben dieses Janozki Nachricht von raren pohlnischen Büchern, Th. I. S. 58. von seinen Schriften gehöret zu meinem Zwecke 1) Oratio in obitum magnanimi Herois, D. Io. Caroli Chodkieuicii,

kieuicii, Comitis in Szklow, Mysza et Bychow, Palatini Vilnensis, Capitanei Derbatensis, Lubosanensis, Volonensis etc. Supremi M. D. Lithuaniae, et ad bellum Turcicum, regni Poloniae exercituum Generalis, nec non terrae Liuoniae Gubernatoris. Craconiae 1622 in 4. 2) Polonia, Köln 1632 in 16. Danzig 1652 in 16. Wolfenbittel 1656 in 4. diese Auflage, mit Konrings Vorrede, ist die beste, weil sie mit Landkarten und einem vollständigen Register versehen ist. In dem gegenwärtigen Jahrhunderte ist dieses Buch, welches man für das beste unter des Verfassers Werken schätzet, zweymal gedruckt worden, zuerst 1734 in 4 zu Breslau, wobey man seine Centum elogia illustrium Poloniae scriptorum, wie auch seine Claros Sarmatiae bellatores, antrifft; und hernach zu Warschau 1761 in Fol. in des Herrn Hofrath Mizlers Scriptoribus Historiar. Poloniae et Lithuaniae, Th. I. S. 430-476. Zu den Flüssen in Pohlen rechnet er auch die Narowa, welche doch niemals unter pohlnische Oberherrschaft gediehen. Die Beschreibung Livlandes ist sehr kurz gerathen und füllet nur anderthalb Seiten. In dieser Beschreibung hat er seinen Haß gegen die Evangelischen nicht verborgen, und so gar die Rigischen beschuldiget, als wenn sie den König Gustav Adolph ins Land gelocket hätten. Hoppe meldet, daß Martin Böhm über dieses Buch des Starowolski Anmerkungen geschrieben habe, in der Absicht, sie drucken zu lassen. Vielleicht meynet er diejenige Handschrift, welche zwar unter dem Titel: Prussia geographice, politice et ecclesiastice illustrata: bekannt, aber meines Wissens noch nicht gedruckt ist.

§. 47.

§. 47.

Paul Einhorn.

Dieser würdige Theologe war ein Enkel des zweyten Superintendenten in Kurland, Alexander Einhorns. Er wurde zuerst Pastor zu Gränzhof, 1634 deutscher Pastor zu Mitau, und zwey Jahre darauf der fünfte Superintendent in Kurland, welche Stelle er neunzehen Jahre bekleidete, und zwar mit einem solchen Ruhme, und mit so vieler fruchtbaren Sorgfalt für die ihm anvertrauete Kirche, daß man noch heute zu Tage sein Andenken verehret. Im Jahre 1645 wurde das bekannte Colloquium charitatiuum zu Thorn gehalten, und der damalige Herzog von Kurland von dem Könige in Pohlen dazu eingeladen. Der Herzog schrieb deshalben an den Herzog in Preußen, die Stadt Danzig und den Convent zu Orla. Hierauf sandte er diesen Einhorn nach Thorn und gab ihm Hermann Toppen, Hauptprediger in Durben, zum Gehülfen. Einhorn starb im Jahre 1655 am eilften Sonntage nach dem Feste der heil. Dreyfaltigkeit, auf der Kanzel, unter seiner Morgenpredigt, da er wider die Annehmung des gregorianischen Kalenders ungemein eiferte. Ich folge hierinn dem Herrn Pastor Tetsch, und nicht Jöchern, welcher den Tod dieses Mannes auf den 28sten May 1656 setzet. Seine Schriften sind diese. 1) Historia lettica, d. i. Beschreibung der lettischen Nation, in welcher der Letten, als alten Einwohner und Besitzer des Lieflandes, Curlandes und Semgallen, Namen, Ursprung, ihrem Gottesdienste, ihrer Republik, so sie in der Heydenschaft gehabt, auch ihren Sitten rc. gründliche

liche und umständliche Meldung geschieht; Dörpt bey Johann Vogeln 1649 in 4. Man kann dieses Buch unter die raresten rechnen, wie denn der Herr Pastor Tetsch es schon 1742 darunter gezählet. Versuch einer kurländ. Kirchengesch. S. 11. Arndt gab es in der Vorrede zum ersten Theil seiner livländischen Chronik für eine Handschrift aus, welches zu beweisen scheint, daß er es damals nicht anders gekannt hat. Erst im zweyten Th. S. 11. Anm. c) führet er den Titel an, und meldet, daß diese Historie dem Herzoge Jakob von Kurland und Semgallen zugeschrieben worden. Ich selbst habe es niemals gesehen. Man dürfte sich hierüber wundern, weil das Buch in Dörpat gedruckt ist. Allein die Lehrer der hohen Schule zogen bey dem bevorstehenden Kriege 1699 hinweg. Dörpat wurde 1708 völlig zerstöret, und nicht eher als 1720 wieder erbauet. Die hiesigen Gelehrten waren größtentheils Ausländer. Die wenigsten davon haben sich einen Büchervorrath angeleget. Noch wenigere haben sich um ihr neues Vaterland weiter, als Brod darinn zu verdienen, bekümmert. Die Einheimischen haben sich, wenn sie ja zum Zeitvertreib die Geschichte ihrer Vorfahren gelesen, mit Kelchen und Arndten beholfen, und ich glaube, daß ihnen noch diese Stunde Einhorns Beschreibung der lettischen Nation ein Räthsel ist. Ich habe wenigstens mit aller Mühe kein Exemplar davon auftreiben können. Man rühmet die Belesenheit des Mannes, und aus einigen Proben schließe ich, daß es ihm am Urtheile nicht gefehlet habe. Seine übrigen Schriften, die fast eben so selten sind, will ich auch hierher setzen, so viel mir nämlich bekannt geworden. 2) Widerlegung der

Abgöt-

Abgötterey und nichtigen Aberglaubens, so vor Zeiten aus dem Heydenthume in diesem Lande entsprossen; Riga 1627 in 4. 3) De Idololatria, eius origine, essectu et rationibus, quibus eiusdem reliquiae expugnari recte possunt. Mitauiae 1636 in 4. 4) Bericht, was sich zwischen den mitauischen Pastoren und Laurentium Matthäum begeben: Mitau 1646 in 4. 5) Reformatio gentis letticae in ducatu Curlandiae; oder: Unterricht, wie man die Letten oder Deutschen im Fürstenthume Curland und Semgallen von ihrer alten heydnischen Abgötterey und Aberglauben zum wahren Gottesdienste, wahrer Gottesfurcht und ernster Meidung alles heydnischen gottlosen Wesens bringen möge ꝛc. Riga 1636 in 4. 6) Eine Leichenpredigt, welche er dem Herzoge Wilhelm, der den 11ten April 1640 in Pommern auf dem Probsteyhause Lucklau gestorben, und 1643 den 23sten Februar in die Schloßkirche zu Mitau gesetzt worden, über 1 Mos. 49, 29-32. gehalten hat. 7) Paraphrasis orationis dominicae etc. in linguam letticam translata. So viel ist mir bekannt. Er soll aber noch mehr geschrieben haben. Dieses, was ich angeführet, ist das wichtigste. Man möchte vielleicht dasjenige nicht für verwerflich halten, was er wider Melchior Bilterbing geschrieben hat; denn mit diesem Propste zu Doblen hat er Zeitlebens Streitschriften gewechselt.

§. 48.

Johann Witte.

Dieser rigische Rathsherr starb am 25sten Heumonates 1657. Er war sieben Jahre lang Agent am königlichen schwedischen Hofe, und erhielt zur Belohnung das Archivariat 1648. Am 27sten Weinmonates 1654 wurde er Sekretär bey dem Vogteygerichte. In eben diesem Jahre erhielt er auf die Empfehlung des Grafen Erichs Oxenstierna, Präsidenten des Kammercollegiums, der ihm alle seine Handschriften gegeben, die Stelle eines königlichen Historiographen von Livland, mit einem jährlichen Gehalte von dreyhundert Albertsthalern. Im Jahre 1656 wählete man ihn zum Rathsherrn, in welcher Würde er bis an seinen Tod das Amt eines Oberbau- und Waisenherrn bekleidet hat. Dieser würdige und gelehrte Mann ließ vieles hoffen. Er hatte, außer denen in und aus Schweden erhaltenen vielen Urkunden, mit einem seltenen Fleiße und erstaunlichen Arbeitsamkeit das rigische Stadtarchiv durchgesuchet. Alle Früchte dieser Bemühungen sind, nach Arndts Zeugniß, mit seinem frühzeitigen Ableben verschwunden. Sollten sie aber nicht irgendwo unerkannt verborgen liegen. Sollte der Sohn, welcher in den Adelstand erhoben worden, und der Enkel, welcher Bürgermeister in Riga gewesen, nicht für die Erhaltung dieser Urkunden gesorget haben?

§. 49.

Paul Piasecki, oder Piascius.

Der erste ist sein Geschlechtsname, welcher seine adeliche Geburt anzeiget. Der zweyte ist der lateinische. Lorenz Gosbicki, Bischof von Posen, dessen Vertraulichkeit er sich erworben hatte, nahm ihn unter die Thumherren seiner Stiftskirche auf. Er wurde hernach Bischof

schof von Premisl, und scheint in der letzteren Hälfte des siebenzehenten Jahrhunderts gestorben zu seyn. Er schrieb Chronicon gestorum in Europa singularium ab anno 1571 vsque ad annum 1645, welches zu Krakau 1645 in Fol. ans Licht trat; hernach ebendaselbst bis 1648 vermehret, in eben dem 1648sten Jahre wieder aufgeleget, und endlich zu Amsterdam, oder doch in Holland, ohne Jahreszahl zum drittenmal gedruckt worden. Diese letzte Ausgabe, hat nach Hoppens Berichte, den Vorzug, daß sie Beobachtungen enthält, über einige Stellen, worinn der Urheber, in Betrachtung der französischen und niederländischen Geschichte geirret hat. Jedoch sollen diese Beobachtungen nicht bey allen Exemplaren seyn. Hoppe saget noch mehr: Die Pohlen selbst sollen nicht mit ihm zufrieden seyn; und er berufet sich deshalben auf verschiedene ungedruckte Urtheile, welche ihm der Bürgermeister, Friederich Gottlieb Engelke, mitgetheilet hat. Hartknoch und Becmann haben ihm seine Liebe zu Fabeln, seine Unzuverläßigkeit und seine ungleiche Urtheile von denen Leuten, die nicht zu seinem Volke oder zu seiner Religion gehöret, vorgeworfen. Dem sey wie ihm wolle, ein Livländer thut wohl, wenn er denselben anschaffet, wo er ihn haben kann.

§. 50.

Friederich Menius,

ein gekrönter Dichter, aus Pommern, und Prediger in Livland zu Neuermühlen, Dünamünde, Zarnikau und Rodenpois, hernach seit 1632 Professor der Geschichten und Alterthümer zu Dörpat. Kelch nennet

 ihn

ihn einen Lehrer des Rechtes; welches ein Irrthum zu seyn scheint. Weil er zwey Weiber zugleich genommen, nahm ihn der Oberfiskal 1637 in gerichtliche Ansprache. Bald darauf wurde er von dem dörpatischen Hofgerichte für vogelfrey erkläret. Er hatte nämlich die Witwe des dörpatischen Predigers, Kaspar Pegius, mit Namen Christina Pauli, ihren verstorbenen Ehemann und ihre Aeltern der Zauberey, Dieberey, Hurerey und des Ehebruches beschuldiget. Das Hofgericht verurtheilte ihn am 10ten Hornung 1637 zur Abbitte, zum Wiederruf und zu Ersetzung der Unkosten. Hierauf wurde er flüchtig; das Hofgericht erkannte die Ediktalcitation, und ließ solche an die Thüren des Rathhauses schlagen. Er blieb ungehorsam aus. Am 19ten Hornung 1638 wurde er von eben diesem Hofgerichte verbannet, aus dem Frieden in den Unfrieden gesetzt, und im ganzen schwedischen Reiche sein Leib und Leben, als eines Vogels in der Luft, jedermann erlaubet: wobey man allen, die ihm mit Rath und That an die Hand gehen würden, eben diese Strafe drohete. Was er hierauf in Schweden für ein Amt bekleidet habe, weiß ich nicht zu sagen. Er wurde aber, da er unter dem Namen Salomon Majus seinen Consensum hermetico-mosaicum, von dem wahren Anfange aller sichtigen und unsichtigen Dinge heraus gab, und hierinn durch alchemistische Erklärung der drey ersten Hauptstücke des ersten Buches Mose seine besonderen Meynungen in der Religion äußerte: von dem geistlichen Gerichte zu Stockholm am 11ten April 1645 verhöret, und ob er gleich wiederrief, dennoch abgesetzt. Es scheint, er habe das Geheimniß der heiligen Dreyeinigkeit geläugnet. Im folgenden Jahre schrieb

schrieb er eine Nachricht von seinen verlorenen Sachen; und starb im Herbstmonate 1659, als Aufseher der Kupferwerke in Schweden, welche Stelle ihm seine Wissenschaft in der Schmelzkunst zuwege brachte. Er war ein arbeitsamer, aber auch ein grossprecherischer und zanksüchtiger Mann. Seine Schreibart war schlecht, stachelicht und beissend. Die guten Vorsätze, die er gehabt zu haben scheint, machten sein tadelhafter Wandel, seine Abentheuer und seine unmäßigen Foderungen krebsgängig. Schon 1630 gab er zu Riga 1) seine Intrada heraus, welche Schrift etwa vier Bogen stark, eine vorläufige Ankündigung seiner livländischen Universalhistorie und sehr selten zu finden ist. Arndt hat davon nur eine Abschrift in Händen gehabt, woraus er in seiner Chronik Th. II. S. 5. ff. Anmerk. ***) Nachricht von diesem Büchlein, und des Verfassers seltsamen Gedanken, abergläubischen Meynungen, und offenbaren Unrichtigkeiten giebt: welche ich hier nicht wiederholen will. 2) Relatio de inauguratione Academiae Gustauianae Dorpatensis, die 15 Octob. 1632 facta. 3) Nuncius Parnassi liuonici poeticus, siue gratulatio in fundationem dictae Academiae Dorpatensis, 1632. Diese Schrift ist, nach des Herrn Inspector Backmeisters Bericht, theils lateinisch, theils deutsch. 4) Syntagma historicum de origine Liuonorum, Dorpati 1632. Hiervon hat Arndt nur eine Abschrift besessen; derohalben nennet er es ungedruckt, worinn ihm Dunkel gefolget ist. 5) Historischer Prodromus des livländischen Rechtens und Regiments von Anfange der Provinz Erfindunge, bis auf Ihr Königl. Majestät von Schweden, Gustavi Magni, Todt. Aus wahrhaften und glaubwürdigen

Actis und Actitatis verfertiget und zusammen gebracht. Gedruckt zu Dörpt in Liefland bey und in Verlegung Jakob Beckern. Hinter dem Titelblatte steht das Wapen des Erzstiftes Riga, welches von allen denen, die Arndt anführet, unterschieden, und hier ein Bischofsstuhl ist, zwischen dessen Lehnen man eine Bischofsmütze und eine Fahne mit zweenen in Form eines Andreaskreuzes gelegten Schlüsseln, deren Schließblätter auswärts gekehret sind, erblicket. Die Zueignungsschrift ist an den Generalmajoren Wilhelm von Türon, sonst de la Barre, auf Ermis und Jobst Tauben, Statthalter zu Dörpat und Oberstlieutenant der dörpatischen Besatzung, auf Mönekorb und Kudding, gerichtet, und von dem Verfasser zu Dörpat den 20sten October 1633 unterschrieben. Sie ist mit vielen lächerlichen und unerwarteten Stellen und Historchen angefüllet. Unter andern wird mit einem tiefen Seufzer der alte Philosoph Domonax angeführet, und von demselben gemeldet, daß ein Klügling, der ihn gefraget: „Wenn „man tausend Pfund Holz verbrennete, wie viele Aschen „man davon bekommen könnte?„ Diese Antwort erhalten hätte: „Mein Freund, wiege die Aschen, was „alsdann daran mangelt, das ist im Rauche aufgegan„gen.„ Alle diese hohe Gelehrsamkeit, selbst der unbekannte Domonax, konnten dem Verfasser nicht zum Ziele verhelfen. Dieses war Geld, damit er seine Reisen, und wer weiß nicht, was mehr verrichten könnte. Der Prodromus selbst ist 68 Seiten in 4 stark. Gleich im Anfange erzählet er, „daß er auf Verord„nung der hohen königlichen Officianten dieser Landen „die Historien dieser livländischen Provinz zu Papier „gebracht,

„gebracht, — daß er nicht allein mit der Chronik, „sondern auch mit mehr denn dreyßig andern Werklein „nicht ohne geringe Mühe, Unkosten und Dispendio rei „familiaris, nunmehro so weit fertig, daß schon für „längst eines nach dem andern zum Drucke gegeben „werden können, wenn nur Buchhändler vorhanden „gewesen, so solche Werke hätten an sich nehmen und „verfertigen lassen wollen.„ Er meldet, daß er seit 1625 an den livländischen Geschichten gearbeitet habe; und entdecket uns die Absicht bey diesem Vorläufer: „Er „habe alle die livländische Rechte und Consuetudines, „so wie sie in Dero Priuilegiis, Recessen und Contracten „begriffen, von Wort zu Wort anhero setzen wollen; „doch weilen nicht allerdings rathsam, daß die arcana „priuilegiorum propaliret werden, habe ich das alleine „hersetzen wollen, so die Articulos betrifft, welche zu „den Rechten gehören, und solches zwar vom Anfange „bis zu Ende nach der Jahrzahl als ein jedes gegeben „und gemachet worden, neben den circumstantiis und „Ursachen, woher ein jedes entsprungen.„ Ich werde mich hierbey diesesmal nicht länger aufhalten, sondern da dieser Vorläufer, den ein gewisser erfahrener Mann einen Prodromum vieler Praleregen zu nennen pflegete, hauptsächlich zur livländischen Gesetzkunde gehöret, hiervon inskünftige in einer besonderen Abhandlung reden.

6) Diatriba critica de maris balthici nominibus et ostiis.

7) Probe von der letzten Zeit und dem jüngsten Gerichte wider Johann Döbing, oder wie der Titel im Jöcher angeführet wird: Proba vltimi temporis de magna persecutione, restauratione veri cultus diuini, interitu papismi et aduentu extremi iudicii. Das Buch ist in

deutscher Sprache geschrieben. Der Mann, den er sich zum Gegner wählete, war Johann Dobing, Pastor und Propst zu Bergen auf der Insel Rügen, welcher 1640 gestorben, vorher aber Hofprediger bey der verwitweten Herzoginn von Pommern zu Loiz, und Professor der hebräischen Sprache in Greifswalde gewesen ist. Unter andern Werken gab er 1632 Anti-Christum tympanogeron, seu de finali Anti-Christi interitu. Man warf ihm vor, daß er die Zeit und den Tag des jüngsten Gerichtes hätte wissen wollen. Diese etwanige Muthmaßung zog ihm mehr als einen Widersacher zu, worunter auch Menius seine Feder spitzte. Siehe Mackenroders Altes und Neues Rügen, S. 170-172. Fabarius nöthige Erläuter. S. 35. Von des Menius Schriften habe ich noch weiter nichts, als seinen Vorläufer in Händen.

§. 51.

Martin Zeiller.

Jöcher meynet, er wäre ein Prediger gewesen, das war er nicht, sondern eines Predigers Sohn. Der Vater, welcher auch Martin hieß, war von katholischen Aeltern im Stifte Salzburg geboren, nahm aber zu Zwickau die lutherische Religion an. Er studirete zu Wittenberg, hörete Melanchthon, und gieng von da nach Leipzig. Er wurde Prediger zu Ränten, einem Dorfe bey Murau in Obersteyermark. Bey der Verfolgung der Evangelischen begab er sich nach Regensburg und von dannen nach Ulm, wo er als Pestprediger gebrauchet ward; und 1609 in kümmerlichen Umständen starb. Der Sohn erblickte das Licht der Welt 1589

den

Abbildung III. zu S. 104.

1.

2.

Abbildung V. zu S. 121.

den 7ten April zu Ränten, und kam mit seinem Vater 1601 nach Ulm. Allhier besuchte er die Schule und studirete vier Jahre zu Wittenberg bis 1612. Er unterrichtete verschiedene junge Edelleute, Freyherren und Grafen. Als er von seinen Reisen zurück kam, wurde er 1629 Bürger zu Ulm. Es ist allerdings merkwürdig, daß er in seiner zarten Jugend ein Auge verloren, dennoch aber so viel gelesen und geschrieben hat. Er starb am 6ten Weinmonates 1661 vor Alter, als kaiserlicher Notarius und Visitator des Gymnasiums. Jöcher meldet, er sey auch Aufseher der deutschen Schulen und Censor der philosophischen und historischen Bücher gewesen. Von seinen vielen Schriften gehöret hierher Topographia Electoratus Brandenburg. Pomeraniae, Borussiae et Liuoniae, oder Ortbeschreibung Brandenburg, Pommern, Preußen und Livland. Frankfurt 1652 in Fol. und Descriptio noua regnorum Sueciae, Gothiae magnique ducatus Finlandiae, vt et Liuoniae, Bremensis ducatus, partis Pomeraniae ad Suecos pertinentis et vrbis Wismariae cum iconibus praecipuarum ciuitatum. Amstelodami 1656 in 12, und 1671 in 12. Man hat davon auch einige deutsche Ausgaben in 8. Er nennet mit Löwenklauen Livland Eystand.

§. 52.

Johann Svenburg,

ein Kurländer, hat die Historie aller livländischen Kometen geschrieben, welche zu Riga 1665 auf vier Bogen in 4 gedruckt ist. Arndts Chron. Th. II. S. 219. Anm. e).

§. 53.
Christoph Zawisza.

Dunkel nennet ihn, vermuthlich durch einen Druckfehler, Zawiska. Er war ein Sohn des litthauischen Schatzmeisters Andreas Zawisza. Durch seine Gelehrsamkeit, Beredsamkeit, Klugheit und Erfahrung in Staatssachen brachte er es so weit, daß er litthauischer Großmarschall wurde. Er starb in einem hohen Alter 1669. Als er zu Wilda bey den Jesuiten studirete, fiel die Schlacht bey Kirchholm vor, worinn Chodkiewicki den König Karl IX von Schweden aufs Haupt schlug. Er schrieb damals seine Carolomachiam, welche er dem Prinzen Wladislaw zuschrieb, und 1606 zu Wilda dem Drucke übergab. Diese unendlich seltene Schrift, wie der Herr Janocki bezeuget, ist zehen Quartbogen stark und voll geistreicher Erdichtungen und seltsamen Vorstellungen. Man wird bey der Durchlesung desselben vor Bewunderung und Schrecken ganz außer sich gesetzt. So urtheilet sein angezogener Landsmann.

§. 54.
Melchior Fuchs.

Dieser Mann hat in seiner Vaterstadt Riga die ansehnlichsten Ehrenämter bekleidet. Er wurde 1639 Rathsherr, sechsmal Burggraf, Bürgermeister, Vorsitzer des geistlichen Gerichtes. Ueber dreyzig Jahre war er Vorsteher des königlichen Zolles, und starb 1678 im 75sten Jahre seines Alters. Bey seinem Leben gab er geistliche Betrachtungen auf die Sonn- und Festtage, zu Riga 1675 in 4 heraus. Ungedruckt hat man seine Historiam

storiam mutati regiminis et priuilegiorum ciuitatis Rigensis, welche 1654 aufgesetzt, und von Arndt gebrauchet worden.

§. 55.

Rudolph von Stauch,

ein livländischer, oder vielmehr kurländischer Edelmann von Window, starb am 10 Jänner 1681, und schrieb eine livländische Historie. Jöchern habe ich diese Nachricht zu danken. Ich weiß aber nicht, ob sie gedruckt sey, oder nicht.

§. 56.

Christoph Hartknoch.

Jablonka, ein Dorf nicht weit von Passenheim in Preußen, hieß der Ort, wo dieser um die Geschichte seines Vaterlandes höchstverdiente Mann auf die Welt kam, 1644. Daher wird er gemeiniglich ein Passenheimer genennet. Der Vater war Schulmeister. Der Sohn bezog 1662 die hohe Schule in seinem Vaterlande. Entblößt von den erforderlichen Mitteln, mußte er, nach einem nicht langen Aufenthalte diesen Musensitz verlassen, und in Litthauen ein Hauslehrer werden. Auf der Universität fehlete es ihm sehr oft an Holz und Licht. Daher studirete er bey Mondschein, und blies in die Hände, damit sie nicht völlig erstarreten. Im Jahre 1665 ward er Rektor der lutherischen Schule zu Wilda. Seine geschwächte Gesundheit bewog ihn nach anderthalb Jahren, dieses Amt niederzulegen, und sich

1667

1667 nach Danzig zu begeben. Von dannen gieng er wieder nach Königsberg, unterrichtete einige Herren von Kalnein, und nahm 1672 die Würde eines Magisters an. Nach diesem hielt er Vorlesungen, und that sich mit seinen Disputationen hervor, bis er 1677 als Professor nach Thorn berufen wurde. Dieses Amt bekleidete er etwa zehen Jahre und verließ am 3 Jänner 1687 in einem ehelosen Stande die Welt, welcher er seine nützlichen Schriften, als Zeugen seines rühmlichen Fleißes hinterließ. Von denselben führe ich hier an: 1) Alt und Neues Preußen, Frankfurt, 1684 in Fol. Es besteht aus zweyen Theilen, und ob er gleich in vielen Stücken dem Peter von Düsburg folget: so weichet er doch auch von ihm ab, und setzet die Geschichte weiter fort, wie er denn auch manches umständlicher erzählet. Dieses selten gewordene Werk verdiente wohl eine neue Auflage, und es wäre gut, wenn man sich dabey derjenigen Verbesserungen bedienete, welche man hin und wieder antrifft, z. E. des Präsidenten und Bürgermeisters Jakob Blivernitz Anmerkungen über Hartknochs Beschreibung der Stadt Marienburg, im Erl. Preußen Band I, S. 704-721. 2) Preußische Kirchenhistorie, Frankfurt und Leipzig 1686. in 4. Sie besteht aus sechs Büchern, ist aber bey allen Vorzügen mangelhaft. Der fleißige Hartknoch konnte die Nachrichten nicht immer haben, die er wünschete. So klaget er S. 285. über den Mangel der Actorum colloquii rastenburgensis, die Johann Behm herausgeben wollen. Diese Unterredung wurde 1531 zwischen den Evangelischen und den Wiedertäufern gehalten. Man findet die Verhandlungen in dem Erläuterläuterten Preußen, Th. I, S. 266-280. S. 448-463. Allein, welches zu bedauren ist, nicht vollständig. Daher kömmt es, daß weder in Arnolds, noch in Heinsius Kirchenhistorie davon gedacht wird. Lange in seiner Historia ecclesiastica, S. 852. der zweyten Auflage, führet diese Unterredung an, jedoch so, daß er nur die beyden Hauptpersonen, Speratus und Eckel nennet. Hartknoch giebet auch gar keine zulängliche Nachricht von denen ersteren Bewegungen, die die Veränderung der Religion in Preußen verursachet hat. Man muß aber zu seiner Entschuldigung gestehen, daß alles dasjenige, was zur Erläuterung derselben Zeiten bis auf den osiandristischen Lärm, und also bis 1551, gereichet, sehr seltsam zu finden ist. Man ist also dem Herrn Oberhofprediger D. Arnold vielen Dank schuldig, daß er von neuem seinen Fleiß der preußischen Kirchengeschichte geweihet, und so wohl diesen, als auch anderen Mängeln abzuhelfen getrachtet hat. 3) Disputationes XIX. de variis rebus prussicis. Diese sind der Chronik Peters von Düsburg angedruckt. 4) Dissert. de Curonum et Semgallorum republica, tam antiqua quam moderna et quomodo vtraque, respectu inprimis Poloniae Prussiae et Liuoniae, se habeat. Sie ist unter des Verfassers Vorsitze 1676 zu Königsberg im Monate August von einem Kurländer Bernhart Johann Neresius aus Kreuzburg vertheidiget worden. Man findet sie auch in des Hartknochs Werke de republ. polonica, jedoch nur in der zweyten Ausgabe, welche dem Titel nach 1687 geschehen ist, wie auch in der dritten und vierten. Sie steht ferner in dem dritten Bande der Actorum borussicorum. S. 414 bis 443.

End-

Endlich hat der Herr Lieutenant Karl Johann von Kaspari sie verdeutschet, und nebst anderen kleinen Schriften unter dem Titel: Preußen, Pohlen, Cur- und Liefland in der alten und neuen Regierungsgestalt rc. zu Königsberg 1756 in 4. drucken lassen. Die ältesten Einwohner sind Wenden gewesen. Im 3 §. kömmt Palämon und seine Reisegesellschaft vor, welcher billig zu den Fabeln gerechnet wird. Der 4 §. enthält eine Kritik einer Stelle Adams von Bremen in seinem Buche de situ Daniae et reliquarum septentrionalium regionum. Hierauf wird im 5 §. der Ursprung des Christenthums, einiger Bischofthümer und des Ordens in Livland und Kurland, jedoch nicht gar zu richtig, erzählet. Hartknoch hat sich nach den damals in seinen Händen befindlichen Quellen gerichtet, welche aber zu neu waren. Im 6 §. meldet er, wie Kurland nach und nach dem livländischen Orden unterwürfig gemachet worden. Im 7 §. wird von der Erwählung des livländischen Ordensmeisters, seiner Residenz, dem Landmarschall, den Komthuren und Vögten, dem Erzbischofe und den Bischöfen gehandelt, aber also, daß diejenigen, welche in Livland bekannt sind, leicht merken werden, worinn Hartknoch geirret hat. Im 8 §. werden die Privilegien der Ritterschaft zu den Ordenszeiten berühret. Im 9 §. wird der Religionsveränderung gedacht, und der Befreyung von dem preußischen Orden. Kettler aber ist nicht Plettenbergs, sondern Fürstenbergs Mitgehülfe gewesen. Im 10 §. kömmt vor der Krieg, den die Russen seit 1558 in Livland geführet haben, die Ankunft des Herzoges Magnus von Holstein, die Unterwerfung Esthlandes unter Schweden,

den, Livlandes unter Pohlen, und die Errichtung des Herzogthums Kurland. Im 11 §. wird die erste Regimentsform in Kurland erzählt, aber nicht aus den Quellen, sondern aus dem Kojalowicz. Darauf träget er im 12 §. die Regimentsform vor, wie sie zu seiner Zeit gewesen, aber sehr kurz, und darauf handelt er im 13, und 14 §. von den Gerichten, und endlich in dem 15 und letzten §. von dem Landtage. Richtig von dieser Schrift zu urtheilen, so ist es eine akademische Disputation, die in der Geschwindigkeit aufgesetzt worden, damit sich der Respondent, durch ihre öffentliche Vertheidigung, in seinem Vaterlande beliebt machen, und den Weg zur Beförderung bahnen möchte. Wie weit ihm solches geglückt, ist mir unbekannt.

§. 57.

Kaspar von Ceumern.

Dieser Schriftsteller hat in Livland ein sehr ansehnliches Glück gemacht. Er war ein Ausländer von Salz aus dem Magdeburgischen. Er trieb in Livland die Advokatur, wurde hierauf Ritterschaftssekretär, ferner Beysitzer des dörpatischen Landgerichts, weiter Beysitzer und Vicepräsident des Hofgerichts, das damals zu Dörpat war, und endlich Landrath. Phragmenius meynet irrig, wenn er Langensalze in Thüringen seine Geburtsstadt nennet. Herr Präsident Gatterer nennet ihn aus einem Misverstande einen Sekretär des deutschen Ordens. Er erwarb sich den Adelstand, den er auf seine Familie brachte, obgleich er mit seiner Gemahlinn, einer Dreylinginn, keine Kinder erzielete. Er war sehr ernsthaft,

haft, und lachete sehr selten. Daher man im Sprüchworte saget: Er lacht nicht eher, bis dem Bauern der Aermel brennt. Welcher Umstand diesem Ceumern einmal Gelegenheit zu lachen gegeben hat. Er hatte zu Rostock studiret, und starb im 80sten Jahre seines Alters am 22sten November 1692. Er liegt in der Thumkirche zu Riga begraben, wo sein Wapen über der Treppe nach dem Studentenchor zu sehen ist. Sein Theatridium Livonicum oder kleine livländische Schaubühne wurde zu Riga 1690 in 4. gedruckt. Vor dem Titelblatte findet man das Wapen des Herzogthums Livland, welches mit einer herzoglichen Krone bedeckt ist. In dem rothen Schilde steht ein nach der rechten Seite gekehrter silberner Greif, welcher in der rechten Förderpranke ein Schwert hält, und auf der Brust die Buchstaben des königlichen Namens C. XI R. S. nebst einer königlichen Krone hat. In der Vorrede fället er sein Urtheil über die livländischen Geschichtschreiber, Balthasar Russow, Reinhold Heidenstein, D. Lorenz Möller, Salomon Henning, und Friederich Menius. Außer diesen scheinet er gebraucht zu haben, Peter von Düsburg, Johann Kaspar Venator, David Chyträus, Alexander Guagninus, Joachim Pastorius von Hirtenberg, und die olivischen Friedenstractaten: wenigstens verweiset er seine Leser darauf. Man findet hierauf in dem Buche selbst 1) die Namen der Ordensmeister und der Erzbischöfe in Livland, der Könige von Pohlen, welche über Livland geherrschet, nebst den Namen der königlichen Revisoren, im Jahre 1582 und 1599. 2) Die Namen der Städte, Schlösser und Klöster in Livland, im Jahre 1555, ihre

Lage

Lage und Herrschaft. Die mit Mauern umgebenen Städte waren: Riga, Dörpat, Reval, Narva, Pernau, Wenden, Wolmar, Vellin und Kockenhausen. 3) Namen der Kirchen, die 1690 in Livland, und dessen vier Kreisen gewesen. 4) Namen der ausgestorbenen und blühenden adelichen Familien in Livland. Dieses Verzeichniß ist auf dem Landtage zu Wenden 1692 aus dem Grunde bestritten worden, weil er einige ächte Familien ausgelassen, und einige ohne zureichende Ursache unter den livländischen Adel gezählet haben soll. Daß nach seiner Zeit manche Familien aus Kurland und anderen Ländern sich wieder in Livland niedergelassen haben, die hier unter die ausgegangenen gerechnet worden, benimmt dem Werthe seiner Arbeit nichts. Eine zuverläßige Matrikel der livländischen Ritterschaft, findet man in des Herrn D. Büschings Magazin für die neue Historie und Geographie, Th. III, S. 231-240. Es fehlen in derselben nur die wenigen Familien, welche 1769 auf dem Landtage das Einzöglingsrecht erhalten haben. So weit geht der erstere Theil, welcher 58 Seiten stark ist. Im letzteren findet man die livländischen Privilegien, nämlich a) des Erzbischof Silvesters von 1457. b) Königes Siegmund III Urtheil über die Güter Maikendorf und Roperbeck von 1615. c) Privilegium des Königes Siegmund Augusts vom 28sten Novemb. 1561. d) Ebendesselben, den sechsten Tag oder Freytag nach St. Katharinen. e) Ebendesselben vom 26 Christmonates, 1566. Teumern erhielt von der Königinn Christina am 27sten November 1651 zu Stockholm die Vollmacht, alle livländische

Privilegien, Verordnungen und Statuten zusammenzutragen, wobey er großen Fleiß bewiesen, und sich dadurch eine zuverläßige Erfahrung erworben hat. Zuletzt giebet er uns noch von dem Werthe der Münze eine auf Urkunden gegründete Nachricht.

§. 58.

Johann Kaspar Venator,

Doktor der Gottesgelahrheit, des deutschen Ordens Priester und geistlicher Rath, Seminarii Director, und Pfarrer zu Mergentheim in Franken. Unter der Regierung des Deutschmeisters Leopold Wilhelms aus dem Hause Oesterreich, wurde er in den deutschen Orden aufgenommen. Er hat zwey Werke geschrieben: 1) Historischen Bericht, von dem Marianisch-Deutschen Ritterorden. Davon sind zwo Ausgaben vorhanden, die erstere, worinn er sich nur mit den Anfangsbuchstaben D. I. C. V. nennet, führet den Titel: Relatio de ordine B. Mariae Teutonicorum und ist zu Mergentheim 1677 in 4; die letztere aber mit seinem völligen Namen, mit oben angeführter Aufschrift zu Nürnberg 1680 in 4. gedruckt. Die letztere habe ich in Händen. Die Zueignungsschrift, welche an den damaligen Deutschmeister Johann Kaspar gerichtet ist, hat der Verfasser am 14 Herbstmonats 1679 unterschrieben, und nicht nur hierinn, sondern auch in der Vorrede meldet er, daß er diesen Bericht auf gedachten Fürstens Befehl aufgesetzt, und 1668, 69 und 70 verschiedene Bibliotheken in Ober- und Niederdeutschland, und den kai-

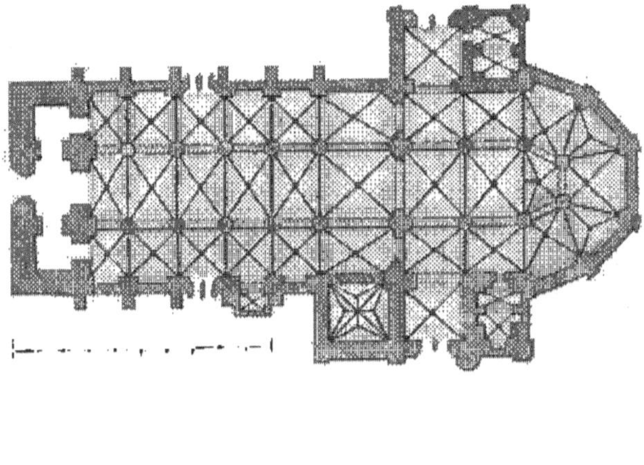

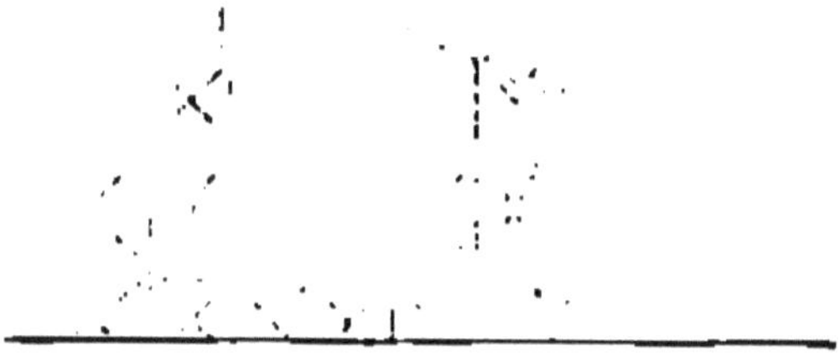

kaiserlichen Erbländern durchsuchet habe. Er rühmet Schreibers Compendium historicum und saget, daß er sich dessen mit Nutzen bedient habe. Dieser war ein Licentiat, und Syndikus der Balley Altenbießen, nachgehends Thumherr zu Köln bey dem Stifte St. Cuniberti. Der Kanzler zu Mergentheim, Soll, war sein Beförderer, und verschaffte, daß der Erzherzog das Compendium historicum, welches ihm Schreiber zuschrieb, mit thätigem Danke annahm. Venator fänget seine Geschichte mit dem ersten Ursprunge des Ordens an, den er einem deutschen Manne, der zu Jerusalem für seine Landesleute ein Gasthaus gebauet, zueignet. Im Jahre 1190 wurde die bisherige Gesellschaft in einen besondern Orden, dessen Glieder die drey Hauptgelübde thun mußten, verwandelt, und vom Papste bestätiget. Diese Bestätigung geschah am 12 Hornung 1191 von Cölestin III. Die neuen Ritter wurden verpflichtet, einen schwarzen Rock und einen weißen Mantel mit einem schwarzen Kreuze zu tragen, und nach der Regel des heil. Augustins zu leben, unter dem Namen: Brüder deutsches Hauses des Spitals zu Jerusalem St. Mariä Ordens. Der erste Ordensmeister hieß Heinrich von Walpoth. Dieser hat die Ordenssatzungen zu Ackers verfaßt. Der vierte Ordensmeister Hermann von Salza ließ sich, nachdem Palästina den Christen entrissen worden, zu Venedig nieder, wurde in den Fürstenstand erhoben, und erhielt den Titel eines Hochmeisters. Er vereinigte auch den livländischen Orden mit dem deutschen. Wenn Venator auf die livländische Geschichte kömmt: so ist Russow sein Gewährsmann. Den vierzehnten Ordensmeister in Livland Andreas weiß er seinem Geschlechtsnamen nach nicht zu nennen, und saget, daß solcher Name weder bey Russow, noch bey anderen zu finden. Was den Russow betrifft: so ist solches wahr. Aber alte ungedruckte Chroniken nennen ihn Wirte oder Weiß; Kojalowicz, Kelch, Hiärne und Arndt gedenken seiner unter dem Namen Andreas von Westphalen. Im Jahr 1312 wurde Karl Beffart Hochmeister des deutschen Ordens „zu seiner Zeit, saget Venator, ward der Orden vom Erzbischofe von Riga, „Isarus genannt, und dem Bischofe von Gnesen beym „Pabst heftig verklagt: dannenhero derselbe in Person „nacher Avignon, und folgends nacher Rom gereiset; „daselbsten er sich vor Ihro Heiligkeit und den Cardinälen dermaßen verantwortet, auch diese und andere „Nothdurft des Ordens also vorbracht hat, daß die Widersacher nicht allein den Proceß verlohren, sondern „auch zu Ersetzung der Unkosten verurtheilt worden.„ Er mag nun so unwillig seyn, als er will, und die pohlnischen Geschichtschreiber, die ich nicht vertheidigen mag, der Untreue beschuldigen: so ist doch sehr vieles in Venators Erzählung, das eben so unrichtig ist. Der erwähnte Hochmeister gelangete zu dieser seiner Würde, als der Erzbischof von Riga Isarus nicht nur aus Livland lange weg, sondern auch schon gestorben war. Seine Geschichte ist sehr dunkel, weil seine livländische Würde nicht von langer Dauer war. Russow, die Bischofs-Chronik und Kelch gedenken seiner mit wenigen Worten. Hiärne und Arndt sagen wohl

etwas

etwas mehr; man muß aber dennoch gestehen, daß man noch nicht Licht genug in diesem Zeitpunkte hat. Man ist in dem Namen des Erzbischofs nicht einmal einig. Isarnus, so hieß er eigentlich, wird auch Isernus, Isaurus, Isarus, Ivarus, Aszverus, ja sogar Erasmus genennet. In Ansehung seines Vaterlandes stimmet man eben so wenig überein. Er war ein Italiener, obgleich ihn einige für einen Franzosen und andere für einen Dänen ausgeben. Der Erzbischof Johann von Schwerin, welcher mit dem livländischen Orden in einen schweren Krieg gerieth, wurde von seinen Feinden gefangen, aber auch wieder auf freyen Fuß gestellt. Der gekränkte Erzbischof gieng nach Rom, und starb. Isarnus war damals päpstlicher Kapellan und Prior des Augustinerklosters zu Benevent. Pabst Bonifaz der VIII ernannte ihn zum Erzbischofe von Riga, und bestätigte ihn am 19 Christmonates im sechsten Jahre seiner Regierung, 1299. Er reisete mit größter Eile nach Livland, und legete die alten Zwistigkeiten mit dem Orden schon 1300 sechs Tage vor Reminiscere bey. Noch in diesem Jahre gab er das Privilegium über Altenwoge, welches Ceumern anziehet. Arndt hingegen meldet, er habe bey seinem Abschiede aus Livland erwähntes Privilegium unterzeichnet. Dieser Abschied erfolgete 1302 am Tage vor Himmelfahrt. Isarnus war damals in Dünamünde, wo er vermuthlich zu Schiffe gehen wollte. Der Ordensmeister Gottfried von Rogga gab ihm bis dahin das Geleite. Isarnus, dem die livländischen Zänkereyen nicht gefielen, wurde von dem Pabste zum Erzbischofe von Lunden ernennet, und Johann Grand, der damals den lundischen Stuhl besaß, sollte Erzbischof von Riga werden. Grand hatte keine Lust zu dieser Veränderung, und Isarnus mußte in Dännemark noch eine kurze Zeit auf die Erledigung des lundischen Erzstiftes warten. Unterdessen führete er den Titel eines päbstlichen Legaten. Im Jahre 1304 legete er die zwischen dem livländischen Orden und der Stadt Riga noch obwaltenden Zwistigkeiten bey. Es giebt Geschichtschreiber, welche behaupten, er sey in Lunden gestorben, und in der Lorenzkirche begraben. Aber die Meynung derer ist wohl wahrscheinlicher, daß er zum Erzbischofe von Salerno berufen worden, wo er im Weinmonate 1310 den Weg alles Fleisches gegangen ist. Hieraus erhellet nun sattsam, daß Isarnus als Erzbischof von Riga dem Hochmeister Karl Beffart nicht verklaget haben kann. Bey dem Jahre 1390 erzählet Venator, S. 119, den Krieg, welchen der preußische und livländische Orden in Witolds Gesellschaft in Litthauen geführet haben. Es ist vermuthlich ein bloßer Gedächtnißfehler, wenn er meldet, Wilhelm von Freymersen habe das zweyte von den dreyen Kriegesheeren, welche damals in Litthauen einfielen, und bey Kauen zusammenstießen, angeführet. Wilhelm war schon 1374 gestorben. Sein Nachfolger, Robin von Elzen, welchen Venator, gleichwie Russow, Lobbe von Ulsen nennet, hatte an diesem Kriege Theil. Mit demselben endiget unser Verfasser das erste Buch seines Historischen Berichtes. Das zweyte fänget mit der wichtigen Regierung des Hochmeister Konrads von Wallenrode an. Venator

tor beschreibet diesen Herren, wie der größeste Hause der Chronikenschreiber. Er ist ein Käzer, ein Wüterich, ein Pfaffenfeind, u. s. w. Mit mehrerem Rechte kann man sagen: **Wallenrod** sey ein großer Mann gewesen, und seiner ausnehmenden Verdienste wegen mit der höchsten Würde des Ordens bekleidet worden. Es hat derowegen ihm, diesem würdigen Hochmeister, an geschickten Vertheidigern nicht gefehlet, nämlich **Johann Jakob Rhode** in der Abhandl. de Conrado Tiberio de Wallenrod a criminationibus liberato, welche auch angetroffen wird in Selectis Historico - Litterar. Tom. II. Obs. V. S. 323 ff. und **Ernst** von **Wallenrod** in der Vertheidigung dieses Hohemeisters, welche dem Erläuterten Preußen, B. I, S. 315-362 eingerückt ist. Die Beweise dieser Männer will ich nicht wiederholen: sie sind so beschaffen, daß sie jedermann überzeugen, nur nicht **Johann Leo**, der in seiner Preußischen Geschichte, die zu Braunschweig 1725 in Folio gedruckt ist, noch in dem Tone der finstern Zeiten wider den lobenswürdigen **Wallenrod** anstimmt. Im zweyten Hauptstücke gedenket er der Schlacht, worinn der livländische Ordensmeister **Konrad** von **Vietinghof** 7000 Russen erleget hat. Die Sache selbst erzählen alle livländische Geschichtschreiber, **Russow**, **Hiärne**, **Kelch**, **Arndt**, und andere. Allein in dem Jahre, worinn diese blutige Schlacht sich zugetragen hat, kommen sie nicht überein. Bald ist es das Jahr 1402, bald 1403, bald 1404, bald 1408. Im Pleskowischen ist das Blutbad geschehen, an einem Flusse, den einige Mobda, andere Moda, oder Modde oder Moddo nennen. Diese

Namen sind nicht sehr unterschieden. Dennoch habe ich den Fluß nicht entdecken können. In dem Verzeichniß, das im zweyten Bande der Sammlungen rußischer Geschichte S. 181 steht, treffe ich ihn nicht an. Herr D. Büsching hat ihn auch nicht. Eine Stadt im Pleskowischen mit Namen Odow, welche wir in Livland Audowa nennen, lieget an einem Bache Odavka, der in den See Peipus fällt, 113 Werste von Pleskow und 76 Werste von Narva. Fast möchte ich glauben, daß dieses der Bach wäre, worein die Livländer damals so viele Russen gesprenget haben. Denn ich habe keine Gewißheit, alles Nachfragens ungeachtet, erhalten können. In der Nachricht von dem Ursprunge der Stadt Nowgorod, welche in dem fünften Bande der angeführten Sammlungen, S. 381-572 steht, lese ich, und zwar, S. 437, daß Konstantin Dmitriewitsch, des Großfürsten Wasili Dmitriewitsch Bruder, 1407 die pleskowischen Truppen gegen Livland angeführet habe, und 1408 nach Nowgorod gekommen sey. Es ist also die Schlacht, wovon ich rede, entweder 1407 oder 1408 vorgefallen. Im achten Hauptstücke, S. 195 lieset man, daß der Meister Johann Osthof von Mengden den Erzbischof Silvester zu Kockenhausen belagert und gefangen. Die livländischen Geschichtschreiber, Russow, Hiärne und Kelch sagen dieses auch. Nur Arndt ist zu unserer Zeit hiervon abgegangen, und hat dieses Unglück des Erzbischofs dem Meister Bernhart von der Borg zugeschrieben. Mit welchem Grunde? Dieses ist die Frage, welche verdiente, in einer besonderen Abhandlung beantwortet

zu

zu werden. Dieses zweyte Buch endiget sich mit dem Tode des Hochmeisters Friederichs von Sachsen, welcher sich im Ausgange des Jahrs 1510 zutrug. Das dritte Buch handelt vom preußischen und livländischen Abfall, und daraus erfolgten Abnehmen des hohen deutschen Ritterordens. Des Herzogs von Sachsen Nachfolger im Hochmeisteramte, war Markgraf Albrecht von Brandenburg. Dieser nahm 1524 die evangelische Lehre an, und wurde 1525 der erste Herzog in Preußen, das Land aber ein pohlnisches Lehen. Eine Begebenheit, wodurch die übrigen deutschen Ritter bewogen wurden, das deutsche Landmeisterthum in ein neues Hochmeisterthum zu verwandeln, wozu Walther von Cronberg erwählet, und von dem Kaiser Karl V. nicht allein bestätiget, sondern auch auf dem Reichstage zu Augsburg am 26sten Heumonates 1530 belehnet wurde. Bey dieser feyerlichen Handlung war der Ritter, Dieterich von Paland, Hauskomthur zu Reval, und des livländischen Ordensmeisters Abgesandter nicht bloß zugegen, sondern er trug auch die weiße Fahne, worinn sich das alte hochmeisterliche Wapen befand. Diesen Umstand verschweigen unsere einheimischen Geschichtschreiber. Dieser Hochmeister hat die livländischen Meister Hermann von Brüggenly und Johann von der Recke bestätiget. Sein Nachfolger hieß Wolfgang Schutzbar genannt Milchling, welcher am 5ten May 1544 zu Speier von dem römischen Könige Ferdinand das Lehn empfing, wobey im Namen ebenerwähnten Meisters Hermanns und seines Gehülfen Kaspar von Münster, Komthur zu Marienburg, und Doktor Hermann Falk zugegen waren. Im sechsten Hauptstück beschreibet er Livland, wobey er dem Russow folget, erzählt den einheimischen Krieg, indem er Bredenbachen zum Grunde leget, und den Krieg mit Pohlen: wobey viele Unrichtigkeiten vorfallen. Darauf geht er zu dem Kriege mit Rußland fort, welchen er mehrentheils nach Anleitung des Russow beschreibet, aber nicht so vollständig, als dieser. Das beste hierinn ist, daß er meldet, was für Mühe und Unterhandlungen der deutsche Orden angewendet und vorgenommen hat, um Preußen und Livand wieder zu erlangen, oder doch eine Wiedervergeltung zu erhalten, wobey denn Markgraf Albrecht und Gotthart Kettler nicht unangetastet bleiben. Die evangelische Religion siehet er als die Quelle des Unglücks an, welches Livland in der letzten Hälfte des sechzehnten Jahrhunderts betroffen hat. Als ein römischer Priester konnte er vielleicht nicht anders denken. Der ganze Bericht endiget sich mit dem Tode des Deutschmeisters, Erzherzog Maximilian von Oesterreich, der am 2ten Wintermonates 1618 zu Wien den Weg alles Fleisches gieng. Außer diesem historischen Berichte hat Venator 2) Annales ordinis teutonici geschrieben, welche, wie Jöcher schreibet, bis auf das Jahr 1414 gehen. Er gedenket derselben oft in seinem historischen Berichte. Daraus sieht man, weil er sich darauf beziehet, daß er diese Jahrbücher eher angefangen habe, als er den Bericht ausgearbeitet hat. Sie müssen aber 1680, da der Bericht gedruckt worden, noch nicht vollendet gewesen seyn. Denn S. 190, wo er den Tod des Hochmeisters Konrads von Erlichshausen

hausen im Jahre 1449 erzählet, und seiner Vorschläge und Ermahnungen erwähnet, welche er auf seinem Todbette gethan, setzet er hinzu, daß er hiervon ausführlicher in seinen Annalibus handeln wolle. Bey dem Absterben des größesten livländischen Ordensmeisters, Plettenbergs, S. 208, verspricht er, daß von den wichtigen Begebenheiten, die sich in seinem Leben bey dem Orden, insonderheit in Preußen und Livland, eräuget haben, in den lateinischen Jahrbüchern gedacht werden solle. Dieses beweiset, daß sie, nach dem Vorsatz des Urhebers, weiter als bis 1414 gehen sollen. Ob, wenn, und wo sie etwa gedruckt worden, oder wo sie etwa verborgen liegen mögen, habe ich nicht erfahren können.

§. 59.

Thomas Hiärne.

Dieser Name ist durch Urban Hiärne, einem ingermannländischen Edelmann, schwedischen Leibarzt und Landeshauptmann, welcher 1724 gestorben, in der gelehrten Welt gar nicht unbekannt. Ob dieser Thomas zu eben derselben Familie gehöre, kann ich nicht sagen. So viel ist mir nur bewußt, daß er im vorigen Jahrhunderte gelebet habe; daß er des Superintendenten in Kurland, Alexander Einhorn, Enkel gewesen; und daß er, nach Kelchens Zeugniß, der ihn vielleicht gekannt haben mag, die Stelle eines Sekretarius bekleidet hat. Arndt meynet, er stelle unsern Livius vor; und berichtet, er habe sich der oxenstiernischen Bibliothek auf Fyholm bedienet. Der schwedische Reichskanzler, Magnus Gabriel de la Gardie, ertheilte ihm gegen einen

einen eidlichen Revers vom 29sten May 1676 die Freyheit, alle zur esth- und livländischen Historie gehörigen Sachen aus dem Reichsarchive abzuschreiben, doch alle Staatsgeheimnisse zu verschweigen. Es ist aber zu bedauren, daß er diese Erlaubniß nicht eher erhalten, als bis er seine Geschichte, die noch ungedruckt ist, geendiget hat. Ich wende mich also zu seinen hinterlassenen Handschriften, deren, so viel mir bewußt ist, zwo vorhanden sind. Die erstere heißt: **Thomä Hiärne Ehst- Lyff- und Lett-Ländische Geschichte. Arndt** saget, sie bestünde etwa aus 200 Bogen, hat aber ein Exemplar gehabt, welches sehr fehlerhaft geschrieben war. Mir ist es eben so gegangen. Die Handschrift, die ich besitze, ist zwar zierlich aber nicht recht geschrieben, und enthält 1018 Seiten in Fol. Der Verfasser hat seine Geschichte in sieben Bücher getheilet. In dem ersten beschreibet er das Land und dessen Bezirke, Städte, Schlösser, Flecken, Thiere, Einwohner, Liven, Letthen, Kuren, Esthen, dieser Völker Ursprung, Gottesdienst, Gebräuche und Regiment, auf 99 Seiten. Hierinn führet er sehr viele ausländische und einheimische Geschichtschreiber an. Unter diesen befinden sich die Annales antiqui, welche **Gruber** zuerst ans Licht gestellet hat, imgleichen **Paul Einhorn** und **Georg Möller**. Es hat **Arndt** bemerket, daß **Hiärne** in diesem ersten Buche den **Dionysius Fabricius** fast von Wort zu Wort übersetzt hat. Ob **Theodor Dörhof**, dessen Consilium de institutione puerorum ad munus ecclesiasticum S. 72. angezogen wird zu den einheimischen oder fremden Schriftstellern gehöre, weiß ich nicht zu sagen. Im zweyten Buche geht eigentlich die Geschichte an, womit er in Abrahams Zeiten hinein gehet. Bey einer Begebenheit, welche im Jahre 2579 nach Erschaffung der Welt vorgefallen seyn soll, beruft er sich auf den Strelow, einen Schriftsteller, den ich nicht kenne. Saxo Grammatikus ist der Gewährsmann, daß Frotho, König in Dännemark, die Kuren im Jahre der Welt 3000 überwunden haben soll. Bald darauf kömmt Johannes Magnus vor, aus welchem alle folgende Begebenheiten vor und nach Christi Geburt geschöpft zu seyn scheinen. Man kann sich leicht vorstellen, daß Starkoter, dieser nordische Herkules, wie ihn Rotin nennet, nicht vergessen worden ist. Denn Hiärne meynet mit Saxo, er sey ein Esth gewesen. Johann Stor oder Magnus und Hermannsson denken von seinem Vaterlande anders. Daß mehr als ein Starkoter gewesen, ist nicht zu läugnen; zweene gewiß, wo nicht gar drey. Beym Jahre 312 oder 338 führet der Verfasser den Jornandes an, imgleichen den Mikrälius, aus welchem er beweisen will, daß die am kurischen Haf wohnenden Bauern, welche noch diesen Tag Kurisch oder lettisch reden, Ueberbleibsel der alten von den Deutschen ausgerotteten Preussen wären. In der Schlacht zwischen den Königen, Hakanring in Schweden und Harald in Dännemark, findet man Esthen und Kuren, welche die Schweden im Hinterhalte gestellet hatten. Unser Geschichtschreiber schließt daher, sie wären schwedische Unterthanen gewesen. Warum denn? Sie konnten um Sold dienen und Bundesverwandte seyn. S. 118. wird ein livischer Prinz, mit Namen Bicko, aus dem Saxo, aufgestellet,

stellet, und dessen unrühmliche Aufführung an dem Hofe des Königes Jarmerichs in Dännemark erzählet, welcher um das Jahr 435 von seinen Schwägern umgebracht worden. S. 120. wird Erich von Upsal und Snorre Sturlesons Vita S. Olai, und aus dem letzteren angeführet, daß Erich V. der im Jahre 700 zur Regierung in Schweden gekommen, Esth- und Kurland bezwungen, und allenthalben Festungen gebauet haben soll. Aus dem Bonfinius erzählet Hiärne, S. 120, daß Bischof Adelbert von Prag, nachdem er die Ungern bekehret hatte, nach Livland gekommen ist, um das Evangelium zu verkündigen; worüber er von den Einwohnern getödtet worden. Dieses soll 1000 Jahr nach Christi Geburt geschehen seyn. Eben so ungewiß ist es, ob der König Kanut von Dännemark die Kuren und Esthen bezwungen habe. Pontan ist hiervon der einzige Zeuge, S. 121. Ebendaselbst wird vorgegeben, daß König Erich IV von Dännemark 1093 das Kloster St. Michael zu Reval gebauet habe. Er beziehet sich auf Mauritz Brandis; bald darauf aber widerleget er ihn, aus guten Gründen. Endlich am Ende dieses zweyten Buches nimmt er nicht in Abrede, daß die Dänen viele Jahre vor Erbauung der Stadt Reval Klöster in Esthland gestiftet, und namentlich 1164 ein Dominikanerkloster Gudwall erbauet hätte, wohin ein Mönch mit Namen Esserus oder Esbernus von dem Könige Waldemar I geschickt worden. Allein, diesen Irrthum hat Arndt, Chron. Th. II. S. 48. Anm. b) entdecket, und gezeiget, daß erwähntes Kloster gar nicht in Esthland liege, ob es gleich liegende Gründe in in diesem Lande besessen hätte. Dieses Buch geht von S. 100 bis 127. Im dritten Buche erzählet er S. 128 bis 137 die Ankunft der Deutschen in Livland, welche er in das Jahr 1158 setzet; und des ersten Bischofes, Meinharts, Verrichtungen. Dieses Mannes Tod soll, nach seinem Berichte, den 12ten Weinmonates 1196 erfolget seyn. Nach den Fastis sacris colonienſibus, welche Gruber anführet, ist er am 14ten August aus dieser Welt gegangen. Hierauf folgen Bischof Bertholds Thaten bis S. 139. Der Verfasser saget, er wäre 1198 den 24sten August getödtet worden. Das ist etwas zu spät; denn dieses ist am 24sten Heumonates geschehen, wie wir aus Heinrichs des Letthen Chronik wissen. Den dritten Bischof in Livland nennet er Albrecht von Buxhöfden, ungeachtet er solches nirgends gefunden haben kann. Nunmehr ist es nicht nur wahrscheinlich, sondern auch gewiß, daß Albrecht Apeldern oder Appeldorn geheißen habe. Hiärne übersetzt, wenn er von dem Kaiser Philipp redet, das Wort coronabatur, gekrönet wurde: welches falsch ist, wie Gruber schon angemerket hat, und weiter keinen Beweis bedarf. Albrecht nahm den Grafen Konrad von Dortmund mit sich nach Livland: woraus unser Schriftsteller, S. 140, einen Grafen von Dendermünde machet; wenn hier nicht der Abschreiber gefehlet hat. Im Jahre 1202 soll Bischof Albrecht seinen Bruder Engelbrecht, einen Mönchen, mit sich nach Livland gebracht und zum Thumpropste zu Riga gemacht haben. Hierinn irret der Geschichtschreiber; denn der Bruder des Bischofes, welcher 1202 nach Livland kam, hieß Dietrich und lebete nie-

niemals im geistlichen Stande. Gleichwie er aber in diesem ganzen Buche Heinrich dem Letthen folget, also thut er es auch in dem Berichte von dem Tode des ersten Meisters der Ritter des Ordens Christi, Vinno, den er im Jahre 1209 erzählet, S. 15:. Jedoch darinn folget er neuern Schriftstellern, daß er Vinnons Mörder Wigbert von Soest und seinen Nachfolger Volquin Schenke von Winterstädten aus Schwaben nennet. Beydes ist noch nicht zuverläßig ausgemacht. Wenn Gauhe in seinem Adelslexikon, Th. I. S. 1518. diesen Volquin anführet, weiß er keinen anderen Gewährsmann, als den Kelch, anzugeben. Sonst habe ich vergessen, daß Hiärne in diesem Buche Müllers Supplementum ad Russouii Chronicon, S. 153. anzieht. Beym Jahre 1211 machet er Warbole zu einer Stadt, welches ein Schloß war. Er erzählet daselbst, Miesceslaw, Großfürst von Neugard wäre mit 1500 Mann in Järwen eingefallen. Heinrich der Letthe saget ausdrücklich, es wären funfzehen tausend gewesen. Die Ursache, warum Bischof Philipp von Ratzeburg sich bis ins vierte Jahr in Livland aufgehalten, erzählet Heinrich ganz anders, als Hiärne. Bischof Albrechts Bruder heißt bey diesem Dietrich. Sonst erhellet bey dem Jahre 1212, daß Hiärne die Begebenheiten ein Jahr später, als Heinrich vorträget. S. 168. Siehe Arndt Th. I. S. 97. §. 1. von dem Zuge des Königes Waldemars von Dännemark nach Livland im Jahre 1218 schreibet er der Wahrheit gemäß, und spottet nur der dänischen Geschichtschreiber und ihrer Widersprüche, S. 181 bis 186. Ich habe mit Fleiß angemerket, daß

Hiärne

Hiärne die Chronik des Heinrichs von Lettland in diesem dritten Buche zum Grunde geleget hat; ich habe auch nicht vergessen, vorhin zu berühren, daß er des Bischof Albrechts Bruder von Burhöfden nennet. Nun saget Heinrich, beym Arndt Th. I. S. 196. §. 6. daß Johann von Apeldern, des Bischofs Bruder, Dörpat erobert hat. Hiärne nennet diesen Eroberer Johann von Appeldorn, vergißt aber hinzuzufügen, daß er der Bischöfe, Albrechts und Hermanns Bruder gewesen, S. 202. Dennoch nennet er die Brüder dieser Bischöfe in andern Stellen Burhöfden. Sollte etwa in seinem Exemplare, frater Episcopi, weggelassen gewesen seyn? Ich bin auf diese Muthmaßung gerathen, weil Kelch, S. 68, diesen Helden Appelborn nennet, ohne zu melden, daß er mit gedachten Bischöfen so nahe verwandt gewesen ist. Jedoch, die angeführten Worte, frater Episcopi, sind nicht nur in der von Grubern ans Licht gestellten, sondern auch in beyden Handschriften, welche Arndt gebraucht hat. Ich besitze eine Handschrift, Heinrichs des Letthen, oder vielmehr die Annales antiquos, welche ein Auszug aus diesem Chronisten sind, worinn die Worte also lauten: „Ioannes vero de Appelderm frater Episcopi miles praeclarus„ u. s. w. Ich weiß also nicht, wie man einen Augenblick anstehen könne, zu glauben, daß Bischof Albrecht und seine Brüder aus dieser Familie gewesen seyn, sie mag nun Appeldern, oder Appeldorn, heißen. Bald darauf, nämlich S. 203, begeht Hiärne einen neuen Fehler, wenn er erzählet, Bischof Hermann habe das verwüstete Schloß Dörpat wieder gebauet, und vornehme Leute darauf geleget, u. s. w. Dieses geschah mit Odempä. S. Arndt, Th. I. S. 200. §. 8. Gruber, S. 169. Wo nun Heinrich der Letthe aufhöret, das ist etwa mit dem Jahre 1226, da vertritt, bey Hiärne, Moritz Brandis seine Stelle, von S. 205 an. S. 212 meldet der Verfasser den Tod des Bischofs Nikolaus, und will, er sey 1233 gestorben, womit zwar andere, und insonderheit Kelch, S. 74, übereinstimmen. Russow saget, Bl. 8, b, „Anno 1245 ys Hinrich van Hemborch van dem Ha„vemeister tho Prußen tho einem Meister in Lyff„landt vorordenet, By disses Meisters tyden hefft re„geret Nicolaus de 4 Bisschop tho Riga.„ Nun hat zwar Arndt, Th. I. S. 219. in der Anmerk. *) dargethan, daß Nikolaus noch 1238 gelebet hat. Aber im zweyten Theile auf der 53sten Seite beweiset er, daß Nikolaus nicht eher, als 1254, gestorben, und sein Nachfolger Albrecht der II, erster Erzbischof zu Riga, in erwähntem Jahre erwählet worden ist. Bey dem Jahre 1234 meldet Hiärne den Theilungsvergleich zwischen dem Bischofe Hermann I von Dörpat und dem Orden, S. 213. Doch die Urkunde, welche Arndt Th. II. S. 16 anführet, ist zehen Jahre älter. Ob nun diejenige, worauf Hiärne sich berufet, wirklich von 1234, und also eine Bestätigung der arndtischen sey, weiß ich jetzt nicht mit völliger Gewißheit zu sagen. Dieses Buch endiget sich, S. 220, mit der Aufnahme der livländischen Ritter des Krieges Christi in den deutschen Orden, wovon Hiärne saget, daß sie zu Salerno 1238 geschehen sey. Das

ist

ist falsch. Sie ist vielmehr zu Viterbo am 14ten May 1237 vor sich gegangen. Codex diplom. Livon. S. 13. Urk. XIX. Arndt Th. II. S. 39. f. Nun ist noch übrig, daß ich die Schriftsteller nenne, worauf Hiärne sich in diesem dritten Buche beziehet. Es sind folgende: Kranzens Vandalia, Arnold von Lübeck, Russow, Carionis Chronicon, Hvitfeld, Pontan, M. D. Mülleri Supplementum ad Russovii Chronicon, Loccenii Historia Suecana. Das vierte Buch erstrecket sich von S. 222 bis 372. Im Anfange desselben erzählet der Verfasser den Ursprung des deutschen Ordens, und nennet die ersten Meister desselben, bis ihm der livländische einverleibet worden. Diese Stelle geht bis S. 228. Dännemark hatte Esthland verloren. Der livländische Orden hatte es erobert. Das Land bestand aus Harrien, Wirland und Järwen. Als der livländische Orden dem Deutschen eingepropfet wurde, mußte er sich gefallen lassen, diese Eroberung zurück zu geben. Ungerne gieng er hieran, und der König dankete dem Himmel, daß er das meiste rettete. Dännemark bekam Harrien und Wirland wieder, mußte aber Järwen, unter dem Namen eines Geschenkes, dem Orden lassen. Russow berühret diese Sache ganz kurz, Bl. 8, a; Kelch scheinet nicht mehr, als jener, davon gewußt zu haben, S. 84. Hiärne bringet die Urkunde selbst bey, welche zu Steensby am 9ten May 1238 gezeichnet ist, S. 228 bis 231. Arndt berufet sich auf eine von den Bischöfen von Dörpat und Oesel 1304 davon genommene Abschrift, und nach derselben behauptet er, de Vergleich sey am 7ten Junius 1238 unterschrieben worden. Er merket an, daß ihn Papst Innocentius IV zu Anagni am 24sten Herbstmonates 1243 bestätiget habe. Chron. Th. II. S. 40. 41. Wo aber liegt dieses Steensby oder Stenby. Arndt hat an diese Frage nicht gedacht. Hiärne muthmaßet, es liege im Königreiche Dännemark. Freylich wurde der Vertrag in diesem Königreiche geschlossen; aber wo? In den Geographien suchet man den Ort vergeblich. Ich finde in Jütland Steensbalg; das liegt im Stifte Aarhus, und ist jetzt nichts mehr, als ein adelicher Hof. Die Sylbe, By, an dem Worte Steensby bedeutet weiter nichts als ein Dorf. Man darf es also eben nicht für eine Stadt ansehen. Die Eroberung der Stadt Pleskow setzet Hiärne in das Jahr 1238 oder 39; andere aber in das Jahr 1243. S. 232. Er leget dem Könige Waldemar II einen Sohn, mit Namen Knut bey, wovon weder Lomeyer noch Hübner etwas wissen. Im Jahre 1241 den 28sten März starb Waldemar II. Hiärne bemerket, daß andere diesen Tod ein Jahr früher machen. Hübner läßt ihn erst 1242 aus der Welt gehen. Im Jahre 1347 hat Dännemark Esthland völlig verloren, oder verkauft. Arndt giebt hiervon sehr gute Nachrichten, Th. II. S. 87. 92. 94. 96. 97. 100-103. Hiärne meldet, der Markgraf von Brandenburg habe das Land schon 1341 dem Hochmeister in Preußen verkaufet, und König Woldemar habe, ob er gleich anfänglich damit nicht zufrieden gewesen, dennoch 1347 alles bestätiget, S. 301. ff. Venator, S. 103.

S. 103. Unser Schriftsteller berichtet, daß der Ordensmeister Mengden Kockenhausen erobert und verwüstet, und den Erzbischof Silvester gefangen genommen habe: womit Russow, Bl. 20, b, Kelch, S. 142, die Bischofschronik im Leben Silvesters übereinstimmen. Allein, Arndt Th. II. S. 156 behauptet, dieses habe der Meister Bernhart von der Borg gethan. Den Großfürsten Iwan Wassiliewitsch nennet unser Verfasser Grodzdüi, S. 357. 358. 363. 370. und berichtet seinen Tod ganz richtig beym Jahre 1505, S. 370: obgleich Petrejus will, daß er erst 1518 gestorben sey. Mit unserm Hiärne stimmen überein Russow, Bl. 24, a. Lomeyer und Hübner in ihren genealogischen Tabellen. Hiärne bemerket auch, daß kein einziger Geschichtschreiber des Petrejus Meynung unterstütze. In der Sammlung rußischer Geschichte, B. V. S. 493. steht ausdrücklich, der Großfürst sey am 27sten Weinmonates 1505 gestorben: welches B. VI. S. 210. wiederholet wird. Dieses vierte Buch beschließt Hiärne mit der Befreyung des livländischen Ordens von dem preußischen, und führet in diesem Buche folgende Schriftsteller an: Albrecht von Stade, Hvitfeld, Pontan, Albrecht Wijuk, Kaspar Schütz, Strelows gottländische Chronik, Matthias Waissel, Russow, Kranz, eines Ungenannten geschriebene alte livländische Chronik, Meursius, Herberstein und Petrejus. Das fünfte Buch erstrecket sich von S. 374 bis 495, und fängt an mit der Verbesserung der christlichen Lehre durch Andreas Knöpke und Silvester

Tegetmeyer, im Jahre 1522. Hierauf erzählet der Geschichtschreiber die Schicksale Blankenfelds, Thomas Schönings und seines Gehülfen, des Markgrafen Wilhelms von Brandenburg, welcher nach dem Stifte Oesel vergeblich trachtete, bis auf des großen Meisters, Plettenbergs, Tod, S. 366. Wolther von Plettenberg starb 1535 am Sontage Okuli. Hiermit stimmet Russow, Bl. 24, b. Kelch, S. 178, Arndt Th. II. S. 205, und endlich das Grabmaal in der Kirche zu Wenden überein. Dieses Grabmaal saget, er habe vier und vierzig Jahre regieret. Dennoch soll er, wenn wir dem Russow folgen wollen, Bl. 23, ingleichen dem Kelch, S. 154, und unserm Hiärne, S. 364, erst 1495 zur Regierung gekommen seyn. Diese Sache verdienet weiter nachgeforschet zu werden: wozu Arndt Th. II. S. 173. f. in den Anmerkungen d) und e) den Anfang gemachet hat. Ich glaube, nach den mir jetzt bekannten Gründen, Plettenberg habe, als wirklicher Meister, nur vierzig Jahre regieret: er kann aber vorher Koadjutor gewesen seyn. Daher ist es begreiflich, warum er sich 1494 in einer Urkunde einen gekohrenen Meister und Landmarschale genennet habe. Daß der Meister Hermann von Brüggeney im Jahre 1536 zu Reval die Huldigung eingenommen habe, ist außer Streit. Russow und Hiärne melden, es sey auf Lichtmessen geschehen. Kelch und Arndt setzen diese Handlung auf Marien Heimsuchung. Der Erzbischof Thomas Schöning starb am 10ten August 1539. Das hat nun seine Richtigkeit. Kelch, S. 181, saget, er habe de sich darüber, daß die Stadt Riga in den schmalkaldischen Bund getreten wäre, dergestalt geärgert, daß er aus einer gefährlichen Krankheit in die andere gefallen, worüber er sein Leben geendiget habe. Arndt hat diese Anmerkung ausgelassen, weil er wußte, daß Riga erst 1541 in diesen Bund aufgenommen worden, Th. II. S. 209. Es ist aber gewiß, daß die Rigischen lange vorher um diese Aufnahme gebethen haben. Kelch hat also vielleicht nicht Unrecht. Hiärne, S. 389, meldet ausdrücklich: Darauf, das ist nach Schönings Tode, der Koadjutor, Wilhelm, Markgraf von Brandenburg — das Erzbischofthum antrat, und weil er die Lehre der augsburgischen Konfession angenommen hatte, erklärete er sich gegen die Stadt Riga, der Kirchen und geistlichen Jurisdiction ihnen einzuräumen, wofern sie nur, wie sie es seinem Vorfahren angebothen hatte, was das weltliche Regiment belange, ihm Gehorsam zu leisten, sich durch die Huldigung und den gewöhnlichen Eid verpflichtete, und ihm die geistlichen Güter, so sie den Thumherren und dem Stifte entwandt, wiederum einräumen wollte. Die Rigischen aber, weil sie nunmehr im Besitze waren, weigerten sich dessen, und ergaben sich in den schmalkaldischen Bund, damit sie unter solchem allgemeinen Schilde der Bundesverwandten im Kammergerichte geschützet werden möchten. Wie aber sechs Jahre darnach der Erzbischof hörete, daß selbiger Bund begunte zu zerreißen, rief er den Herren Meister und andere Stände in Livland um Hülfe an, welche nicht allein als Unterhändler sich darein geschlagen, und die Sache gütlich beyzulegen bearbeitet, sondern waren auch, in Entstehung der Güte, dem Erzbischof mit Heereskraft beyzustehen, gerüstet. Derohalben die Rigischen endlich den Erzbischof auf den halben Theil zum Herren annahmen. Darauf zog der Erzbischof sammt dem Herrmeister und Koadjutoren des Meisteramtes, Johann von der Recke, Anno 1546 den Freytag vor Lichtmessen mit 2200 wohl gerüsteten Pferden in die Stadt Riga hinein, welche alsdann nicht allein die gewöhnliche Huldigung thäten, sondern auch den Thumherren ihre Häuser und Güter wieder einräumeten und abtraten, jedoch mit solchem Vorbehalte, daß die päpstliche Lehre und Cärimonien in ihre Stadt-Thum- und andere Kirchen, in keinem Wege, wieder sollte eingeführet werden. So weit Hiärne. Am 5ten Herbstmonates 1556 wurde ein Friede zu Poswole zwischen Pohlen und Livland geschlossen. Hiärne setzt ihn auf den siebenzehenten; und alles, was er davon erzählet, beweiset hinreichend, daß er den Friedensschluß selbst niemals gesehen hat. Er führet auch die Gesandten der vermittelnden Mächte ganz unrichtig an. Dieses Buch endiget sich mit der Unterwerfung Esthlandes unter Schweden und Livlandes unter Pohlen im Jahre 1561. Die Schriftsteller, welche er als seine Quellen in diesem Buche brauchet, heißen: Chyträus, Thuanus, Russow, Henning, Oderborn, Petrus Petrejus, Bredenbach und Tegel. Von dem letzten führet er Historiam Gustavi I, und Historiam Erici XIV an. Ich will hier beyläufig anmerken, daß Jöcher in dem Allgem. Gel. Lexikon, Th. IV. S. 1038. das Wort

Tegel

Tegel zwar hat, aber dabey auf Jörensson verweiset. Schläget man aber den Bubstaben J nach: so findet man das letztere Wort nicht. Das sechste Buch reichet von S. 499 - bis 858. Zuerst beschreibet er den Zustand, worinn sich Livland 1562 unter Rußland, Schweden und Polen, und den Herzogen Magnus und Gotthart befunden hat. Denn diese fünf Herren beherrscheten damals das Land. Im Jahre 1563 gerieth König Erich XIV mit Dännemark und Lübeck in einen Krieg, der narvischen Fahrt wegen. Die Erklärung, welche der König deshalben an den Kaiser gelangen ließ, ist am 5ten März 1563 zu Westernoß gegeben. S. 518 bis 536. Die russische Belagerung der Stadt Reval im Jahre 1577, hat der Verfasser von Wort zu Wort aus dem Russow genommen. Wenn er S. 782 vorgiebet, die Rigischen hätten den Burggrafen Tast und den Syndikus Welbing nach Drogiczin geschickt: so ist solches ein Irrthum. Von S. 821 bis 840 beschreibt er die piltischen Händel, und endiget dieses sechste Buch mit dem Jahre 1583, in welchem der merkwürdige livländische Landtag gehalten ward. Die Geschichtschreiber, welche er in diesem Buche gebrauchet hat, sind: Thuanus, Henning, Russow, Lorenz Müller, Loccenius, Oederborn, Chyträus und Petrejus. Das siebente und letzte Buch gehet von S. 859 bis 1018. Man lieset im Anfange die Religionsbedrückungen, welche die Evangelischen in Livland zur pohlnischen Regierungszeit ausstehen mußten, theils von dem Kardinale Radziwil, theils von dem Bischofe von Wenden, theils von dem Thumprobste Otto Schenking. S. 993. erzählet er, daß die Königinn Christina das livländische Wredische Geschlecht mit der freyherrlichen Würde begabet hat. Seine ganze Geschichte und dieses siebente Buch endiget er mit dem eilften des Weinmonates 1609, an welchem Tage der pohlnische Feldherr Thodkiewicz mit seiner Armee nach Litthauen in die Winterquartiere zog. Die Schriftsteller, die er in diesem Buche nennet, heißen: Lorenz Müller, Loccenius, Thuanus, Chyträus, Menii Prodromus, und Dionysius Fabricius. Auf der 935sten Seite erzählet er, daß die livländischen Gesandten 1598 auf dem Reichstage zu Warschau geklaget hätten, daß ihnen ihre Privilegien nicht gehalten worden, welches aus ihrer gehaltenen Rede mit mehrerem erhellete, die am Ende dieses Werkes angefüget werden sollte. Weil nun diese Rede in meiner Handschrift fehlet: so zweifele ich, ob dieselbe vollständig sey. Arndt saget, daß Hiärnens eigene Handschrift mit Lustens Fortsetzung auf dem Ritterhause verwahret würde. Ich habe mich deswegen bey dem Herrn Ritterschaftssekretär von Meck erkundiget, und von ihm die Nachricht erhalten, welche ich hierher setzen will. „Es ist gewiß, daß wir in unserem Ar„chiv den Originalcodex von Th. Hiärne haben. „Seine Arbeit gehet bis auf die Unterwerfung an „Pohlen. Eine andere Hand, als die Seinige, hat „hin und wieder Anmerkungen dazu gemacht; und „seine Arbeit nur wenig fortgesetzt; bricht aber mit-

„ten

„ten in einer Periode ab. Wo der sel. Arndt es „hergenommen, daß der Fortsetzer Luft geheißen, „ist mir eben so wenig bekannt, als wer dieser Luft „gewesen. Vermuthlich ist dieses eine Anekdote, die „er von dem sel. Kammerjunker Clodt von Jürgens„burg gehöret. Denn dieses sein Vater, der alte „Landrath Clodt hat die hiärnische Arbeit aus Schwe„den mitgebracht.„ Hieraus sieht man, daß nur die fünf ersten Bücher meiner beschriebenen Handschrift von Thomas Hiärne selbst, die beyden letzten Bücher aber von Luften herrühren mögen. In Ansehung der Fortsetzung ist also meine Handschrift weit vollständiger, als diejenige, die in Riga verwahret wird.

Die andere Handschrift dieses Mannes, Collectanea livonica, ist ziemlich stark, und gleichfalls in dem Ritterschaftsarchive zu Riga vorhanden. Arndt meldet uns hiervon folgendes. „Seine Collectanea zei„gen, was von ihm zu hoffen gewesen. — Hiärne „würde mit seiner Arbeit alle praterischen Menios „übertroffen haben, wenn nicht das Vorhaben, die „livländische Historie auf einmal und diplomatisch „in vielen Folianten ans Licht zu stellen ihn, so wie „andere, um Zeit und Leben gebracht hätte.„ Der Herr Ritterschaftssekretär von Meck aber drücket sich über diese Sammlungen, welche ich zu sehen keine Gelegenheit gehabt habe, also aus: „Wir haben „noch eine alte starke Handschrift von Hiärne, die „er Collectanea livonica betitelt. Außer dem Origi„nal von dem Prodromo Fr. Menii aber ist wenig

„nütz-

„nützliches, sondern mehr von seltenen Alterthümern „darinn.„ Diese beyden Urtheile lassen sich gar wohl vereinigen. Arndt sah auf die Alterthümer, darum verglich er ihn mit dem Menius, oder er zog den Hiärne diesem weit vor. Der Herr von Meck sieht auf das, was bey gegenwärtiger Zeit Nutzen bringen kann.

§. 60.

Gustav von Lode,

stammet aus einem uralten adelichen Geschlechte her, welches sich schon am Ende des zwölften Jahrhunderts in Livland niedergelassen hat. Odert von Lode war der erste dieses Geschlechts, der 1196 mit dem Könige Kanut VI aus Dännemark, als ein Ritter, nach Esthland gieng, und seiner tapferen und treuen Dienste wegen ein ansehnliches Lehen empfing. Dieses ist also der Stammvater des lodischen Geschlechtes in Livland, welches aber auf dem festen Lande zu unseren Zeiten verblühet, und nur noch auf der Insel Oesel übrig ist. Aus diesem Geschlechte war nun Gustav von Lode, der in schwedischen Diensten Rittmeister war, hernach aber seinem Vaterlande als Mannrichter dienete. Er legete sich auf die Geschichtkunde, unter Anführung seines Hofmeisters, David Werners, und schrieb einen kurzen Auszug der Geschichte, die sich in Esth- Liv- Letth- Kurland und Semgallen bis 1677 zugetragen hat. Dieser hat, nach Arndts Zeugniß, denn ich habe ihn niemals können zu sehen bekommen; wegen reifer Beurtheilungen und tüchtiger Dokumente, wobey er sich des rothen Buches in Reval bedienet hat, viele Liebhaber gefunden. Allein in alten Sachen hat dieser

dieser Auszug weder was besonderes, noch gelehrtes, man müßte denn diejenigen griechischen und lateinischen Stellen dahin rechnen, worinn sein Lehrmeister ihm fortgeholfen, die doch keine wichtigen Sachen entdecken. In spätern Zeiten sind Pontan und Hvitfeld gleichsam seine Kirchenväter. Uebrigens verdienet er in Sachen seiner Zeit allerdings sein gehöriges Lob. So urtheilt unser Arndt. Man läßt ihm also in Livland noch die Schriftstellerehre. Hauber hat ihm diese Ehre in seinem Beytrage zum jöcherischen Gelehrtenlexikon streitig gemacht, welchem Dunkel nachgeschrieben hat. Ich kann hierbey nichts entscheiden, weil ich mit Gewißheit von ihm nichts, ja nicht einmal sein Todesjahr, vernehmen können. Sein Hofmeister, David Werner, der hernach zu Düneburg Hausprediger bey dem Herrn Starosten Plater, nicht Platen, wie Dunkel geschrieben hat, gewesen ist, hat den Auszug seines Zöglings in die lateinische Sprache übersetzt. Dieser Werner hat aus der Chronik Heinrichs des Letthen, einen Auszug, und sich dadurch um Heinrich eben so verdient gemacht, als Justin um den Trogus. Dieser Auszug heißt Annales antiqui Liuoniae.

§. 61.

Klaudius Arrhenius.

war aus Ostgothland, studirete zu Upsal, und reisete in fremde Länder. Nach seiner Wiederkunft wurde er Professor zu Upsal, erst der Logik und Metaphysik, hernach der Geschichten; und endlich königlicher Geheimschreiber, Historiograph, und Beysitzer im Antiqui-

Liquitätenkollegium. Der König erhob ihn in den Adelstand, und nannte ihn Örnhielm. Er gieng 1695 im 68sten Jahre seines Alters den Weg alles Fleisches. Unter seinen Schriften gehöret hauptsächlich hierher: 1) Vita Ponti de la Gardie, Leipzig 1690 in 4. Dieses Buch soll vieles von der livländischen Geschichte enthalten. Ich habe es vor einigen Jahren in der rigischen Stadtbibliothek gesehen, aber wegen Kürze der Zeit nicht gebrauchen können. Ich glaube, daß die meisten seiner Schriften in livländischen Geschichten nutzbar sind, nämlich 2) Historiae Suecorum Gothorumque ecclesiasticae libri 4. priores, Stockholm, 1689 in 4. 3) Vita gemina Anscharii observationibus illustrata. 4) Bullarium romanum, hoc est, compages epistolarum, quas superioribus saeculis Pontifices romani ad reges Sueciae, proceres, archiepiscopos etc. scripserunt. 5) Seine Descriptionem regni Sueciae hat der Herr Reichskammergerichtsbeysitzer, Freyherr von Nettelbla in dem dritten Stücke seines Greinirs 1765 ans Licht gestellet. S. des Herrn Hofraths von Selchow Jurist. Bibliothek, B. III. S. 158. f. Hiermit beschließe ich das dritte Hauptstück dieser Abhandlung, und wende mich zum vierten, worinn man die livländischen Geschichtschreiber des achtzehnten Jahrhunderts antreffen wird.

Vier-

Viertes Hauptstück.

Von livländischen Geschichtschreibern des achtzehenten Jahrhunderts.

§. 62.

Livonica

Oder einiger zu mehrer Erläuterung der mit Anfang des 1700. Jahres in Liefland entstandenen Unruhe dienlicher Stücke und Actorum publicorum Fasciculi decem, ohne Druckort. Es enthalten diese zehen Stücke allerley kleine, meistens Staatsschriften, die in den Jahren 1700, 1701 und 1702 in lateinischer, deutscher und französischer Sprache bekannt geworden sind; wie auch Nachrichten von Schlachten, Treffen und Scharmützeln, welche sich in diesem Lande begeben haben. Nur ist zu bedauren, daß so viele Druckfehler eingeschlichen sind. Ich will die vornehmsten Schriften, die in dieser Sammlung angetroffen werden, anführen. St. I, Nr. 10. Epistola Nobilis cuiusdam Poloni in comitatu regis in Saxonia degentis ad amicum suum Cracouiae commorantem, data Dresdae 12 Mart. 1700. Dieser Brief ist in lateinischer und französischer Sprache. Hierinn wird der König August von Polen beschuldiget, daß er wider die Pacta conuenta handele, nach einem unumschränkten Regimente trachte, allerley Ränke brauche, die Polen zu unterjochen; daher der Urheber der Meynung ist, man sollte den König seinen Anschlägen überlassen und vor

der

der ganzen Welt bezeugen, daß man kein Theil daran nehme. Nr. 16. Königlicher schwedischer Befehl, daß alle Unterthanen, die sich in des Königes von Polen und seines Anhanges Dienst oder bey dessen Truppen aufhalten, sich unverzüglich von dannen weg begeben sollen, gegeben Stockh. den 3. Apr. 1700. Nr. 17. Das mit höchstem Unfug angefochtene Livland, im Jahre 1700. Diese Schrift ist in deutscher und lateinischer Sprache. Man wirft dem Könige von Polen vor, daß er keine gegründete Ursache zum Friedensbruche gehabt, daß sein General Flemming einen lächerlichen Bewegungsgrund ersunden, daß der König einige aus Livland entwichene und verurtheilte Verbrecher aufgenommen hätte. Man will aber dieses alles der Republik nicht beymessen, sondern ihr nur die Gefahr zeigen, welche sie der Freyheit halben laufe, wenn ihr König auf der einen Seite Livland, auf der anderen Sachsen besitze. Endlich zeiget man, daß nicht allein denen Potentaten, die den olivischen Frieden vermittelt und geschlossen hätten, sondern auch allen christlichen Mächten und Staaten daran gelegen sey, daß dieses aufgegangene Kriegesfeuer gedämpfet und gelöschet würde. Im zweyten St. Nr. 11. Iustae vindiciae et summa armorum iustitia ex parte S. R. M. Poloniarum, iuxta obligationem pactorum conuentorum praestitumque reipublicae iuramentum contra serenissimum regem et coronam Sueciae, ratione ruptae toties pacis perpetuae, violatorum pactorum oliuensium, nec non nouissimae exagitationis et offensionis serenissimi regis Daniae et Noruegiae, perpetui foederati

regni

regni Poloniae ac copiarum regiarum aggressionis, manifestantes, MDCC. Dieses Manifest wirft der Krone Schweden ihren öfteren Friedensbruch vor, imgleichen die dem Könige von Dännemark widerfahrenen Beleidigungen. Man steiget bis zu dem Könige Erich XIV. hinauf. Dieser hätte Livland angefallen und durch Verrätherey und List des Herzogs von Mecheln-burg Reval und Esthland gewaltsamer Weise an sich gebracht. Karl IX. und Gustav Adolph hätten den rechten schwedischen Thronerben vertrieben, und einen Einfall über den andern in Livland und Preußen gethan. Karl Gustav hätte den 26jährigen Stillstand und den westphälischen Frieden, worinn Polen mit begriffen gewesen, gebrochen, und das Königreich Polen mit Mord und Raub erfüllet, ja wohl gar verderbet, wenn nicht das fromme und mächtige Haus Oesterreich, die Krone Dännemark, und der Tartarkan die schwedischen Kriegesheere zerstreuet hätten. Der Einfall der Schweden in die Mark 1675 wäre wider den olivischen Frieden gewesen. Sie hätten den 1, 2, 3, 4, 5, 11, 15, 31, 35, und 36. Artikel des olivischen Friedens gebrochen. Also wäre der König in Polen berechtiget, den König in Schweden mit Krieg zu überziehen und so wohl von dem Könige in Frankreich, als auch von dem Churfürsten von Brandenburg, als Bürgen und Gewährsleuten jenes Friedens, Hülfe zu erwarten. Hierauf folgen im dritten Stücke, Nr. 1. Reflexions provisionnelles sur le Manifeste publié 1700 de la part du Roi de Pologne sous le specieux titre: Justae vindiciae. S. 3-19. Darauf erscheinen Nr. 2. Veritas a calumniis vindicata seu ex parte S. R. M. Sueciae iustissimum responsum quo nefandae artes et calumniae regis Poloniae, quibus iniustissimum et diuinis humanisque iuribus maxime detestabile bellum infucare nititur et contra pacta conuenta praestitumque iuramentum reipublicae, cui praeest, libertatem, si poterit, simul opprimere, manifestantur. Anno reparatae per Christum salutis M. DCC. S. 20 - 150, das ist, bis zum Ende dieses Stückes. Der Verfasser dieser weitläuftigen Deduktion ist Claus Hermelin, wovon ich anderswo handeln werde. Das vierte Stück enthält 27 kleine Schriften, Memoriale der Gesandten, Plakate und die Kapitulation der Festung Kockenhausen vom 7. Okt. 1700, S. 52. Im fünften Stücke findet man 15 Schriften, worunter des Generallieutenantes, Ludwig Nikolaus von Allard, Schreiben vom 6. Christmon. 1700. die Schlacht bey Narva betreffend; und des Grafen Erichs von Dahlberg Rechtfertigung wider die Beschwerden der Russen die merkwürdigsten sind. Im sechsten Stück steht eine weitläuftige, mit vielen Beylagen versehene Deduktion, die diesen Titel führet: Discussio criminationum quibus vsus est Moscorum Czarus cum bello Suecis contra iusiurandum et nuperrime datam fidem illato, praetextum quaereret. Anno 1702. S. 3 - 93. Darauf findet man: Sentimens d'un Officier Flamand sur le Memoire que l'Ambassadeur de Moscovie présenta à Messieurs les Etats Généraux le 25. Janv. 1701. S. 94 - 103. (Das Memoir selbst steht im 7. St. S. 3.) Endlich lieset man in diesem Stücke einen Vorschlag, wie man sich der sächsischen Truppen und von selben zu besorgenden Gefahr, zugleich auch des ohne der Republik Konsens mit Schwe-

ben

den angefangenen Krieges entladen und befreyen möge. S. 103-108. Nun folget das siebente Stück, worinn man unter anderen findet: Eubuli Aquilonii Epistola ad amicum, qua, cum latrone non esse paciscendum, clarissimis argumentis euincitur. Anno 1701. Non. April. Im achten Stücke lieset man nebst anderen kleinen Schriften, S. 3. Kurzen Bericht, von dem Siege der Schweden wider die Sachsen. Riga den 1⁹⁄₉ Jul. 1701. Ferner: S. 41. Ausführliche Relation von dem, was vorgelaufen, als der Herr Generalmajor Schlippenbach den 5. Sept. 1701 von den Moskowitern an drey unterschiedlichen Orten zugleich mit einer detaschirten Armee von 30000 Mann attaquiret worden. Zuletzt kömmt des Königs in Polen Brief an die Generalstaaten vom 9. Sept. 1701 in lateinischer Sprache, nebst sehr weitläuftigen Animaduersionibus subitaneis über diesen Brief. S. 47-80. Ueber eben diesen Brief findet man im folgenden neunten Stücke, S. 9. Litteras Nobilis cuiusdam Liuonici ad amicum Hagae Comitum degentem, datas Libania 12. Octob. 1701. Das zehnte Stück geht fast einzig und allein Polen an.

§. 63.

Daniel Hartnack,

eines Predigers Sohn, von Muschentin, welches bey Stargard in Pommern lieget. Er kam am 20sten Wintermonates 1642 auf die Welt, welche er 1708 verließ, nachdem er ganz besondere Schicksale sich zugezogen hatte. Ich will diese so wenig, als seine vielen Schriften anführen. Moller, Niceron, Heinsius,

sius, Jöcher geben davon Nachricht. Zu meinem Zweck gehöret nur sein kurzer Entwurf livländischer Geschichte; den er zu Hamburg 1700 in 12 herausgegeben hat. Man kann es nicht anders, als eine Gelegenheitsgeschichte ansehen, welche der gute Hartnack, als 1700 der Krieg in diesem Lande anging, denen zum besten, die Livland nicht kannten, aufgesetzt, und mit dem olivischen Friedensschluß geendiget hat. Erhebliches ist für einen Livländer nicht darinn. Er kann alles weit besser aus den einheimischen Schriftstellern erlernen.

§. 64.

Conrad Samuel Schurzfleisch.

Dieser zu seiner Zeit berühmte Polyhistor, trat zu Korbach in der Grafschaft Waldeck auf die Welt im Christmonate 1641, und starb am 7 Tage des Heumonates 1708 zu Weimar. Ich werde hier seinen Lebenslauf nicht erzählen, sondern nur einige Züge, die ihn von andern unterscheiden, anführen. Er war ein Schulmann zu Korbach, legete aber freywillig sein Amt nieder und schrieb an den Lehrstuhl: Haec schola me non capit. Eine hohe Schule, die ihn verjagete, mußte ihn als ihren angesehenen Lehrer ehren, die größten Monarchen erwiesen ihm auch auf seinen Reisen eine besondere Ehre. Er brach seiner Ruhe aus Liebe zum Studiren ab, und man sagete, er hätte nur um die dritte Nacht geschlafen. Wie lange er dieses gethan habe, weis ich nicht. Als ich in Hamburg war, und den freyen Gebrauch einer vortrefflichen Bibliothek hatte, die mir beständig offen stand, wollte ich dieses auch thun, hielt es aber nur ein Jahr aus. Sein Schüler, Johann Christoph Rüdiger hat unter dem Namen, Adolph Clarmund, seine Lebensbeschreibung 1710 zu Dreßden heraus gegeben. Von seinen vielen Schriften gehöret hierher: de ordine, qui dicitur Ensiferorum publice disputando vires experietur Praeside Conrado Samuele Schurzfleischio, Prof. publ. Andreas Hornung Reualia - Liuonus Aut. et Resp. ad d. III. Jan. Anni 1685. Wittenbergae, in 4. Ob Hornung oder Schurzfleisch der Verfasser sey, kann ich nicht bestimmen. Man schreibet sie gemeiniglich dem letzteren sehr wahrscheinlich zu. Der Respondent hat sie einem angesehenen livländischen Herren, nämlich Hans Heinrich von Tiefenhausen, Freyherren von Erla und Wesenberg, Erbherren auf Borgholm, Tolks, Neuenhof, Paunküll, Harm, Lonket, und Franzila, königlichen schwedischen ausserordentlichen Bothschafter, bey den russischen Friedenshandlungen und erstem Landrathe des Herzogthums Esthland gewidmet. Der Urheber dieser kleinen Abhandlung, welche nicht schicklich ihren Titel de ordine Ensiferorum erhalten hat, macht den Ursprung oder den Anfang der Stadt Riga etwas zu alt. Albrecht der dritte livländische Bischof, wird billig als der Stifter des Ordens der Schwertbrüder angesehen, welches §. 4-7 behauptet wird. Im 8 Paragraphe handelt der Verfasser von der Vereinigung der Schwertbrüder mit dem deutschen Orden, und vergleichet die Zeugnisse der Geschichtschreiber von dieser Begebenheit. Hierauf trägt er §. 9. den Ursprung des Erzbischofsthums in Livland vor, bemerket zwar die Irrthümer anderer Schriftsteller, Pontans, Zeillers, und Oderborns, begeht aber selbst einen nicht geringen Fehler, wenn er am Ende dieses 9. §. saget: Quare sic tandem Esthonia Polonis inuasoribus erepta et pace oliuensi cessa, postliminio rediit ad Suedos, quorsum spectat. §. IV pacis oliuensis. Die Polen haben niemals Ehstland inne gehabt, aber wohl seit dem zapolskischen Frieden einen Anspruch darauf gemacht. Diesen liessen sie in den olivischen Frieden fahren, mit den Worten: nec non quicquid iuris regibus et rei publicae Poloniae in Esthoniam et Osiliam hactenus vllo modo competere poterat. Plettenberg wird mit Grunde als der größeste Ordensmeister in Livland, §. 10. geachtet und gepriesen. Die übrigen Schicksale werden in den folgenden §§. kürzlich beschrieben, und diese aus 18 Seiten bestehende Abhandlung mit dem Untergange des livländischen Ordens beschlossen. Jöcher führet unter den Schurzfleischischen Schriften an: Liuoniam certis propositionibus comprehensam. Der Hr. President Gatterer nennet außer der von mir beschriebenen Abhandlung de ordine ensiferorum, noch eine de Liuonia. Handb. Th. II. S. 367. Ich habe aber weder jenes, noch dieses gesehen. Vielleicht sind die Worte des Schurzfleisch, welche Kelch, S. 32. anführet, aus der letzteren genommen.

§. 65.

Olaus Hermelin.

Dieser akademische Lehrer und Staatsmann war ein Schwede aus Wermeland. Er studirete zu Carlstadt und Upsal, wo er sich der Geschichtkunde, der Dichtkunst, Beredsamkeit und Rechtsgelahrheit widmete. Graf Gustav

Otto

Otto Steinbock, des schwedischen Reiches Rath und Admiral, lernete ihn kennen, und vertrauete ihm seine Söhne zu unterrichten an. Im Jahre 1689 wurde er Professor der Dichtkunst und Beredsamkeit, und 1695 Professor der Rechtsgelehrsamkeit zu Dörpat, wo er die Gelegenheitsgedichte im Namen der hohen Schule verfertigte, und in seinem letzteren Amte das peinliche Recht, die livländischen Gesetze, und die praktische Rechtsgelehrsamkeit vortrug. Ihm war die Stelle eines Beysitzers im Tribunale zu Wismar oder im Hofgerichte zu Abo schon bestimmt; als aber Peter Lagerlöf 1699 starb, wurde er königlicher Sekretär und Geschichtschreiber. Bald darauf gieng der nordische Krieg an. Da nun der König Karl XII in Polen und Litthauen glücklich war, die Universalien und andere Ausfertigungen in lateinischer Sprache abgefaßt werden mußten, und Graf Piper in der Kanzley niemanden hatte, der hierzu Geschicklichkeit besaß: berief er ihn zu sich nach Polen, wo er den Feldzügen seines Königes als geheimer Kanzleyrath beywohnete. Graf Piper und Hermelin, waren die bevollmächtigten Minister des schwedischen Monarchen bey den altranstädtischen Friedenshandlungen. Nach den täglichen Berichten der königlichen Generaladjutanten mußte er ein Tagebuch verfertigen. In der Schlacht bey Pultawa verbrannte er die Kriegskanzeley, weil er kein Mittel sah, sie zu retten. Dadurch verlor die Welt eine vollkommene Geschichte dieses Krieges. Hermelin wurde damals gefangen, aber nicht erschlagen, obgleich drey verschiedene Prediger ihn an drey verschiedenen Orten wollen begraben haben. Er wird, nach der Erzählung des

Hrn. Inspektors Backmeister, nicht nur in zuverläßsigen Listen von Gefangenen angeführt, sondern soll auch 1712 noch in der russischen Gefangenschaft gelebet haben. Diese verhinderte ihn, das Amt eines Hofkanzlers anzutreten, wozu ihn der König auf dem Marsche nach Baturin ernennet hatte.

Ehe er Professor würde, hat er Philipp Sylvesters du Four, eines gelehrten französischen Kaufmanns Instruction d' un pere à son fils qui part pour un long voyage, welche man auch in lateinischer, deutscher und holländischer Sprache hat, aus dem Französischen ins Schwedische übersetzt, und zu Stockholm 1683 in 8 herausgegeben.

Als Professor zu Dörpat hat er folgende Abhandlungen ans Licht gestellet.

2) de columnis Herculis.

3) de igne subterraneo.

4) de varietate ingeniorum.

5) de ludis cercensibus.

6) de studio honoris.

7) de aquis corriuandis isthmisque perfodiendis.

8) de origine Liuonorum. Diese Abhandlung wurde am 12 Aug. 1693 unter ihm von Gustav Adolph Humble aus Jönköping vertheidiget und in 4. gedruckt. Sie ist zu Leipzig 1717 in 8. wieder unter folgendem Titel aufgeleget worden: Summi Polyhistoris Olaui Hermelini, Eloquentiae primum et Poeseos, deinde Iuris in noua tum Liuonorum Academia Dorpatensi Professoris publici ordinarii, demum Historiographi regii et augusto Suecorum Carolo XII a consiliis sanctioribus, de ORIGINE LIVONORVM Disquisitio, quam propter

rarita-

raritatem ac praestantiam ad flagrantissima multorum desideria publicae luci restituit M. Georgius Caspari, Riga-Liuonus. Es stehet voran eine kurze Vorrede, deren Verfasser, Herrmann Christoph Engelken, ein rostockischer Theologe, den Vorsatz des Caspari bey der neuen Ausgabe der hermelinischen Untersuchung, ungemein lobet. In der That ist sie ein Zeugniß seiner großen Belesenheit. Was aber die Hauptsache betrifft; so zweifele ich, daß sie Beyfall finden werde.

9) de neutralitate seu adiaphoria in bello.

10) de caritate annonae eiusque remediis.

11) ad verba Curtii lib. VIII, cap. 8. v. 8.

12) de fato litterarum.

13) de transfugis.

14) de iure acquisitionis originariae.

15) de processu summario.

16) de communione bonorum inter coniuges. Wenn diese beyden Abhandlungen irgendwo zu finden wären: so wünschete ich, daß man sie durch einen neuen Druck wieder sichtbar machete.

17) eine Rede de Wiburgo, vrbe Careliae. Dorpati 1694 in 4.

Bey den Feyerlichkeiten der dörpatischen Universität hat er folgende ungedruckte Reden gehalten:

18) de felicitate Liuoniae sub imperio Sueonum.

19) Panegyricum Carolo XI dictum.

20) de incrementis litterarum per septentrionem.

21) Vindicias pro ingeniis septentrionalium, quod ad studia litterarum non minus quam armorum sint apta.

22) Laudem gentis liuonicae.

21) de dignitate ordinis academici.

24) in funere Vdalricae Eleonorae, reginae Sueciae.

25) de studio iuris romani et patrii iungendo.

26-35) Programmata.

Folgende Schriften sind von ihm angefangen worden:

36) Heroes Sueciae, siue vitae excellentium virorum, quorum consiliis armisque res suecica hoc saeculo creuit. Es scheinet, daß er sich hierbey dem Cornelius Nepos nachzuahmen vorgesetzt hat.

37) Epistolae heroidum suecicarum, rhytmis vernaculis.

38) Collectio praestantissimorum e gente suecica poetarum carminum &c. Er versprach

39) Sueciam nouam et antiquam, welches Werk Peter Lagerlöf angefangen, und Graf Erich Dahlberg mit mehr als 200 Figuren ausgezieret hat, fortzusetzen, und

40) Historiam academiae dorpatensis.

41) Verniam nouam et antiquam.

42) Tr. de infantibus expositiis.

43) Syntagma de trophaeis veterum.

44) Hecatompolin Suecorum seu centum vrbes Sueciae carmine elegiaco, welches meist fertig seyn soll.

45) Delicias poetarum Suecorum nebst seinen eigenen Gedichten, deren wohl hundert, theils in lateinischer, theils in schwedischer Sprache vorhanden seyn sollen, und endlich

46) Tr. de antiquo Suionum iure et imperio in Liuoniam herauszugeben. Von diesem Traktate redet er

47) in

47) in der Veritate a calumniis vindicata, welche in den Livonicis, Fasc. III. p. 20 - 150. steht. Eine vortreffliche Deduktion. Ich glaube auch, daß andere in diesen Livonicis befindliche Staatsschriften, aus der Feder dieses Ministers, welcher, nach dem Zeugniß des Freyherren von Schafirof, vor der pultawischen Schlacht auf einen Frieden mit dem Zaren bedacht war geflossen sind.

§. 66.

Christian Kelch.

Von diesem Manne, der mit Recht unter die vornehmsten Geschichtschreiber dieses Landes gezählet wird findet man in gedruckten Büchern wenig Nachricht. Was ich von ihm erfahren können, will ich hier erzählen. Es beruhet solches theils auf seinen eigenhändigen Aufsatz, theils auf die von seinen Verwandten ertheilte Nachricht, theils auf glaubwürdige gedruckte und ungedruckte Urkunden. Jöcher, Dunkel und Banselow haben seiner nicht erwähnet. Hoppe und Gatterer führen nur den Titel seiner Historie an. Arndt hingegen meldet etliche Umstände seines Lebens, die er von dem Sohne dieses Mannes vernommen. Christian Kelch erblickte das Licht der Welt zu Greifenhagen in Pommern, am 5. Christmonats 1657. Sein Vater Gottfried Kelch war Prediger, und sein Großvater Paul Kelch bekleidete das Bürgemeisteramt in besagter Stadt. Im Jahre 1682 wurde er Prediger zu St. Johannis in Järwen. Die große Hungersnoth, welche Livland in den Jahren 1695, 1696 und 1697 drückte, entdeckte sein liebreiches Herz, indem er viele Armen

men und Hungerleidende Personen, so lange sein Vermögen zureichete, erhielt. Nichts desto weniger starb das Kirchspiel, dessen Prediger er war, beynahe ganz aus. Er sah sich genöthiget, seine elenden Umstände dem Könige Karl XI in Schweden vorzustellen, und bath um die erledigte Pfarre zu St. Jakob in Wirland. Er wurde dieser seiner Bitte gewähret: Allein die Ausfertigung der Vokation geschah, weil dieser Monarch in eine schwere Krankheit fiel und endlich mit Tode abgieng, nicht eher, als unter der Regierung des folgenden Königs Karl XII, im Jahre 1697, da sie von den damaligen Vormündern, nämlich der Königinn Hedwig Eleonora, G. Gyllenstierna, Fabian Wrede, N. Gyldenstolpe, L. Wallerstädt und C. Piper unterschrieben wurde. Am 25sten Sonntage nach Trinitatis gedachten Jahres, erfolgete die Einführung zu diesem neuen Pfarramte. Dieses hat Kelch selbst in dem Kirchenbuche zu St. Jakob verzeichnet. In diesem Amte ist er bis 1710 geblieben. Arndt nennet ihn einen Probst. Woher er dieses habe weis ich nicht. Ich zweifele daran, weil der Umstand bey der Familie unbekannt ist. Aber 1710 wurde er zum Pastoren der Nikolaikirche in Reval berufen. Damals wüthete nicht nur in Reval, sondern auch in ganz Livland die Pest auf eine solche erschreckliche Art, daß von der Zeit an bis auf diese Stunde, noch nicht so viele Einwohner auf dem platten Lande vorhanden sind, als man in schwedischen Zeiten angetroffen hat. Doch mag dieser Mangel wohl nicht allein von der Pest, sondern auch von dem damaligen Kriege, und noch aus einer anderen Quelle herrühren. Inzwischen verhinderte die

Pest,

Pest, daß Kelch seine Antrittspredigt nicht halten konnte. Er that fast in der ganzen Stadt alle Amtsverrichtungen, und starb an dieser Landplage am ersten Adventssonntage, gerade an dem Tage, da er die Antrittspredigt halten wollte. Er hatte sich zweymal verheurathet, zuerst mit einer Wittwe, und nach ihrem Tode am 25 Wintermonats 1696 mit Euphrosyna Coster, Kaspar Costers, Predigers zu Haggers und Propstes des ostharrischen Kreises, Tochter, welche gleichfalls 1710 gestorben ist. Aus dieser Ehe hatte er drey Töchter und einen Sohn, mit Namen Christian Kelch, welcher am 23sten April 1704 geboren, und als Rathsherr in Dörpat am 5. Wintermonats 1759 gestorben ist. Unser Schriftsteller hat nachgelassen: Liefländische Historia, oder kurze und eigentliche Beschreibung der denkwürdigsten Friedens- und Kriegesgeschichte, so sich theils vor, theils nach der Livländer Bekehrung zum Christenthum, bis aufs Jahr 1689 begeben, so wohl aus glaubwürdigen Skribenten, als auch aus bishero noch nicht ans Licht gekommenen glaubwürdigen Urkunden, und theils eigener Erfahrung in fünf Büchern aufs kürzeste abgefaßt und entworfen. Rudolstadt, 1695 in 4. Unter den gedruckten Geschichtschreibern, welche Kelch gebrauchet hat, nennet er Peter von Düsburg, Bredenbach, Fabricius, Russau, Henning, Müller und Heidenstein. Unter den ungedruckten erwähnet er des Brandis, Menius, Spechts, und Hiärne. Das merkwürdigste hierbey ist, daß er schon zu seiner Zeit, beynahe vor hundert Jahren, schon über die Seltenheit der gedruckten livländischen Geschichtbücher klaget. Zu bedauren

ist

ist es aber, daß er uns seine ungedruckten Urkunden nicht deutlicher angezeiget und beschrieben hat. Arndt behauptet, daß er bey verschiedenen Begebenheiten des 16. und 17. Jahrhunderts die höchste Glaubwürdigkeit habe, weil ihm das revalische Archiv offen gestanden. Aber welches? der Regierung oder der Stadt Archiv? Vielleicht beydes. Ich finde in des dörpatischen Raths-Protokolle 1689 den 8. Nov. S. 711, und den 4. Dec. S. 790, daß Kelch um die hier befindlichen Urkunden zu seiner vollständigen livländischen Chronik gebethen, und daß man ihn seines Wunsches gewähret hat. Vermuthlich ist dieses in anderen livländischen Städten auch geschehen. Man muß aber nicht vergessen, was Arndt berichtet, nämlich, daß die kelchische Arbeit vor dem Druck, wider des Verfassers Willen, eine öffentliche Durchsichtigung ausstehen müssen. Eben dieser Arndt merkt an, daß die Geschichte unsers Verfassers ihres Vortrages und ihrer Vollständigkeit halber durchgängig mit Beyfall aufgenommen, und in den livländischen Historien, welche in lateinischer, englischer, französischer und schwedischer, oder anderen Sprachen das Licht gesehen haben, theils stückweise, theils völlig übersetzt, hier und da aber mit sinnreichen Ausdrücken und eingestreueten Urtheilen verschönert worden. Auf dem Titelblatte wird gesaget, diese Historie sey in fünf Büchern abgefaßt. In der Abhandlung selbst heißen sie Theile. Der erste enthält 40 Seiten und handelt von dem Namen des Landes, dem Ursprunge der Liven, Größe, Gränzen, Eintheilung, natürlicher Beschaffenheit, Einwohnern, Religion, Policey und Regimente, und endlich der Geschichte des Landes von dem Jahre 836 nach der Sündfluth, in welchem Berico König der Schweden und Gothen geworden seyn soll, bis zur Ankunft der Deutschen in Livland. Dieses alles wird eben nicht in der besten Ordnung vorgetragen, und noch weniger mit glaubwürdigen, sondern nur mit sehr neuen Zeugen bewiesen. Ungeachtet er uns versichert, er habe vieles, oder doch unterschiedene Sachen, die ihm nach einer Fabel geschmeckt, ausgelassen: so ist doch nicht allein die Fabel von dem römischen Fürsten, Bibo, und von dem Traume des Königes Erich III, wodurch er das Michaeliskloster zu bauen bewogen worden, stehen blieben, sondern auch manches aus neuen Geschichtschreibern wiederholt worden, welches man besser ausgelassen hätte. Die Gegend um Dörpat nennt er noch das Stift, welcher Name heut zu Tage nicht mehr gehöret wird. Er gedenket in diesem Stifte eines Schlosses, Tundel, welches ich aber nicht errathen kann, wo solches anzutreffen seyn möchte. Die Gränzen der livländischen Kreise und Landschaften sind ganz anders, als Kelch sie beschreibt. Helmet, welches er zum dörpatischen Kreise rechnet, gehöret zum pernauischen. Fellin wird nebst Oberpalen, Lais, Tarwast und Karkus nach Järwen gezogen; aber Fellin, Tarwast und Karkus liegen im Pernauischen, und Oberpalen nebst Lais im dörpatischen Kreise. Die Stadt Pernau selbst wird von ihm zur Wick gerechnet, da sie doch ihren Namen einem eigenen Kreise leihet. Das Schloß Sonnenburg auf der Insel Oesel ist nicht mehr vorhanden. Alles, was davon übrig ist, besteht in einigen dunkeln und engen Kellergängen und einem fast der Erde

gleichen

gleichen kleinen Wall. Hübner nennet es gar eine feine Stadt mit einem Schlosse. Die Seen und Flüsse des Landes hat Kelch nicht genug von einander unterschieden. Was er von den Erzgruben saget, ist heutiges Tages eine unbekannte Sache. Das alte esthnische Buhlenlied: Jörru! Jörru! soots ma tullen? wovon Löwenklau schon Erwähnung gethan hat, findet man im Kelch gedruckt: aus welchem man es in den königsbergischen Zeitungen 1764, S. 146 wiederholet und ein Schäferlied genennet hat. Kelch glaubet mit seinem Vorgänger, Jakob Schotte, daß die livländischen Bauern sich in Wölfe verwandelt und großen Schaden gethan haben. Wenn er von der alten Einwohner Policey und Regiment redet, sind Fabricius, Müller und Einhorn seine Gewährsmänner, welche jedoch viel zu jung sind, als daß sie von Sachen, die vor dem 13. Jahrhunderte geschehen sind, zeugen könnten. Noch weniger kann es Schurzfleisch thun. Eines ist noch merkwürdig, und damit will ich, was den ersten Theil betrifft, schließen. Kelch saget, in der esthnischen Sprache heiße der Ehebruch Tullitö, das ist eine That, die des Feuers werth ist. Denn Tulli heißt Feuer, und Tö eine That. Hieraus folgt sehr wahrscheinlich, daß die alten Esthen den Ehebruch mit Feuer bestrafet haben. Heutiges Tages nennen die Esthen den Ehebruch Abbiellorikminne. Abbi ist so viel als Hülfe, und Abbiello heißt so viel als Ehre. Rikuma aber heißt eigentlich verderben. Der zweyte Theil der kelchischen Geschichte erstreckt sich von S. 41. bis 88, vom J. 1158 bis 1279. Der Urheber erzählet die allererste Ankunft der Deutschen, die Verrichtungen der Bischöfe,

Mein-

Meinharts, Bertholds, Albrechts, Nikolaus, und Albrechts II. die Bekehrung des Kobbo, die Kriege mit den Einwohnern und Nachbaren, die Erbauung Upküll, welches aber nicht so viel als ein Dorf, sondern eine Schule oder Kloster bedeutet, die Stiftung der Ritter des Krieges Christi insgemein der Schwertbrüder genannt, die Erbauung der Stadt Riga, die Eroberung der Festung Vellin, den Ursprung des esthnischen Ritterrechts, den Sieg der Dänen über die Livländer, wozu der Fürst von Rügen so viel beytrug, die Eroberung des Schlosses und der Stadt Reval, der Festungen Narva und Wesenberg, die Vertreibung der Dänen aus Esthland, die Eroberung der russischen Festung Dörpat, die Stiftung des Bischofthums in dieser Stadt, den Ursprung des livländischen Ritterrechtes, und die Vereinigung des livländischen Ordens mit dem deutschen. Daß der Bischof Nikolaus nur von 1230 bis 1233 regieret haben sollte, glaubet man itzt nicht mehr. Es ist gewiß, daß er den bischöflichen Stuhl von 1231 bis 1254 besessen habe. Von der Stiftung der Ritter des Krieges Christi und ihrer Einverleibung in den deutschen Orden, hat Arndt weit richtiger gehandelt. Was etwa dabey anzumerken wäre, möchte ich vielleicht künftig sagen. Der dritte Theil der kelchischen Historie fänget mit der Vereinigung an, welche eigentlich 1237 geschehen ist, obgleich der erste Meister des deutschen Ordens, vor dem Jahre 1239 nicht nach Livland gekommen seyn mag; und endiget sich im Jahre 1561, in welchem Esthland unter Schweden und Livland unter Polen gekommen ist, von der 78 bis zur 260 Seite. In diesem Theile kömmt also vor, außer der Regierungsgeschichte der Meister, das Bündniß des Königes in Dännemark mit dem Orden wider die Russen, wobey dem Könige Reval, nebst Harrien, Wirland, und Allentacken, wieder eingeräumet ward; der Tod des Hochmeisters Hermann von Salza, welcher 1240 erfolgete, von Gauhen aber unrichtig in das Jahr 1246 gesetzt ist; wobey ich nur im vorbeygehen anmerken will, daß eben dieser Gauhe berichtet, es wäre das Geschlecht der Herrn von Salza in Livland ausgestorben, da hingegen, ihrer viele noch itzt nicht allein leben, sondern ansehnliche Ehrenämter bekleiden, worunter Herr Landrath Philipp Johann, Freyherr von Salza, im Jahre 1767 Deputirter der esthnischen Ritterschaft bey der Gesetzkommission in Moskow gewesen ist; die Eroberung der Stadt Pleskow, der Ursprung des Bischofthums zu Reval, welchen aber Kelch zu neu machet; der Ursprung des rigischen Erzbischofthums; die Krönung Mendaus in Litthauen; wobey die Geschichtschreiber in der Jahrzahl uneinig sind; die Niederlage des Ordens bey Durben, 1264, welche aber andere ein Jahr früher erzählen; die Münzgerechtigkeit der Stadt Reval; der Ursprung des Schlosses Wolfzenstein; und der Stadt Mitau, welche ihren Namen von ihrer Lage, mitten in einer Au, erhalten hat; die Thaten des Meisters Otto von Bodenstein wider die Pleskowiter; die Niederlage des Ordens und der Dänen bey Karkus 1274; die Theilung Semgallens zwischen dem Erzstifte und dem Orden; der Ursprung der Uneinigkeit unter den livländischen Ständen; die erste Brandordnung zu Riga; die Niederlage des Ordens bey Treyden; der Sieg des Ordens

über

über die Rigischen und Litthauer bey Neuermühlen; die Vereinigung der livländischen Stände zu Dörpat im Jahre 1304; die erschreckliche Hungersnoth in den Jahren 1315, 1316 und 1317; die im Jahre 1318 ausserordentlich reiche Aernte; der Bauernkrieg, 1344, worinn über 20000 Bauern aufgerieben wurden; der Kauf, wodurch der Orden Esthland von dem Könige in Dännemark an sich brachte; der Vergleich des Erzbischofes und des Ordens zu Danzig; der Gnadenbrief der Stadt Narva; die Veränderung der Kleidung der Geistlichen, woher hernach die Kleiderbulle entstanden; Verwandelung der Kreuzbrüder in Kreuzherren; Ursprung des harrischen und wierischen Rechtes, 1397; die Schlacht bey Tannenberg, 1410; das Ansehen des Erzbischofes Johann von Walleurod, wovon der Verfasser viel zu wenig erzählt und weiter darinn irret, wenn er seinen Nachfolger, den Bischof von Kur, einen Bischof von Kurland nennet; die Privilegien der Stadt Pernau; Privilegium der Stadt Narva 1426; die erschreckliche Niederlage des Ordens in Litthauen; der große Abfall in Preußen, 1454; der kirchholmische Vergleich; Erzbischof Silvesters neues Mannrecht, 1457; Schoßfreyheit des harrischen und wierischen Adels; die Zerstörung des erzbischöflichen Archives zu Kockenhausen; die Erbauung des Schlosses Iwanogrod; Untergang des Stapels zu Neugard, oder Nowgorod; der Flor des Landes unter dem Meister Wolther von Plettenberg; die Aufnahme der Stadt Reval in die große Hanse; der 50jährige Friede zwischen Rußland und Livland, 1503; das Ende des pleskowischen Freystaates 1509; Ursprung der Hakengerichte,

richte, 1516; Befreyung des landes von der Oberherrschaft des deutschen Ordens, 1521; die Kirchenverbesserung in Livland, 1522, durch Andreas Knöpken; Bestätigung der Halsgerichte des harrischen und wirischen Adels, um 1527; die Verrichtungen Johann Brismanns in Livland; der Eintritt der Stadt Riga in den schmalkaldischen Bund; der wolmarische Schluß, daß Niemand hinführo Macht haben sollte, ohne Vorwissen der Stände, einen deutschen Fürsten zum Mitgehülfen anzunehmen, 1546; die falschen Berichte von der Pest, insonderheit zu Dörpat, wie ich in meiner Geschichte der Stadt Dörpat erwiesen habe; Das Verboth, welches den ausländischen Hansestädten geschehen, rußische Waaren von den Russen selbst in den livländischen zu kaufen, 1551; die Bemühungen des Zaren Iwan Waßiliewitsch, sein Reich zu verbessern; die Vorbothen des rußischen Krieges seit 1553; die erste und zweyte Gesandschaft nach Moskow; die Unruhen in Livland zwischen Erzbischof Wilhelm und den übrigen Ständen, 1555; die Gesandschaft des Zaren an den Bischof von Dörpat, 1556; der innerliche Krieg zwischen dem Erzbischof an einer, und dem Meister, nebst den Bischöfen von Dörpat und Oesel an der anderen Seite; Krieg mit Polen und Friede zu Poswole, oder Paswalde, nebst dem Bündniß zwischen Polen und Livland wider Rußland; die dritte Gesandschaft nach Rußland; Anfang des rußischen Krieges 1558; die vierte Gesandschaft nach Rußland; die Eroberung der Stadt Narva, wobey der Bürgemeister Krummhausen von Kelchen irrig der Verrätherey beschuldigt wird; die Eroberung der Stadt Dörpat, welche der

Verfas-

Verfasser weder umständlich noch richtig genug erzählt hat; das Wachsthum der Stadt Narva; die Unterwerfung Livlandes unter Polen und Esthlandes unter Schweden; der Verkauf der Bischofthümer Oesel und Kurland an den König von Dännemark; die Ankunft des Herzogs Magnus von Holstein in Livland, den 16. Apr. 1560, welcher bald hernach das Stift Reval und die Vogtey Sonnenburg kaufete, und auf die Abtey Padis Anspruch machete, die er am 6. Aug. im pernauischen Vergleiche erhält; die Eroberung der Festung Wellin, welche den Russen verrathen wurde, nebst der Gefangenschaft des abgedankten Meisters Fürstenberg; die schwedische Huldigung zu Reval; der Ursprung des Herzogthums Kurland, und endlich das Ende des deutschen Ordens in Livland. Nun folget der vierte Theil von S. 261 bis 558, das ist, vom Jahre 1562 bis 1635, in welchem der stumsdorfische sechs und zwanzigjährige Stillstand zwischen Polen und Schweden geschlossen, und ganz Livland unter die schwedische Bothmäßigkeit gebracht ward. Livland war bey dem Anfange dieses Zeitlaufs in große Unruhen verwickelt, und mußte alle Drangsale des Krieges ausstehen. Der Zar verlangete ganz Livland, schloß aber mit Schweden einen Stillstand, vermuthlich um mit Polen den angekündigten Krieg nachdrücklicher fortzusetzen. Herzog Magnus suchete nicht weniger ganz Livland, jedoch mit rußischer Hülfe und unter des Zaren Schutze an sich zu bringen. Schweden suchte seine livländischen Unterthanen zu vermehren, und Polen allen Abbruch zu thun. Herzog Magnus ließ sich von dem Zaren zum Könige in Livland erklären. Der König

Johann III. von Schweden suchte vergeblich einen Frieden mit Rußland zu schliessen. Zwischen Polen und Rußland wurde ein Stillstand errichtet. Esthland litte von den Russen großen Schaden. Herzog Magnus vermählte sich mit einer russischen Prinzessinn. Das Jahr 1577 ist für ganz Livland höchst betrübt. Herzog Magnus suchet die Freundschaft der Polen, geräth hierüber in große Gefahr, und verläßt 1578 die Russen völlig, in welchem Jahre der König in Polen den Krieg wider den Zaren ernstlich anfängt, und den Livländern große Verheißungen thut. Johann Büring, aus dem Braunschweigischen, thut sich sehr hervor. Ivo Schenkenberg, insgemein der livländische Hannibal genannt, wird, nach vielen tapferen Thaten, gefangen und niedergesäbelt. Polen und Schweden schließen ein Bündniß wider Rußland, werden aber bald auf einander eifersüchtig. König Stephan schließt am 15. Jänner 1582 mit dem Zaren Iwan Wasiliewitsch einen zwar vortheilhaften, aber nicht rühmlichen Frieden, und läßt wider seine feyerlichen Verbindungen, auf Anton Possevins Antrieb, die gefangenen Livländer im Stiche. Dieser Friede heißt gemeiniglich der zapolskische; er wurde aber nicht in dem dazu bestimmten Dorfe Zapolsk, welches die Kosaken angezündet hatten, sondern in einem anderen Dorfe, Kiwerowahorka, gemacht. Der König bemühet sich die römische Religion in Livland einzuführen, stiftet das Bischofsthum Wenden, nöthiget die Stadt Riga, die Jesuiten aufzunehmen, und drücket den livländischen Adel. Was aber Kelch, S. 377 von den livländischen Bauern anführet, das ist eine Fabel.

Der

Der König Stephan macht Anspruch auf Esthland, versichert die Livländer, daß sie bey der lutherischen Religion, und bey denen Gütern gelassen werden sollten, welche sie von den Meistern und Erzbischöfen, bis auf Markgraf Wilhelm, und von dem Könige Siegmund August erhalten hätten, und verweiset die Livländer an den zu haltenden livländischen Landtag. Dieser wurde im Jahre 1583 von dem Kardinale Radziwill eröffnet, nahm aber für die Livländer ein betrübtes Ende, indem sie nicht nur ihrer Religion, sondern auch ihrer Güter wegen in die größeste Ungewißheit gesetzt wurden, zwey Stücke, worauf die Wohlfahrt eines jeden Volkes beruhet. Nach geendigtem Landtage ging also die Revision der Urkunden und Landgüter vor sich. Schweden und Rußland machen 1583 einen dreyjährigen Stillstand, worinn jenes alles, was es erobert hatte, behält. Herzog Magnus von Holstein stirbt am 18. März 1583. Pilten, oder das ehemalige Stift Kurland, kömmt, den Verträgen zuwider, an Polen. Viele Livländer verlieren ihre Güter. Zar Jwan Wasiliewitsch stirbt den 28. März 1584. Unruhen wegen des gregorianischen Kalenders zu Riga. Der Rektor, welcher sehr unvorsichtiger Weise hierzu Gelegenheit gab, hieß Heinrich Möller, und nicht Johann Rivius, wie Kelch vermeynet, und andere ihm nachschreiben. Aus diesen Unruhen entstunden andere, welche König Stephan würde nachdrücklich bestrafet haben, wenn ihn nicht der Tod am 2. Christmonats 1586 aus der Welt genommen hätte. Dem Könige folgeten bald hernach, Johann Patricius, Bischof zu Wenden, im Hornung, und Gotthart,

 Herzog

Herzog von Kurland, am 17. May 1587. Jener war ein Feind der Lutheraner; dieser bemühete sich die Livländer zu unterstützen, wurde aber oft mit Undank belohnet. Die Livländer lassen ihre Beschwerden an den Reichstag zu Warschau gelangen. Riga vertreibet die Jesuiten. Der schwedische Prinz, Siegmund, wird König in Polen, und läßt sich zu einer beschwerlichen Bedingung, Esthlandes halben, verleiten. Livland wird ein Stück des polnischen Reiches, 1589. Die königliche Kommissarien in Riga lassen die Rädelsführer der vorigen Unruhen enthaupten, und die an der Düna neugebauete Festung schleifen. Der König Johann III. von Schweden, und sein Sohn, Siegmund, König in Polen, kommen 1589 zu Reval zusammen. Auf der Rückreise, da Siegmund in Riga war, kann er nicht erlangen, daß die Jesuiten in die Stadt wieder aufgenommen würden. Der Krieg zwischen Rußland und Schweden gehet 1590, indem die Russen Jamburg erobern, in Ingermannland wieder an, und verbreitet sich nach Esthland und Finnland. König Siegmund zwinget die Rigischen, daß sie die Jesuiten wieder aufnehmen müssen. Die schwedische Revision in Esthland nimmt 1591 ihren Anfang. König Johann III. von Schweden, stirbt am 17. Wintermonates 1592, mitten unter den stärkesten Zurüstungen wider Rußland. Herzog Karl von Südermannland schleußt 1593 einen dreyjährigen Stillstand mit diesem Reiche, und am 18. May 1595 zu Narva einen Frieden. Dieser Friedensschluß wird in dem stolbarischen Frieden der trusinische genennt. Art. 1. Im 13. Art. heißt der Ort, Tousina, im 15ten, Teusina. S. Hiärne S. 929., worinn die

Russen

Russen den Schweden Esthland abtraten, und nebst der Handelsfreyheit in Reval und Narva, Kexholm wieder erhielten. Boris Gudenow wird 1597 Zar in Rußland, und erlaubet den vormals aus Livland weggeführten Kaufleuten, aus Rußland hinweg zu ziehen. Die Mishälligkeiten zwischen König Siegmund und dem Herzoge Karl brechen in öffentliche Feindseligkeiten aus. Die Livländer beschweren sich 1598, daß ihre Privilegien nicht gehalten werden. König Siegmund verspricht, Esthland an Polen zu bringen, häßt das Land wider den Herzog Karl auf, und schickt Truppen dahin. Narva erklärt sich für den Herzog. Esthland und Reval bedenkt sich. Die zweyte polnische Revision in Livland nimmt 1599 ihren Anfang. Esthland ergreift Herzogs Karls Parthey, und der Krieg zwischen Schweden und Polen geht 1600 in Livland an. Dörpat ergiebt sich, nach Kelchens Bericht, am 1. Jänner 1601, nachdem alles zum allgemeinen Sturm fertig war, den Schweden. Allein nach unsern Protokollen ist Herzog Karl 1600 am 27. Dec. alten St. das wäre also den 6. Jänner 1601 neuen St. in Dörpat eingezogen: worauf der neue Kalender abgeschafft und der alte wieder eingeführet wurde. Ein großer Theil des livländischen Adels unterwirft sich dem Herzoge 1601 den 28. May, auf dem Landtage zu Wenden. Niederlage der Schweden bey Kockenhausen, am 16. Brachmonats 1601, wo Karl Gyldenhielm von Christoph Radziwil geschlagen ward. Verschiedene livländische Edelleute lassen sich in Rußland nieder. Zamoiski fodert den Herzog Karl zu einem Zweykampf aus. Karl Gyldenhielm, und Jakob de la Gardie, werden in

Wolmar gefangen. Livland leidet vom Kriege, Hunger und Pest. Wellin wird von den Polen 1602 drey Monate belagert, und nur durch einen Zufall erobert. Herzog Karl giebt dem dörpatischen Adel das harrische und wirische Recht. Die Stadt Dörpat muß sich am 3. Apr. 1603 dem polnischen Generale, Johann Karl Chodkiewicz, ergeben. Dieses war der 13. April, nach dem neuen Kalender, welcher hierauf wieder eingeführet wurde. Eine Tonne Roggen gilt in Moskow 19 Reichsthaler. Herzog Karl wird König in Schweden den 22. März 1604. Wird bey Weißenstein, weil der Oberst, Reinhold Liven, ihn verrathen hatte, welches ihn den Kopf kostete, von den Polen geschlagen. Die esthländischen Landräthe werden als Verräther angesehen und von dem Gouverneur in Haft genommen, weil sie von dem Könige in Polen einen Brief empfangen, und solchen etliche Tage verborgen. Sie wurden gar nach Schweden gebracht, aber unschuldig befunden, und nicht nur in Freyheit, sondern auch in ihre Aemter wiederum gesetzt. König Karl belagert Riga vergeblich, 1605, und leidet am 27sten Herbstmonates, bey Kirchholm, von den Polen eine entsetzliche Niederlage, unter dem polnischen Feldherren, Johann Karl Chodkiewicz. Esthländische Revision 1606. Dörpat wird 1607 von den Schweden vergeblich belagert, und hernach eingesperret. Jakob de la Gardie erobert 1611 Nowgorod. Also irren alle diejenigen, welche diese grosse That dem Pontus de la Gardie beylegen. Kelch setzt diese Eroberung auf den 15., der Herr Kollegienrath Müller aber auf den 12. Julius. Der König von Dännemark greift Schweden in Esthland an. König

Karl

Karl XI. stirbt am 11. Okt. 1611. Ihm folget Gustav Adolph in der Regierung. Stillstand zwischen Schweden und Polen auf ein Jahr. Michael Fedorowitsch Romanow wird 1613 Zar in Rußland. Friede zwischen Schweden und Dännemark. Zweyjähriger Stillstand zwischen Schweden und Polen. Gustav Adolph setzt den Krieg wider Rußland fort. Friede zwischen Schweden und Rußland zu Stolbowa, einem Dorfe im Nowgorodischen, vom 13. Horn. 1617. Von diesem Frieden saget Kelch sehr wenig, und doch steht derselbe schon in Matthaei Lungwitii, Alexandro Magno Rediuiuo, Leipzig, 1632, in 4. Im 17. und 18. Jahrhunderte ist Kelch fast der einzige livländische Geschichtschreiber. Der Verfasser der Description de la Livonie weis von diesem Frieden nichts mehr. Denn Kelch scheint seine einzige Quelle zu seyn, woraus er geschöpft hat. Er verwandelt gar Kexholm, welches den Schweden in diesem Frieden abgetreten wurde, in Kirkholm: welche Oerter sehr weit aus einander liegen. Ich glaube also, wenigstens den Livländern eine Gefälligkeit zu erweisen, wenn ich hier einen Auszug aus diesem in der That merkwürdigen Friedensschluß mittheile. Im Eingange steht ausdrücklich, daß dieser Friede unter Vermittelung des großbritannischen Gesandten, Johann Mericks, geschlossen worden. Wenn also Kelch und diejenigen, welche ihm folgen, erzählen, daß die Holländer Mittelsleute hierbey gewesen sind: so beweiset dieses so viel, daß sie die Urkunden nicht gelesen haben. Im ersten Artikel wird alles, was seit dem trusinischen Frieden feindseliges vorgefallen, in Vergessenheit gestellet, und zwischen beyden Reichen

Reichen ein ewiger Friede beliebet. Nach dem 2. Artikel tritt Schweden ab: Großneugard, Stararussa, Porkow, Ladoga und Augdow (Audowa). Nach dem 5. Art. sollen diese Oerter, 14 Tage nach der Bestätigung dieses Friedens, in Gegenwart des großbritannischen Abgesandten, oder eines königlichen Hofjunkers, geräumet werden, ausgenommen Ladoga und Augdow, deren Einräumung in folgendem Art. etwas später bestimmt wird. Nach dem 7. Art. begiebt sich der Herzog Karl Philipp von Südermannland aller der Oerter, welche Schweden abtritt, und der Kreuzküssung (des Eides) die allerhand Volk ihm gethan hat. Im 8 Art. tritt Rußland dem Könige und dem Reiche Schweden ab: Iwangorod, Jamburg, Koporien und Nöteburg mit ihren Zubehörungen. Die Unterthanen, welche aus diesen Ländereyen wegziehen wollen, müssen dieses in 14 Tagen thun. Dieser Freyheit genießen jedoch nur die Mönche, Edelleute und Bürger; aber nicht die Priester und Bauren. Im 9 Art. verbindet sich Rußland 20000 Rubel baaren Geldes dem Könige in Schweden zu bezahlen. Kexholm mit seinem Gebiete verbleibet, nach dem 11. Art. der Krone Schweden. Der 12. Art. setzt, daß die Gränzen zwischen beyden Reichen durch Kommissarien bestimmet werden sollen, welche vor Endigung dieser Arbeit nicht von einander scheiden, und hierüber einen Abschied errichten müssen. Im 13 Art. begiebt sich der Großfürst, gleichwie im narvischen oder trusinischen Frieden 1595 und im wiburgischen Frieden 1609 geschehen ist, alles Rechtes an Livland, ja so gar des Titels. Dieses ist ein Umstand, der in einer livländischen Geschichte nicht fehlen sollte. Allein

Kelch

Kelch hat ihn nicht. Nach dem 14 Art. soll der Handel zwischen den Unterthanen beyder Reiche frey seyn. Der 15 Art. setzt fest, daß die Schweden in Neugard, Moskow und Pleskow ein freyes Handelshaus haben, und in demselben ihren Gottesdienst halten sollen. Gleichergestalt sollen die Russen in Stockholm, Wiburg und Reval ein freyes Handelshaus haben, und in beyden ersteren Städten ihren Gottesdienst in ihren Häusern, in Reval aber in ihrer Kirche, die sie von Alters her gehabt, halten. Inhalt des 18 Art. sollen die Gefangenen, ohne Ranzion, ausgewechselt werden. Der 20 Art. enthält, daß die Verbrecher, die aus einem Reiche in das andere entfliehen, ausgeliefert werden sollen. Alle künftigen Irrungen sollen nach dem 22 Art. in der Güte beygeleget werden, und diesen Frieden selbst nicht heben. Im 23 und 24sten Art. wird der trusinische und wiburgische Friede bestätigt. Der 31ste Art. hebet das Strandrecht zwischen beyden Reichen auf. Dieser Friede ist geschlossen worden zu Stolbawa den 27 Febr. 1617. Weil nun Kelch den 13 Febr. angiebt: so ist solches noch ein Beweis, daß er das Instrument nicht gelesen hat. Die Polen üben noch 1617 Feindseligkeiten in Esthland aus. Im folgenden Jahre wird zwischen Polen und Schweden am 15 Wintermonats ein Stillstand auf 2 Jahre geschlossen. Vergebliche Friedenshandlungen zwischen beyden Reichen zu Oberpalen, 1621. Der Krieg geht an in Livland. Gustaph Adolph erobert Riga am 16 Herbstmonates, nach einer sehr tapferen Gegenwehr, und bestätiget der Stadt alle ihre Privilegien. Die Jesuiten und Polen werden aus Riga entlassen. Wolmar wird am 4ten Jänner

ner 1622 erobert. Herzog Karl Philipp, der im dörpatischen Kreise auf dem Schlosse Anzen geboren worden, stirbt den 27 Jänner zu Narva. Im August 1622 wird ein Stillstand auf ein Jahr geschlossen, welcher, nachdem die Stadt Danzig die Neutralität ergreifen mußte, auf 2 Jahre bis an den ersten Junius 1625 verlängert wurde. Der König in Schweden kündigt, nach fruchtlosen Friedenshandlungen den Polen den Krieg an, 1625. Er nimmt am 18 Heumonates Kockenhusen ein, und marschieret nach Litthauen. Jakob de la Gardie zwinget die Stadt Dörpat am 18 August zur Uebergabe: wodurch der ganze dörpatische Kreis in schwedische Hände kam. Sieg des Königes von Schweden über den litthauischen Großfeldherrn, Leo Sapieha, am 7 Jänner 1626 bey Walsau in Kurland. Gustav Adolph fällt in Preußen ein. Fruchtlose Friedenshandlungen zu Seelburg am 16 Weinmonats. Stillstand zwischen Schweden und Polen wird auf sechs Jahr geschlossen, beym Dorfe Altemark in Preußen, am 16 Herbstmonat 1629. Die Nachrichten, die Kelch hiervon giebt, sind abermal so beschaffen, daß man leicht gewahr wird, er habe das Instrument selbst nicht zu Rathe gezogen. Sonst würde er nicht den Schluß des Stillstandes in den Christmonat setzen. Die Holländer werden in dem Instrumente nicht als Mittler angeführet, sondern nur die Könige von Frankreich und Großbrittanien, nebst dem Churfürsten von Brandenburg. Der Stillstand soll dauren bis zum 1 Heumonates 1635, alten Calenders. Von Livland wurde beliebt, daß ein jeder, was er inne hätte, besitzen und so lange der Stillstand währete,

behalten

behalten sollte. Jedoch soll Mitau mit seinem Gebiethe dem Herzoge in Kurland wiedergegeben werden, und Neumünde nebst Spilwe mit ihren Zubehörungen der Stadt Riga verbleiben. Einrichtungen in Livland, in Kirchen- Justiz- und Schulsachen. In Dörpat wird eine Schule und Gymnasium gestiftet, welches Gymnasium bald hernach in eine hohe Schule verwandelt ward. Gymnasien in Riga und Reval. Die gustavianische Akademie ist nicht am 15ten sondern am 19 Weinmonates eingeweihet worden. Herr Inspektor Backmeister ist vermuthlich dem Kelch gefolget. Allein unsere Protokolle stimmen damit nicht überein. Gustav Adolph wird am 6 Wintermonates 1633 bey Lützen erschossen, und überlebte also seinen Gegner, Sigmund III nicht lange. Gesandschaft des Herzoges von Holstein, nach Rußland und Persien, um des Seidenhandels willen. Unter diesen Gesandten befand sich Philipp Kruse, welcher von Eisleben gebürtig war, als Gouverneur in Esthland starb, und der Stammvater der krusenstjernischen Familie war, die noch heut zu Tage in Esthland übrig ist. Gegen das Ende des altmarkischen Stillstandes wurden die Polen unruhig, und thaten hin und wieder in Livland Schaden, bis es endlich der stumsdorfische Stillstand und der Ernst Bengt Oxenstjerns von ihnen befreyete. Dieser Stillstand wurde auf 26 Jahre geschlossen; womit Kelch seinen vierten Theil endiget. Der fünfte und letzte Theil erstrecket sich von S. 558 bis S. 619, oder vom J. 1635 bis 1690. Zuerst wird erzählt, was man in Esth- und Livland zum Besten des Landvolks, um solches in der Religion gründlicher zu unterrichten

gethan

gethan habe. Der kaiserliche General Booth fällt in Livland ein, und wird genöthiget solches bald wieder zu verlassen. Streit wegen des Stiftes Pilten, zwischen dem Herzoge von Kurland und dem stiftischen Adel 1644. Im Frieden zu Bremsebro tritt Dänemark die Insel Oesel ab, die mit Esthland vereiniget wurde, 1645. Der Krieg zwischen Schweden und Polen nimmt 1655 seinen Anfang. Des Königes Karl Gustavs Thaten und Eroberungen erregen ihm Neid. Der Herzog von Kurland bekömmt Pilten, 1656. Der Zar Alexei Michailowitsch fällt mit 120000 Mann in Livland ein. Riga wird von den Russen 6 Wochen lang vergeblich belagert. Dörpat wird von ihnen erobert. Kelch beschuldiget hierbey einige dörpatische Bürger der Verrätherey. Ich erinnere mich; daß Salomo Matthiä diesen Bericht widerlegen wollen, und zu dem Ende 1698 bey dem Rathe zu Dörpat um Archivnachrichten angehalten habe. Man versprach ihm solche; allein es ist mir unbekannt, ob er seinen Vorsatz ausgeführet habe. Da unsere Protokolle von diesen Zeiten nicht zu finden sind, weis ich hiervon nichts gewisses zu sagen. Die Lehrer der hohen Schule zu Dörpat werden zerstreuet. Der schwedische General Fritz von Löwen erficht bey Walk am 9 Brachmonats 1657 über den russischen General Matthias Wasiliewitsch Szeremetow einen wichtigen Sieg. Dörpat wird in eben diesem Jahre von den Schweden vergeblich beschossen. Stillstand zwischen Schweden und Rußland wird am 23 April 1658 bey Narva geschlossen. Der schwedische Feldmarschall, Graf Robert Douglas nimmt den Herzog Jakob von Kurland nebst seiner

ganzen

ganzen Familie in Mitau gefangen, und schickt Ihn nach Iwanogorod. Traktaten zwischen Schweden und Rußland zu Wallisaar bey Narva, laufen fruchtlos ab. Johann Lübecker, der gemeiniglich der blinde Valentin hieß, thut sich als ein Parthepgänger 1659 in Kurland hervor. Der König in Schweden Karl Gustav stirbt zu Gothenburg am 13 Horn. 1660. Darauf erfolget der Friede zwischen Schweden und Polen in dem Kloster Oliva am 3 May. In diesem Frieden wurde Livland an Schweden von Polen völlig und auf ewig abgetreten. Polen entsaget allem etwanigen Rechte auf Esthland, behält aber Südlivland, welches man itzt das polnische nennet. Beyde Könige behalten den Titel eines Herzogs von Livland. Der Herzog von Kurland erhält seine Freyheit und sein Land wieder. Riga bekömmt seiner Treue wegen, das Gut Neuermühlen, und nicht allein für den gesammten Rath, sondern auch für ein jedes Rathsglied, den Adel. Eben diese Stadt wird zur Hauptstadt in Livland erkläret, und ihr Wapen wird mit einer Krone vermehret. Im folgenden Jahre 1661, machten die Schweden und Russen zu Kardis Frieden, worauf die Russen Dörpat und alles, was sie noch in Livland inne hatten, den Schweden wieder einräumeten. Die Russen verlangen Narva, nebst Ingermannland und Karelen, 1676; es kömmt aber zu Neuhausen zum Vergleich. Heinrich Horn fällt 1678 aus Livland in Preussen ein. Das ist der Feldzug, der unter den livländischen Bauren der brandenburgische Marsch heißt. König Karl XI in Schweden erlanget 1680 eine unbegränzte Regierung und beschleußt die Reduktion. Diese Reduktion nimmt ihren Anfang 1681 in Livland, und 1685 in Esthland. Bestätigung des Friedens zwischen Schweden und Rußland im Jahre 1682. Ursprung der Gratial- und Tertialgüter. Der Bischof von Livland machet Ansprüche auf das Stift Pieten, und bewirket deswegen nicht nur eine Commission, sondern auch ein günstiges Urtheil, 1686. Die schwedische Kirchenordnung wird in Livland eingeführet, 1689. Bengt Gottfried Forselius, ein Jurist, leget esthnische Schulen an. Die h. Schrift wird in die lettische und esthnische Sprache übersetzt. Die hohe Schule zu Dörpat wird 1690 den 22 August erneuret, und Academia Gullauiana Carolina genennet. Endlich wird die Huldigung zu Riga, Dörpat, Narva und Reval erzählt, und hiermit das ganze Werk, so weit es nämlich gedruckt ist, beschlossen. Denn man hat noch eine ungedruckte Fortsetzung, welche, nach Arndts Zeugniß, bis 1706 geht, und sorgfältig aufgehoben zu werden verdient. Kelch gesteht, daß er sich nur um die bürgerliche Geschichte bekümmert hat, in der Hoffnung, es werde ein anderer die Mühe auf sich nehmen, die Veränderungen der livländischen Kirche zu beschreiben. Diese Hoffnung ist bis auf diesen Tag unerfüllt geblieben. Wenn unser Geschichtschreiber in seinem gedruckten Buche S. 5. den Adam von Bremen anführet: so setzet er hinzu: Confer cum hoc Hist. meam Sueonum Gothorumque Eccles. l. 19. toto et multa his lux accedet. Hieraus schließe ich, daß er eine schwedische und gothische Kirchenhistorie nicht bloß geschrieben, sondern auch heraus gegeben. Denn es wäre seltsam einen Leser auf ein Buch zu verweisen, was in niemandes, ausser des Verfassers,

fassers, Händen ist. Allein aller Nachfrage ungeachtet, habe ich von dem Daseyn dieses Buches nichts erfahren können, und der Herr Oberpastor von Essen, ein großer Bücherkenner und Besitzer einer zahlreichen Bibliothek, bey dem ich mich erkundiget habe, schreibet mir folgendes; „Kelchs Historia Sueonum Gothorumque ecclesiastica hat wohl nie das Licht erblicket. „Wenn ich die Herausgabe und das Daseyn dieses Buches aus dem Grunde abläugnete, daß ich es nie gesehen, so weis ich wohl, daß Ew. Hochedelgeb. wider „diesen Beweis vieles sagen könnten und würden. Aber „wenn ich den Schluß also einrichte: ein Buch, das „Uffenbach, Johann Friederich Mayer, Löscher, „Gundling, Salthenius, Walch, Solger, Baumgarten, Vogt, (alle diese und noch mehrere habe ich „nachgesehen) nicht besessen, nicht kennen, das auch „nirgends angeführet wird, das muß nicht vorhanden „seyn: so weis ich nicht, ob demselben an der höchsten „Wahrscheinlichkeit etwas fehle, die hier schon die Stelle einer Gewißheit vertreten kann. Kelch saget auch „nicht, daß er sie im Druck herausgegeben, sondern „nur, daß er sie verfertiget habe.„ Ich bitte denjenigen, welcher eine Kenntniß von diesem Buche haben mögte, mir davon eine Nachricht zu geben, weil ich solche dermaleinst in meiner livländischen Bibliothek brauchen könnte.

§. 67.

Zachar. Grape und Jonas Joh. Phragmenius.

Ich nehme diese beyden hier zusammen. Grape, welcher 1671 zu Rostock geboren war, erhielt daselbst erst ein philosophisches und hernach ein theologisches Lehramt; worauf er 1713 starb. Jonas Johann Phragmenius war aus Riga, und genoß von dem dasigen Rathe einen Zuschub zu seinem Studiren. Als er nach der hohen Schule reisete, schrieb ihn der Rathsherr Herrmann Witten, von Nordeck ins Stammbuch: Non tantum parenti quisque suo cuius est, nascitur, sed etiam reipublicae. L. 1. §. 15. D. de ventre in possessionem mittendo; wiewohl die Worte dieser Stelle etwas verändert sind. Diesen Nordeck und David Caspari rühmet er als seine Wohlthäter, Hauswirthe und Beförderer. Zu seinen Wohlthätern gehöret auch Johann Brever. In Riga waren seine Lehrer David Hornick der jüngere, Johann Paul Möller, Michael Piesdörfer und Hennig Witte. In Rostock war er bey Fechten wohl gelitten, und unter Grapen hielt er folgende von ihm selbst ausgearbeitete Disputation: Iehoua Iuua Propitius Riga Literata, quam Praeside M. Zacharia Grapio publico examini d. Iunii Anni 1699 submittit auctor Ion. Ioh. Phragmenius, Riga-Liuo. Rostochii in 4. Das Jahr vorher hatte Adrian Preußmann Rektor zu Riga Rigam in Liuonia Metropolin literatam im Druck ausgehen lassen, wodurch Phragmenius zu seiner Arbeit bewogen worden. Jener hat Liuoniam literatam und dieser Liuoniam extra Liuoniam literatam versprochen. Beyde aber sind, so viel ich weis, niemals ans Licht getreten. Dagegen sind wirklich vorhanden: Johann Rudolph Brem Reualia, Esthoniae Metropolis, litterata, Reualiae, 1699 in 8; Daniel Eberhards Dorpatum in Liuonia literatum, Dorpati 1698 in 8; Simon Dietrich Geer-

ten

ten Narua litterata, Naruae 1703 in 8: und Gabriel Sidbergs Pernauia litterata, welches aus 2 Theilen besteht. Alle diese Schriften sind von geringer Erheblichkeit. Phragmenius behält vor den übrigen den Vorzug.

§. 68.

Martin Böhm,

ein Passenhelmer, war zuletzt Schöppenherr zu Marienburg in Preußen und starb zu Thorn 1715. Von seinen Schriften gehöret hierher seine Disputation. Curonia fatis saepe sinistris acriter pressa; die auch in dem zweyten Bande von Jänichs Meletematibus thoruniensibus zu finden ist.

§. 69.

Hermann von Brevern.

Ich erinnere mich, vor zwanzig Jahren das Leben dieses verdienten Mannes gelesen zu haben. Itzt aber muß ich mich mit dem arndtischen Auszuge behelfen. Sein Vater war Johann Brever, königlicher Superintendent in Riga, wo dieser Hermann von seiner Mutter, Sophia von Dunten, am 20sten des Heumonates 1663 geboren wurde. Wie er noch die Schule seiner Vaterstadt besuchte, legete er durch Reden, Disputationen und Gedichten seine Fähigkeiten an den Tag; welche gedruckt vorhanden sind. Im zwanzigsten Jahre seines Alters verließ er das rigische Gymnasium, begab sich nach Altdorf, studirete auf dieser hohen Schule drey Jahre und legete in einer Disputation de symbolo heroico eine vortreffliche Probe seines auch hier angewandten Fleißes ab. Im Jahre 1686 reisete er nach Jena, und besuchte verschiedene fürstliche Hoflager, bis er nach Wien gelangete. Von hier gieng er nach Ungern, Wälschland und Frankreich. Er reisete durch die Niederlande bis Amsterdam, wo er in eine Krankheit fiel. Diese hinderte ihn England zu besuchen; und seines Vaters Erinnerung bewog ihn, in sein Vaterland zurück zu kommen. Er nahm seinen Weg durch Holstein, Mechlenburg, Pommern und Preußen, und kam 1691 in Riga an. Seine Geschicklichkeit erwarb ihm ein Amt nach dem andern. Er wurde 1693 Beysitzer im Landgerichte, 1696 Präses im Burggerichte, wiewohl er in Preußmanns Riga litterata, nur Praeses substitutus genennet wird, und 1701 Beysitzer des Hofgerichts, welches um diese Zeit von Dörpat nach Riga verleget wurde. Seine Verdienste brachten ihm schon 1694 am 5 Weinmonates den Adel zuwege, und mit seiner Gemahlinn Katharina von Reutern hielt er bald hernach Beylager. Diese Ehe ist deshalben merkwürdig, weil zween Söhne darinn erzielt sind, welche als Minister dem russischen Reiche wichtige Dienste geleistet haben. Bey den Kriegsläuften begab er sich, mit seinem Hause, nach Lübeck, und verfertigte in dieser Stadt seine herrmeisterliche Historie. Bald darauf kam er nach Riga zurück, und vertrat ein halbes Jahr die Stelle des abwesenden Statthalters von Strokirch. Jedoch der anhaltende Krieg bewog ihn, zum andern mal nach Lübeck zu gehen, wo er nun so lange blieb, bis er, nach Eroberung der Stadt Riga, von dem Kaiser Peter dem großen, die Bestallung als Vicepräsident im liwländischen

dischen Hofgerichte erhielt. Von dieser Würde nahm er 1711 Besitz; und 1717 wurde er Vicepresident des Reichsjustitzcollegiums zu St. Petersburg. Er legete aber jene nicht nieder, welches sehr merkwürdig ist. Er behielt die Gnade seines Kaisers bis an sein Ende, welches, bey seiner Mäßigkeit und Entfernung von heftigen Leidenschaften, durch Steinschmerzen befördert ward. Er starb daran zu St. Petersburg am 3 Heumonates 1721, und wurde im folgenden Jahre am 23sten Hornung in Riga begraben. Seine merkwürdigsten, jedoch ungedruckten Schriften sind. 1) Die schon lange angeführte herrmeisterliche Historie, welche Arndt nicht einmal zu sehen bekommen können; 2) eine lesenswürdige Untersuchung von der Wahrhaftigkeit des Privilegiums, welches Siegmund August 1561 am sechsten Tage, das ist am Freytage nach St. Katharinen den Livländern ertheilt hat; 3) Gelehrte Anmerkungen über alle livländische Denkwürdigkeiten. Es wäre zu wünschen, daß die unter Nr. 2 angeführte Untersuchung gedruckt, und also dem allgemeinen Besten eröffnet würde. So lange dieses nicht geschieht, muß man sich mit derjenigen historischen Nachricht behelfen, die in den gelehrten Beyträgen zu den rigischen Anzeigen auf das Jahr 1767, S. 25 bis 36 steht. Der Urheber dieser Nachricht führet die gedruckten Abschriften dieses Privilegiums an, und hierunter einen polnischen Edelmann von Hilchen, der es in seiner Chronik von Livland eingetragen hätte. Dieser polnische Edelmann ist Hr. Johann August Hylzen, Woywod von Minsk, welcher in polnischer Sprache: Livland nach seinen alten und verschiedenen Geschichten; 1750 zu

Wilda in 4. dem Druck überlassen hat. Ich merke an, daß Sr. Excellenz der Hr. Land- und Staatsrath, Ritter und Freyherr Axel Heinrich von Bruiningk eine beglaubte Abschrift aus dem königlichen polnischen Archiv erhalten, und 1769 dem Archive der livländischen Ritterschaft einverleibet hat. Was man in dieser Nachricht saget, daß der sel. Arndt sechs Exemplare von dem ersten Bande des Codicis diplomatici Poloniae auf dem Halse behalten habe; ausgenommen ein einziges, welches Hr. Kollegienrath Müller gekauft hätte; zum Beweise; daß Livland nicht allezeit das eigene zu schätzen wisse: so lasse ich diese Erzählung in ihrem Werthe beruhen. Ich weis aber, daß ich in meiner kleinen Büchersammlung auch ein Exemplar von diesem ersten Bande verwahre und schätze.

§. 70.

Heinrich Leonhart Schurzfleisch,

ein Bruder des Konrad Samuels, dessen ich §. 64 erwähnt habe, erblickte das Licht dieser Welt zu Korbach, und starb 1723 zu Weimar als beyder Rechten Doctor, fürstlicher Rath und Director der fürstlichen Bibliothek, nachdem er Professor der Geschichtkunde zu Wittenberg gewesen war. Von seinen vielen Schriften kann ich nur hier anführen die Historiam Ensiferorum ordinis Teutonici Livonorum, welche zu Wittenberg 1701 in 8 gedruckt ist. Es wird ihrer gedacht in dem monatlichen Auszuge aus allerhand neu herausgegebenen nützlichen und artigen Büchern, 1701. März S. 37-50. Diese Geschichte enthält 352 und die angedruckten Urkunden 80 Seiten. Sie ist nur eine Geschichte

schichte des livländischen Ordens, welcher ganz unrecht Ensiferorum heißt. Denn die beyden ersten Meister allein gehöreten zu den Schwertbrüdern, die übrigen aber zu den Kreuzbrüdern oder Kreuzherren. Diese Historie ist zwar sehr gut geschrieben, jedoch fast nur eine Uebersetzung unserer einheimischen Geschichtschreiber, wozu aus dem Kojalowicz, Peter von Duisburg, Bredenbach, Venator und einigen andern neueren Schriftstellern Zusätze gekommen sind. In Deutschland nahm man sie, als sie bekannt wurde, gut auf, und unser Arndt wollte sie bey dem zweyten Theile seiner Chronik zum Grunde legen. Er änderte aber seinen Vorsatz, weil er erkannte, daß man die vaterländische Geschichte hiernach nicht zuverlässig abhandeln könnte.

§. 71.

Tobias Eckhard.

Dieser berühmte Schulmann war von Jüterbock, wo er am ersten Wintermonats 1662 auf diese Welt trat. Er las zu Wittenberg philosophische und theologische Sachen, und starb als Rektor zu Quedlinburg am 13 Wintermonates 1737. Unter seinen Schriften, die Dunkel in den historisch kritischen Nachrichten von verstorbenen Gelehrten, B. I, S. 196 anführet, findet sich auch Oratio de victoria a Carolo XII Suecorum Rége ad Narvam 1700 a Russis reportata, Stadae, 1701, in Folio. Ich habe dieselbe nicht gesehen.

§. 72.

Christian Ulrich Grupen,

Konsistorialrath und Bürgermeister zu Hannover, starb am 10ten May 1767 im 75sten Jahre seines Alters und im 50sten seines Bürgemeisteramtes. Seine Schriften haben ihn in seinem Leben berühmt und nach seinem Tode unvergeßlich gemacht, indem man darinn durchgehends Gründlichkeit und unwiderstehliche Beweise antrifft. Darunter ist eine Abhandlung de litore Aestiorum, welche im ersten Theile seiner Originum Germaniae am Ende stehet.

§. 73.

Johann Gottfried Arndt.

Russow, Hiärne, Kelch und Arndt sind diejenigen vier Männer, welche bisher als die vornehmsten livländischen Geschichtschreiber angesehen worden Arndt gebürtig von Halle, war anfänglich Hauslehrer in diesem Lande, hernach Rektor der Schule zu Arensburg auf der Insel Oesel, und endlich Konrektor des kaiserlichen Lycäums zu Riga, wo er am 1. Herbstmonates 1767. nach einer Krankheit von wenigen Tagen, das Zeitliche mit dem Ewigen verwechselte, geschätzt von allen denen, die ihn kannten, und bedauret von denen, die die Fortsetzung seiner livländischen Geschichte mit Sehnsucht erwarteten. Diese Geschichte besteht aus zweenen Theilen, wovon der erstere diesen Titel führet: Der liefländischen Chronik erster Theil von Liefland unter seinen ersten Bischöffen, welcher die alte Geschichte der Russen, Deutschen, Schweden, Dänen, Esthen, Liven, Letten, Litthauer, Curen und Semgallen erleutert. Oder die Origines Liuoniae sacrae et ciuilis, wie solche der königliche Hofrath und Bibliothekarius zu Hannover, Herr Johann Daniel Gruber aus einem alten Manuscript herausgegeben, und mit gelehrten Noten

Noten versehen, nunmehro aber aus anderen Handschriften ergänzet, mit der nöthigsten Anzeige der verschiedenen Lesearten, wie auch mit kurzen Anmerkungen begleitet und ins Deutsche übersetzet. Halle im Magdeburg. gedruckt bey Johann Justinus Gebauer, 1747 in Fol. Der andere Theil ist unter dieser Aufschrift ans Licht getreten: Der liefländischen Chronik andrer Theil von Liefland unter seinen Herren Meistern, welche die alte Geschichte des Ordens und der benachbarten Völker erleutert. Sowohl mit Zuziehung der gedruckten und ungedruckten Schriftsteller, als fürnehmlich aus einer zahlreichen Menge alter Documente im Original, beglaubten Copeien und andern Abschriften zusammen getragen: nebst angeführten Tabellen, worinne die Namen der Erz- und Bischöfe von Riga, Revel, Dörpt und Oesel, die Sigille der Ordensgebietiger, die Wapen der liefländischen Städte, das Verzeichniß aller ehemaligen Schlösser, wie auch alle zur Zeit des Ordens und nachher geprägte auch noch vorhandene Münzen, aus den berühmtesten Cabinetten gesammlet rc. beschrieben worden. Halle, 1753. Der erstere Theil ist eigentlich nichts anders, als eine deutsche Uebersetzung der Chronik Heinrichs des Letten, welche Gruber zuerst der Dunkelheit entrissen, und mit so gelehrten und nützlichen Anmerkungen geschmücket hat. Das Exemplar dieses gleichzeitigen Schriftstellers, welches Gruber hatte, war nicht vollständig. Arndt war so glücklich, daß er diesen Mangel ergänzen konnte. In welcher Absicht die Uebersetzung dem gruberischen Originale vorzuziehen ist. Hingegen hat der Uebersetzer manche von Grubern eingerückte Dokumente entweder wegge-

lassen,

lassen, oder verkürzet. Dieses machet die gruberische Arbeit den Gelehrten unentbehrlich. Der letztere ist eigentlich die Geschichte des Landes zur Zeit des Ordens, von 1201 bis 1561. Man muß gestehen, daß diese Geschichte, so weit nämlich sie reichet, die vollständigste ist, welche wir von Livland haben. Als ich 1760 in Riga war, lernete ich ihren Verfasser kennen; bey welcher Gelegenheit er mir Veranlassung gab, ihm meine Meynung von seinem Werke zu sagen. Ich setzte einige Anmerkungen hinzu, welche mir damals beyfielen, und hauptsächlich den Auszug aus dem livländischen Ritterrechte, welcher im zweyten Theil S. 25 ff. stehet, betrafen. Fast ein Jahr darnach verlangete er durch einen gemeinschaftlichen Freund, ich möchte ihm bekannt machen, was ich etwa in seiner Chronik zu verbessern fände. Weil ich mir vorgesetzt hatte, die Vollendung des Werkes abzuwarten: so schickte ich ihm so viel zu; als mir damals vorkam, oder wieder beyfiel. Ich will noch dieses hier wiederholen, da es scheint, daß das Werk, wider den Wunsch seiner Freunde, ins Stecken gerathen ist, wovon ich unten reden werde. Es war nämlich ohngefähr dieses. Arndt hat Grubers Zueignungsschrift an den König von Großbritannien vor dem ersteren Theile seiner Chronik verdeutschet. Gruber bedienet sich in der Anrede an den König folgender Worte: Viuido ante alia omnia penicillo delineanda esset incredibilis illa Tua in MAIOREM patriam pietas; welche Arndt folgender Gestalt übersetzt hat: „Vor allen anderen verdiente Eurer „Königl. Majestät ungemein väterliche Huld gegen „Dero größeres Vaterland mit einem lebhaften Pinsel

„gemalt

„gemalt zu werden.„ Aber maior patria heißt hier das vorige oder ältere Vaterland: denn Gruber meynet die Kuhrlande. Also saget Kurtius, IV, 3, 22. Syracusis id simulacrum deuexerant Poeni et in MAIORE locauerant patria. Maiores heißen die Vorfahren und Agrippa maior, der ältere Agrippa. Auch Grubers Vorrede hat Arndt in deutscher Sprache beybehalten. Jener saget ausdrücklich, es geschehe Heinrichs des Letthen erst Erwähnung 1206 §. 7. Dahingegen hat Arndt von diesem Heinrich: dessen erst beym Jahre 1211, n. 3. Erwähnung geschieht. Ich halte dieses für einen derer Druckfehler, die ohne seine Schuld eingeschlichen sind: wovon ich eine merkwürdige Stelle hernach, aus des seligen Mannes Briefen, anführen werde. Arndt Th. I, S. 3. Anmerkung. b) hat diese Worte: Das eine (Siegberg) lag im Erzbisthum Köln. Gruber saget in dioecesi coloniensi. im kölnischen Kirchsprengel. Das ist recht. Denn es gehörete sonst zum Herzogthum Bergen. Th. I, S. 4. in der Anmerk. c) lese ich beym Arndt: „Die erstere Zeit, da nämlich Meinhart anfänglich für sich „und aus eigenem Triebe mit Kaufleuten nach Lübeck „gegangen rc.„ Schläget man den Gruber auf, so siehet man, es müsse heißen: nach Livland. Th. I. S. 13. stehet Bischof von Petersburg anstatt Peterborough. Ich glaube, daß dieser Fehler zu denen Verbesserungen gehöre, welche die arndtische Handschrift in Halle erlitten; worüber er sehr unwillig war. Th. I, S. 23. Anmerk. *) wird unserm Hiärne vorgeworfen, er habe das Wort gener nicht zu erklären gewußt; und das kann wohl seyn. Wenigstens besinne ich mich nicht,

jemals

jemals gelesen zu haben, daß gener einen Schwestersohn bedeute. Gruber muß auch dergleichen nicht gewußt haben, sonst würde er S. 84. Anm. l. daran gedacht haben. Justin, XVIII, 4. brauchet gener für einen Schwestermann, wenn er saget: Pygmalion oblitus iuris humani, auunculum suum eundemque GENERVM, sine respectu pietatis, occidit. Eben dieses Wort bedeutet auch des Weibes Bruder. Also heißt beym Ditmar von Merseburg der Herzog Heinrich von Bayern des Kaisers Heinrichs des heiligen gener. Dieser Kaiser hatte des Herzogs Schwester zur Gemahlinn. Th. I, S. 13. wird das Wort Watmal erkläret. In Livland saget man Wadman, welches Wort vielleicht von dem esthnischen Zeitworte, wadduma, das ist, reinigen, herkommt, weil das grobe Tuch aus gereinigter Wolle gemachet wird, und daher besser ist, als Schafpelze, deren sich der Bauer sonst bedienet. Die Schweden nennen dieses grobe Tuch Wallmar. Th. I, S. 53. Anmerk. o) muß man anstatt, Primas von Schweden; Primas von Dännemark lesen. Es ist dieses zwar ein Gedächtnißfehler des seligen Grubers, den aber Arndt leicht hätte verbessern können. Th. I, S. 132. in der genealogischen Tabelle kommt Praxedis vor. Diese hat nach ihres ersteren Gemahls Tode den Kaiser Heinrich IV. in der Ehe gehabt. Ich hatte dieses in meiner Historia imperii Germanici, welche 1755 bey der großen Feuersbrunst allhier verbrannt ist, umständlich dargethan. So viel ich mich erinnere, hat Hahn dieses Umstandes auch erwähnet. Th. I, S. 179. Anm. a) am Ende muthmaßt Gruber, daß durch die Blachen die Wallachen verstanden werden könnten. Ich glaube, es sey nichts gewisser. Stanislaus Sarnicki im dritten Buche seiner Jahrbücher S. 918, D. nach der Hunsenischen Ausgabe saget dieses ganz deutlich: A gente Getica Valachos primam originem ducere, praeter documenta alia illud argumento est, quod vigorem animi ad eam vsque diem eundem retinent et bellis apprime delectantur, ita vt eodem epitheto Marticolas cum poeta eos merito vocare possimus: aspectum trucem prae se ferunt et in fronte hircum militarem gerunt. Lingua eis cum Getis quondam communis fuit. Nam Strabo testatur, suo tempore vtrosque et Getas et Dacos vnius linguae fuisse. Quod autem vestigia linguae Italicae inter eos sparsa sunt, existimatur ab illis legionibus italicis factum esse. Sed tamen Sarmaticae linguae vsus apud eos quoque hactenus ita persamiliaris fuit, vt etiam regulum suum VAIVODAM lingua nostra vocare non desierint. Quin et ipsum nomen, quo gens vocatur, a nostris hominibus est eis impositum. Nam cum nostrae linguae homines eos VALACHOS, hoc est a Valachis vel Italis oriundos coeperunt appellare, mox vicinae quoque gentes, nostro exemplo, id est Germani, Lithwani, ac demum et ipsi Itali similiter assueuerunt eosdem cognominare. Sed et in Graecis Historiis BLACHOS, W littera in B mutata, eosdem vocari reperimus. Eben dieser Geschichtschreiber drücket sich in seinem sechsten Buche, S. 1082, A, also aus: 1185 Valachi Isaaco Orientis Imperatori rebellant, cum quibus is infeliciter congreditur. Prima hic mentio fit Valachorum quos Graeci scriptores Blachos vocant. Was von dem Ursprunge

sprunge der Wallachen Dlugosch, Inchofer und Filstich gesaget haben, will ich nicht allhier wiederholen, weil es mich zu weit von meinem Ziele führet. Endlich Th. I, S. 191 in der Anmerkung a) ist, anstatt Halland, Holland gesetzt worden. Th. II, S. 25. wird des Mondfestes gedacht. In dem hochdeutschen Ritterrechte lieset man eben so; denn daraus hat Arndt seinen Auszug genommen. Im Plattdeutschen heißt es Mandfest. Das plattdeutsche Mand, luna, ist Mond. Daraus ist der Irrthum entsprungen. Allein in dem Worte Mandfest ist Mand so viel als Mann. Dadurch wird also die ordentliche Hegung des Manngerichts, iudicium parium, verstanden. Th. II, S. 27. Kap. 28. heißt es: Will er ihn in eine Helde. Aber man muß lesen: Will er ihn spannen mit einer Helde. Th. II, S. 27. Kap. 5.. lieset man: „Singende oder krümmende Stägelwiede rc.„ Es heißt aber eigentlich: „Singende oder zahme Vö„gel, Winde, Jagdhunde, Braken rc.„ womit das Plattdeutsche im 225. Kapitel übereinkömmt. Ebendaselbst im zweyten Kapitel steht: „Den soll man auf „einem Heerde brennen.„ Das muß heißen: auf einem Horde. Th. II, S. 28. Kap. 13. lieset man: „ein jeder wage seine Brüche.„ Allein, man muß lesen: an wilder Wage. In eben diesem Kapitel muß man anstatt: „oder hauet er Maulbeerbäume ab, oder „gräbet er aus, die zu Marksteinen gesetzet seyn:„ folgendergestalt lesen: „oder hauet er Maalbäume ab, „oder gräbet er Steine aus, die zu Marksteinen gese„tzet seyn.„ Th. II, S. 266 findet sich eine Anmerkung von den Herren von Meeks, oder Meex, imgleichen

gleichen von den Herren von Meck, die man nicht mit einander verwechseln darf. Die Herren von Meex sind erst am 16. Jänner 1758 mit dem Hauptmanne Reinhold von Meex ausgestorben. Es sind verschiedene Güter in Livland, welche von dieser adelichen Familie ihren Namen haben. Th. II, S. 276 in der Anmerkung *) schreibet Arndt: „Manchmal verwiesen die Polen auch Processe an das Ius magdeburgense, worunter sie aber das livländische landübliche „Recht verstanden, weil es mit dem Sachsenspiegel „übereinkam, dessen Geburtsstadt Magdeburg gewesen.„ Hierbey will ich itzt nur dieses bemerken: 1) Daß das magdeburgische Recht in Polen lange Zeit, und zwar in denen Städten, worinn Deutsche wohneten, ehe Livland unter Polen gekommen, gegolten, und daß man so gar sich auf den magdeburgischen Schöppenstuhl berufen, daß aber Kasimir, der Gesetzgeber der Polen, 1356 die Appellation abgeschafft, und den Schöppenstuhl zu Krakau gestiftet habe. Davon redet Dlugosch weitläuftig, und führet den Stiftungsbrief des krakauischen Schöppenstuhls von Wort zu Wort an, B. IX, S. 1104 - 1109. 2) In dem bekannten Urtheile des Königes Siegmund III. in Sachen Heinrich Uxkulls wider Georg Mengden finden sich folgende Worte: „In Betrachtung daß laut des „magdeburgischen Rechts, dessen sich die Provinz Livland in Ermangelung ihres Landrechts gebrauchet ꝛc.„ Ceumern Theatridium Liuoniae Th. II, S. 21. daraus erkennet man, daß das magdeburgische Recht nicht das livländische Landrecht, sondern nur ein Hülfrecht in Livland ist. Dieses war es ohngefähr, was ich dem seligen Arndt übersandte. Ich habe nach diesem, als

N ich

ich mich, in der Absicht eine Geschichte des Stiftes und der Stadt Dörpat zu schreiben, mit großer Sorgfalt die livländischen Geschichtschreiber zu lesen, entschloß, mehr Anmerkungen gemacht, wodurch die arndtische Chronik verbessert werden könnte. Dieses alles aber hindert nicht den Wunsch, den so viele geäußert haben, daß der sel. Arndt sein Werk weiter fortgesetzt haben möchte. Als ich, auf sein Verlangen, das erstemal an ihn schrieb, und ihm meine Bemerkungen mittheilte: antwortete er mir unterm 9. Herbstmon. 1761 also: „Ew. . . . Berichtigungen einiger Fehler meiner „Chronik habe zu meiner größten Befriedigung erhal„ten. Ich danke dafür aus verpflichtesten Herzen und „werde künftig Jahr, Gel. Gott zeigen, wie nützlich „sie gewesen.„ Ich schloß hieraus, daß er den dritten Theil seiner Chronik 1762 hervor treten lassen würde. Ich erinnerte, mußte aber aus seinem Briefe vom 23sten April 1762 folgendes erfahren: „De „Tomo III meiner Historie kann nicht viel Hoffnung „machen. Ich habe 2 Jahr Zeit zugebracht, ehe man „die 25 Gespräche des Herrn Archiaters von Fischer „vom hohen Alter deutsch hat drucken können, so wohl „wegen Mangel der Gesellen als hauptsächlich des Pa„piers. In Königsberg liegt noch ein Manuskript „von einem Prediger dieses Landes, dessen lettisches Le„xicon ich ediren wollte. Wo ist aber Papier! Sie „können weder die polnische Bibel noch das jablonzki„sche Lexikon zur zweyten Auflage bringen, so nöthig „es auch thäte.„ Diese Nachrichten bestärkten mich in meiner Meynung, der dritte Theil wäre fertig, und wartete nur auf bessere Zeiten, um der Presse übergeben zu werden. Die Ritterschaft hatte ihn mit Gelde

unter-

unterstützt. Jedermann wartete auf die Vollendung. Alle meine Briefe enthielten, eine Erinnerung, eine Anfrage, oder sonst einen Bewegungsgrund das Werk zu vollenden. Am 30. März 1763 ließ Arndt in seinem Briefe an mich folgende Worte einfließen: „Der „Friede ist noch zu frisch, als daß er einen Einfluß in „die Druckereyen so geschwind haben sollte.„ Um diese Zeit fing Herr M. Johann August Maskow an, sich in die livländische Geschichte zu mischen, und versprach hin und wieder gedruckt und ungedruckt, recht was wichtiges zu leisten. Wenn man ihm das nicht trauen wollte, wurde er unwillig. Arndt meldete mir am 11. May 1764 folgendes: „Der Hr. M. Maskow „hat seit drey Viertheiljahren 2 Schreiber gehalten. „Sein Werk wird stark; er wird es der Monarchinn „hier offeriren, oder selbst damit nach Petersburg „gehen.„ Allein am 25sten Herbstmonats 1764 bekam ich von Arndt folgende Nachricht: „Herr M. „Maskow hat zwar der Monarchinn nichts übergeben. „Doch hat er 4 Quartanten angefertiget. Ich hatte „ihm alle Zugänge angewiesen und unserm Herrn Bür„gemeister Schievelbein bestens empfohlen. Nun ist „er mir bey einem dritten Theil wirklich hinderlich. „Denn außerdem, da er nach seinem Plan fast meine „ganze Chronik muß abdrucken lassen, hat er Zeit die „Stadtbibliothek zu gebrauchen. Er hat die Lebens„läufe so gar der Schulhalter hier gesammlet, und die „Schragen aller Aemter aufgenommen. Ob das Werk „zum Druck komme, weis noch Niemand: wenig„stens gehören mehr als Privatkosten dazu. Es ist „aber auch viel schlechtes dabey, daß wenigstens einen

„Geschichtsliebhaber nicht sonderlich interessiren möch-„te.„ Wo Herr Maskow in der Welt geblieben sey, habe ich nicht erfahren. Arndt beschwerete sich gegen mich über gewisse Männer, die ihre in Händen habenden Urkunden gar zu verborgen hielten. Er brauchte nur die Begebenheiten von 1560 bis 1620, sagte er, und setzte hinzu, daß bey solchen Verheimlichungen einem Chronikenschreiber die Lust vergehe. Hierüber starb Arndt. Ich glaubete, und diejenigen, mit denen er Briefwechsel unterhalten hatte, waren eben der Meynung, daß wenigstens der dritte Theil fertig seyn müßte. Sein Nachfolger im Amte, Hr. Erdmann, schrieb im J. 1768 an mich folgendes: „Man hat kei-„ne Spur vom dritten Theil der arndtischen Chronik. „Weder hier, noch in Halle weis Jemand etwas da-„von. Hier sind alle Papiere genau, aber auch ver-„gebens, durchsuchet worden.„ Schon am 22. Dec. 1767 erhielt ich von dem Hrn. Oberpastoren von Essen aus Riga, bey meiner Wiederkunft aus Moskow diese Nachricht: „Den geschickten und unersetzlichen Arndt „haben wir unterdessen verloren, und was seinen Ver-„lust noch schmerzlicher macht, ist dieses, daß, wie „ich aus der genauesten Untersuchung melden kann, sich „unter seinen Papieren von einer ausgearbeiteten Fort-„setzung der Chronik gar nichts gefunden hat.„ Ich blieb immer in der Meynung, ein dritter Theil der arndtischen Chronik müßte vorhanden seyn. Diese entdeckte ich gedachtem Hrn. Oberpastorin. Der Hr. Kollegienrath Müller fiel auch auf den Gedanken, die Handschrift könnte wohl schon nach Halle zum Druck gesandt seyn. Endlich erhielt ich von dem Hrn. Ober-

pastoren

pastoren von Essen am 8. Apr. 1768 diese Nachricht; „Die arndtischen wenigen Manuscripta, unter welchen „ich die in seinem Exemplar der livländischen Chronik „liegenden vier Bogen Verbesserungen und Zusätze für „das wichtigste halte, werden so heilig gehalten, daß „man sie ——— nicht einmal zu sehen bekömmt. Ob „die Vermuthung wegen des schon völlig ausgearbeitet „nach Halle geschickten dritten Theils der arndtischen „Chronik gegründet sey, wie ich bisher immer selbst „gedacht, das will ich bald erfahren, da ich heute nach „Halle an Hrn. Doktor Semmler schreibe. Sollte „das MS. da seyn, so werde mich auf alle Weise des„halben zu versichern suchen.„ Bis auf diese Stunde ist nichts zum Vorschein gekommen, und ich zweifele itzt gar sehr, daß Arndt an einem dritten Theil gearbeitet hat. Ich will also noch etwas hinzufügen, was ich von dem sel. Arndt im Jahre 1766 den 8. Weinmonates schriftlich vernommen habe. „Von meiner „Chronik eröffne ich Ihnen eine Anekdote, die noch „Niemand weis. Der selige Baumgarten übertrug „auf meine Bitte die Korrektur des ersten Theils dem „damaligen Magister und jetzigen berühmten Professor „Semmler in Halle mit der Freyheit, hier und da „kritische Remarken darüber zu machen. Er hatte „auch hier und da einige hingesetzet. Weil der Buch„drucker Gebauer glaubte, daß der getadelte Abschrei„ber und ich, der Uebersetzer, eine Person wären: so „druckte er verschiedene (9 halbe) Bogen um, und woll„te meine Ehre retten. Diese Ehre machte, daß mir „die Buchbinder in Reval und anderwärts die Exem„plare defekt erkläreten, und über 50 Stücke verhunz„ten.

„ten. Indessen waren doch nicht alle Exemplare, son„derlich die auswärts verkauften, kastriret, wie ich „selbst unschuldiger Weise zu einem gelanget war, das „ich aber aus Versehen, ich weis nicht, an wen, verkau„fet habe. Die semmlerische Kritik gefiel mir indessen „an einigen Orten nicht, als in promtualibus suis, „mit ihren Brodsäcken, und in millibus suis, dafür „er in ministerialibus liest; da doch das erste von der „Reise der Bauren uns begreiflich, das andere ein „hebräischer Ausdruck der Vulgata ist, z. E. unter den „Tausenden in Juda. Den anderen Theil hat Hr. „Bertram, der die spanische Historie des Ferreras „fortsetzt, korrigirt, und recht viele Druckfehler darinn „gelassen, ob ich gleich für jeden Bogen 8 Gr. bestan„den.„ Daß Arndt an den rigischen Anzeigen und den dabey befindlichen Gelehrten Beyträgen viel Antheil gehabt, ist ganz gewiß. Von ihm rühret sich die darinn befindliche Nachricht von dem Codice diplomatico Poloniae her, nebst den Urkunden, die unsere Geschichte erläutern. Siehe die erwähnten Beyträge, 1762, S. 32. 57. 121. 137. 1763, S. 33. 81. 129. 1764, S. 17. 65. 121. 145. 193. 1765, S. 33. 189. 1766, S. 41. 133. 209. 1767, S. 17. 109. Dieser Auszug geht also nur bis zur 124. Urkunde. Für die deutschen Leser ist dieß zu bedauren, daß sie nicht von allen Urkunden Nachricht erhalten haben. Wenn man die Beyträge 1762, S. 123. 126. und 127. ansieht, und die daselbst befindlichen Anmerkungen liest: so sollte man denken, Arndt wäre nicht der Urheber dieser Arbeit. Solche Wendungen machete er, um seine Leser bey guter Laune zu erhalten. Er gab dadurch Gelegenheit,

daß

daß andere bisweilen sich seiner Arbeit anmaßten und sich damit groß macheten. Ich rechne hierher die Stelle aus seinem Briefe vom 5. März 1763: „Des „Magister Maskows Drohungen verdoppeln sich 3 und „4fach. Er ist indessen gesonnen, ein Alphabet um 5 „Ort zu ediren, und das wird ¼ von meiner Chronik „seyn. Seine bey der Intelligenzexpedition angegebe„nen Verbesserungen der arndtischen Chronik zeigen „indessen so viel an, daß er die Beyträge ex Codice „diplomatico Polon. sich anmaßet, da sie doch meine „eigene Arbeit sind, und er keinen Codicem diploma„ticum besitzet. Es ist recht lächerlich. Diese Ver„besserungen sollten schon das andere Stück abgeben.„ Eben dieses versichert mich ein ansehnlicher rigischer Gelehrter. Arndt hatte sich vorgenommen, eine Sammlung seltener livländischen Urkunden der Dunkelheit zu entreißen. Es funden sich aber Hindernisse. Sie sollte auf Vorschuß gedruckt werden. Ich war ihm hierinn behülflich, konnte aber nicht mehr als 12 Pränumeranten zusammen bringen. Arndt äußerte sich hierüber am 25. Herbstmonats 1764 also: „Auf meine „Sammlung rarer Urkunden habe ich nur 13 Pränume„ranten allhier. Das würde doch der Sache keine „Hinderung in Weg legen, wenn ich anders bequem „zum Druck unterkommen könnte. An Pfuscher mag „mich nicht wenden. Die großen Druckereyen können „zu ihren nöthigen Verlagswerken nicht Papier genug „kriegen; daher stehen viele Pressen leer, u. s. w.„ Vorher, nämlich am Ende des 1763 Jahres drückte er sich in Ansehung dieser Sammlung also aus: „Mir „geht es nahe, da ich einige vnique Sachen besitze,

„nach meinem Tode solche in unwürdige Hände kom„men zu lassen. Ich weis mehrere Freunde, denen „es so geht. — — — Ich wenigstens hoffe, dem „Untergang mancher Stücke vorzubeugen. Befördern „Sie, bitt ich, die Absichten, die ich mit einigen gu„ten Freunden genommen.„ Diese Sammlung ist nicht zum Stande gekommen, und ich weis nicht, wohin die arndtischen einzigen Urkunden gerathen seyn mögen. Man hat von diesem Arndt eine Einladungsschrift von 2 Bogen in 4., welche zu Riga 1754 gedruckt ist, mit der Aufschrift: Gedanken über den Anfang der schönen Wissenschaften in Livland, nebst der Nachricht von einer deutschen Uebersetzung der Gespräche von Bienen, so gegen Unterschrift in Druck kommen soll. Diese Gedanken sind munter geschrieben, enthalten aber meistens allgemeine Nachrichten, und patriotische Vorstellungen, und gedenken der Schriften eines Rhanäus, Wigands, Denters, des Hrn. von Meck und Hrn. Bogomells, welche jedoch in unserm Vaterlande höchst selten sind. Die Uebersetzung der Gespräche von den Bienen ist von dem Herrn Archiater von Fischer, welcher zur Freude seiner Landesleute und auswärtiger Gelehrten noch lebet. Endlich hat Arndt des ebengedachten Hrn. von Fischer livländisches Landwirthschaftsbuch zu Halle 1753 herausgegeben, und eine Vorrede hinzu gefüget. In dieser Vorrede werden die Mängel der livländischen Landwirthschaft erzählet, und darunter, wie es denn wahr ist, die Entfernung der Städte, gerechnet. Vielleicht wünschete mancher nur eine Stadt, oder auch gar keine zu sehen, damit er selbst alles Gewerbe an sich ziehen könnte.

In einer Anmerkung zu dieser Vorrede giebt Arndt Nachricht von livländischen ökonomischen Schriften, des Guberts, Nerdenburgs, Holyks und Denfers.

§. 74.

Johann Jakob Sahmen.

Königsberg, die Hauptstadt im Königreiche Preussen, war seine Vaterstadt. Er trat daselbst am $\frac{7}{18}$ Jänner 1700 auf diese Welt, und studirete so wohl in dieser seiner Geburtsstadt, als auch zu Halle und Leyden. Nach vollendeten akademischen Studien reisete er in Deutschland und kam bis Wien. Nach diesem kam er nach Livland, war Hauslehrer und wurde Hofgerichtsadvokat, wie auch Oekonomie und Kreisfiskal im rigischen Kreise. Weil mir, nachdem ich diese Abhandlung geendiget hatte, ein Fragment eines Lebenslaufes, den Sahmen selbst aufgesetzt hat, in die Hände gekommen ist: so will ich aus demselben folgendes anmerken. Sein Vater war Jakob Sahmen, ehemals kuhrbrandenburgischer Kapitaineleutenant, hernach Bürger und Mälzenbräuer in der Altstadt zu Königsberg, welcher 1709 starb. Dieser hatte unsern Sahmen zu dem Konrektor bey der Thumschule, Christian Rücker, ins Haus gegeben, bey dem er bis 1715 blieb. In diesem Jahre wurde er des akademischen Bürgerrechts würdig erkannt. Seine Lehrer zu Königsberg, wo er drey Jahre die Theologie studirete, waren Behm, Quand, Liedert, Fischer, Schäwen. Im Jahre 1718, in welchem er unter Göttlich am 18. März de sole igneo öffentlich disputirete, reisete er nach Halle, wo er die Gottesgelahrheit mit der Rechtsgelehrsamkeit verwechselte, und Böhmer, Ludewig und Ludovici ämsig hörete. Thomasius nahm ihn in das Collegium disputatorium priuatissimum über seine Cautelas circa praecognita iurisprudentiae auf. Sahmen begab sich 1719 nach Jena, wo er zu den Füßen der beyden Struve saß. Von hier gieng er nach Rostock, und nach etlichen Monaten gen Leyden. In dieser Stadt besuchte er die Hörsäle der berühmtesten Lehrer, Noodts, Schultings, Vitriarius und Westenbergs. Nach vollendeten akademischen Studien wandte er sich nach Wien, in der Hoffnung, sein Glück daselbst zu machen, fand aber das größte Unglück. Worinn dieses bestanden, meldet er nicht. Er hat dessen auch gegen mich, aber auf eine dunkele Art gedacht. Wenn ich weiter von ihm etwas erfragen wollte, brach er ab, und dankete Gott, der ihn vor so vielen Seelen- und Leibesgefahren bewahrt, aus den schweresten Trübsalen und härtesten Zufällen, da alle menschliche Hülfe verschwunden, recht wunderbarer Weise über alle menschliche Vorstellung errettet und am Martinitage 1725 glücklich und gesund nach Danzig geleitet hätte. Von hier ging er über Thorn, Warschau, Grodno und Wilda nach Riga, welches er im Hornung 1726 erreichte. In ebendemselben Monate vertrauete ihm der Landrath von Buddenbrock seinen jüngsten Sohn. Im folgenden Jahre unterrichtete er des Hauptmannes von Mensenkampf einzigen Sohn, stand aber eine langwierige und gefährliche Krankheit aus, welche ihn bewog, dieses Haus zu verlassen, und sich in Ruhe zu seinem Ende anzuschicken. Da er aber wider sein Vermuthen gesund ward, nahm ihn der Hauptmann von Liphart als einen Hauslehrer zu sich. Sahmen blieb über vier Jahre in diesem Hause, und rühmete bis in sein hohes Alter die Güte, welche ihm darinn erwiesen worden. Er bereitete den ältesten Sohn zu der hohen Schule, welche er mit Nutzen bezog, und hernach als kaiserlicher Kammerjunker, zu früh verstarb. Sahmen dachte auf eine beständige Wohnung, und ergriff die Advokatur beym rigischen Landgerichte im Anfange des 1733. Jahres, womit noch in eben dem Jahre das Fiskalat, und im folgenden die Hofgerichtsadvokatur verknüpft ward. Hiermit endigt sich mein Fragment, welches überdieß seiner beyden Vermählungen Erwähnung thut. Am 18. Horn. 1740 wurde er von einem edlen Rathe der kaiserlichen Stadt Dörpat zum Bürgemeister erwählt, und bald hierauf von einem erlauchten hohen Reichsjustizkollegium, wie auch von einem erlauchten kaiserlichen Generalgouvernemente zu Riga bestätiget: worauf er am eilften Tage des Heumonates sein Amt antrat. Die Stadt Dörpat, welche in den bischöflichen und polnischen Zeiten vier Bürgemeister, zu den schwedischen Zeiten zweene gehabt, wurde unter dem russischen Zepter nur von einem regieret. Sahmen führete also das Bürgemeisteramt bis 1757 ganz allein. In dem genannten Jahre wurde noch ein Bürgemeister erwählet, dem die Policeysachen anvertrauet wurden. Sahmen behielt die Führung des Wortes und das Justizwesen, daher er, wie sein Nachfolger, den Titel des Justizbürgemeisters erhielt. Er stand diesem Amte bis 1764 vor, in welchem er um seine Erlassung anhielt,

hielt, welche ihm im Jahre 1765 mit ziemlichen Einkünften verwilliget wurde. Von der Zeit an lebete er in der Stille, dienete aber hin und wieder in gerichtlichen Angelegenheiten, bis er am 16. Christmonates 1768 auf Kaster, einem gräflichen manteufelischen Landgute, drey Meilen von Dörpat, vom Schlage gerühret ward, woran er am 16. May 1769 in seinem Hause zu Dörpat des Abends um 9 Uhr starb, jedoch den Gebrauch der Sprache bis an sein Ende behielt, ob er gleich an der linken Seite gelähmet war. Am 22sten May wurde er feyerlich mit den gewöhnlichen einem Bürgemeister gebührenden Ehrenbezeugungen begraben. Die anwesenden Generale, die Herren von Benkendorf, Berger und Raß, nebst dem in und um der Stadt wohnenden Adel, die Kriegsbeamten, der ganze Rath und die angesehensten Bürger aus beyden Gilden folgeten dem Sarge und wohneten dem Leichenbegängnisse bey. Der Herr Propst, Christian David Lenz, hielt die Gedächtnißpredigt über Psalm LXXI, 7. So viel ich weis, hat man von diesem Manne zwo ausgearbeitete Schriften, wovon die eine gedruckt, die andere ungedruckt ist. Jene steht unter dem Titel: Nachrichten von der Stadt Dörpat: in des Hrn. Kollegienrathes Müller Sammlung russischer Geschichte, B. IX, S. 453 - 468. Diese Nachrichten gründen sich auf das Archiv und die eigene Erfahrung des Verfassers, sind also höchst zuverlässig. Nur wundert michs, daß er in Ansehung des Heinrich Marsows dem Venator zu viel getrauet hat. Am Ende lieset man, daß im Jahre 1707 die ganze Kanzeley und das Archiv verloren gegangen sey. Aber hier

ist

ist gewiß etwas ausgelassen. Denn Gott lob! der größte Theil des Archives ist wieder aus Pleskow, wohin es 1707 gerathen war, zurück gebracht worden. Sahmen schrieb diese Nachrichten 1762 und 1763. Sie wurden 1764 gedruckt. Der Urheber saget, der Wahrheit ganz gemäß, daß die (undeutschen) Einwohner der Vorstädte der Stadt unterthan sind. Dieses hatte man schon 1764 vergessen. Von welcher Zeit an die undeutschen Vorstädter ihre Freyheit erhalten haben, die also durch einen unbedachten Federstreich entstanden ist. Doch hiervon werde ich vielleicht auf ein andermal, der Nachwelt zum Besten, mehr anführen können. Das ungedruckte Werk des Bürgemeisters Sahmen führet folgenden Titel: „Das alte Dorpat, so den Zustand „und Beschaffenheit desselben unter bischöflichen und „königlichen polnischen Regierung aus richtigen Urkun„den vorstellet.„ Diese Handschrift verwahret nunmehr das dörpatische Archiv. Die Vorrede hat der Verfasser 1758 geschrieben: denn er saget, er habe der Stadt 18 Jahre vorgestanden. Es ist außer Streit, daß das Archiv ihm sehr vieles zu danken hat. Ein Protokoll von 1550 bis 1554, das einzige, welches aus den bischöflichen Zeiten noch übrig ist, und seiner höchst unleserlichen Hand wegen, mir, so oft ichs angeblickt, ein Grauen verursachet hat, ist durch den sahmischen Fleiß in seinem Alten Dörpat entziefert. Wybers und Remmin, zweene sehr verdiente Bürgemeister, wovon der letztere aus Stralsund war, erhalten ihr gegründetes Lob. Die Denkmäler ihres Fleißes hebt das Stadtarchiv auf. Als Remmin Sekretär wurde, sollte er die Statuten der Stadt verlesen, sie waren

aber

aber nicht zu finden. Nachdem ich Syndikus geworden, ging es mir mit dem Rigischen Rechte eben so. Da die erste Sache abgeurtheilt werden sollte, fragete ich nach diesem Gesetzbuche. Meine Herren Amtsgenossen gestunden einhällig, sie hätten es niemals gesehen. Seine Vorrede beschleußt Sahmen mit diesen Worten: „Gott gebe, daß meine Arbeit von einem „Nutzen und vortheilhaften Gebrauch der Stadt seyn „möge. Zwar bin ich noch entschlossen, an die Arbeit „des mitleren Dörpats, oder Abbildung dessen Zu„standes in schwedischer Regierungszeit zu schreiten, „wozu ich das Nöthige schon gesammlet habe. Ob ich „aber dazu gelangen, oder es vollbringen werde, ist „der Allwissenheit Gottes bekannt, indessen werde ich „nicht aufhören, so lange Gott Leben und Kräfte ver„leihet, zum Dienst der Stadt alles mögliche beyzu„tragen.„ Dieser gute Vorsatz wurde hernach durch Begebenheiten unterbrochen, worüber ich den Vorhang ziehe. Der erste Theil dieses alten Dörpats, das aus zweenen besteht, handelt von der Beschaffenheit des Rathes und der Bürgerschaft unter der bischöflichen Regierung und fängt mit dem Jahre 1223 an. Ferner von der Gerichtsbarkeit des Rathes, der Policey, der Einigkeit der drey Städte Riga, Reval und Dörpat, der Handlung, Wrade, Münze, des Bischofes Macht über die Stadt, Appellation in Rechtssachen an den rigischen Rath, Festungswerken, Accise, dem dörpatischen Blutbade, und der darauf erfolgeten Zerstörung, den Bischöfen, der Stärke des Rathstuhls und der Bürgerschaft, den Gilden, der Gesellschaft der schwarzen Häupter, welche bey wichtigen Stadtangelegenheiten,

ten, eben wie die Gilden, zu Rathe gezogen worden, der Glaubensverbesserung und dem Aufruhre des schwärmenden Kürschners, Melchior Hofmanns. Dieser erste Theil ist 58 Seiten in Fol. stark. Der zweyte bildet uns den Zustand der Stadt unter der polnischen Regierung ab: welche nach dem zapolskischen Frieden 1582 den 24. Hornung ihren Anfang nahm. Dieser Theil erstrecket sich von S. 59 bis 700, und beschreibet alles, was sich bis 1625, in welchem Jahre die Schweden Dörpat zum zweytenmal eroberten, zugetragen hat, ganz vortrefflich. Der Anhang zum ersteren Theil gehet von der 705 - 1027. Seite; und die Anfugen zum letzteren nehmen den Raum von S. 1041 bis 1153 ein. Das ganze Werk ist aus dem Stadtarchive gezogen, gründet sich auf unverwerfliche Urkunden und ist so pragmatisch geschrieben, daß ein jedes Rathsglied in Dörpat solches auswendig wissen sollte. Der selige Sahmen hatte eine auserlesene Bibliothek. Nach seinem Tode wurde mir das Verzeichniß derselben, welches er selbst 1760 verfertiget hatte, mitgetheilt. Er hatte sie in drey Klassen geschieden. In der ersten befanden sich, die zur Gottesgelahrheit und Kirchengeschichte gehöreten. Bey dem gedachten Bücherverzeichniß hatte er hin und wieder Anmerkungen gemachet. Joachim Langens vollständiges biblisches Licht und Recht war von folgender begleitet: „Wird insgemein „verachtet, doch ist es von einem grossen Nutzen vor „einen redlichen Liebhaber der heil. Schrift: es würde „aber noch nützlicher gewesen seyn, wann nicht sehr „vieles mit Gewalt zum angenommenen Satz, de Sabbatismo, wäre gezwungen worden. Ich danke Gott,

„vor

„vor den mir daraus verliehenen Segen, bis heute als „den 4. Okt. 1760 habe ich bis den 72. Psalm es ganz „durchgelesen.„ Ich erinnere mich aus Wolfens und Neumeisters Munde gehöret zu haben, Lange hätte mit dem Licht und Recht zu Hause bleiben sollen. Bey Speners Theologischen Bedenken und thätigem Christenthum steht: „Speners Werke brau„chen kein menschliches Lob.„ Seine Evangelische Glaubenslehre hielt er für das beste Systema theologicum practicum. Von Gottfried Arnolds evangelischer Botschaft der Herrlichkeit Gottes in Jesu Christo bezeuget er: „es wäre seine ordentliche Hauspostill „gewesen.„ Nach seinem Urtheile sind in Christian Dreyers Controuersiis cum Pontificiis diese Streitigkeiten auf das gründlichste erörtert. Zu Johann Porsts Göttlicher Führung der Seelen, setzt er: „In „diesen Büchern lieget großer Segen.„ Bey Fleurys Kirchengeschichte schreibet er: „Ein Liebhaber der „Kirchengeschichte kann dieses Werk nicht entbehren. „Rambachs Anmerkungen dienen zu einer nöthigen „Erläuterung des Schriftstellers eingeflossener Lehr„sätze.„ Von Vignoles Chronologie de l'Histoire sainte saget er: „Ist das wichtigste Werk von der „Zeitrechnung.„ Er verbindet Schukfords Harmonie und Prideaux Konnexion mit einander, und urtheilt also: „Beyde sind von unschätzbarer Würde, „und gereichen zur Bevestigung der christlichen Lehre „wider ihre stark denkende Spötter.„ Samuel Chandlers Erster Grund der christlichen Religion ist, nach Sahmens Urtheil, „zwar kurz, aber von großer „Gründlichkeit wider die Feinde des Evangeliums.„

Loens

Loens einzige wahre Religion wird von ihm also gerichtet: „Dieses Buch wird zwar sehr gelästert, hält „aber wichtige Wahrheiten, obwohl auch Fehler, in „sich, welche gemeiniglich bey allem übertriebenen „Wesen sich einschleichen.„ Von den Betrachtungen über die einzige wahre Religion, Halle, 1751, in 8. heißt es: „Rühren von einem Reformirten her, und „sind einige Mängel sehr bescheiden, doch gründlich „angezeiget worden.„ Ehe ich diesen Absatz endige, muß ich noch der Arbeitsamkeit dieses verdienten Mannes gedenken. Alle Geschäffte der Stadt gingen durch seine Hände. Er war Präses im Rathe und im Konsistorium. Das Justiz- und Policeywesen beruhete auf ihn. Das Amt eines Syndikus verwaltete er. Alle Ausfertigungen geschahen von ihm, mit einer besonderen Richtigkeit, Unverdrossenheit und Standhaftigkeit. Und dennoch unterrichtete er seine Kinder, Söhne und Töchter. Diesem seinen unermüdeten Fleiße hat das Stadtarchiv noch zweene Folianten zu verdanken, nämlich: 1) Excerpta protocollorum dorpatensium a 1600 ad 1709; und 2) Excerpta protocollorum actorumque dorpatensium ab vrbe restituta ad praesens tempus cum indicibus. Diese Arbeiten, welche mit großer Mühe und Sorgfalt verfertiget worden, gereichen denen Nachkommen, die in Stadtsachen schreiben müssen, zu einer großen Erleichterung.

§. 75.

Johann Esberg.

Er hat Origines sacras Liuoniae geschrieben, oder wie eigentlich diese Disputation, welche Christiern

Georg Normann aus Riga unter ihm zu Upsal 1700 vertheidiget hat, heißt: Auspicia Christianorum in Liuonia.

§. 76.

Daniel Clocovius.

Er war aus Riga, und bekleidete zu Dörpat, wo er vermuthlich studiret hat, das Amt eines Unterstadtschreibers. Seine Liberatio Rigae anno 1656 asserta cum a die 20 Augusti vsque ad 5 Octobr. ab Alexio Michaelowicz M. Moschorum Duce obsidione grauissima premeretur et Oratione exposita Dorpati, Anno 1693. wird von Phragmenius angeführet, Rig. Litter. §. III. Anm. c).

§. 77.

Geschichte Livlands alter Zeiten, in polnischer Sprache, Wilna 1750, in 4.

Das unter diesem Titel in dem riesingischen Bücherverzeichniß S. 74. angeführte Buch ist vermuthlich das Werk des Hrn. von Hylzen, welches in das folgende Hauptstück gehöret.

§. 78.

Neueröffnetes livländisches Theatrum, vorstellend eine kurzgefaßte Erzählung der livländischen alten und neuen Geschichte und Regimentsveränderungen, 1701, in 4.

Dieses Buch kenne ich bloß aus Hoppii Sched. de scriptoribus Histor. polonicae. Es ist vermuthlich

lich eine Gelegenheitsschrift, welche der damalige Krieg erzielet hat.

§. 79.

Samuel Rhanäus,

ein Kurländer von Gramsden, war Prediger in seinem Vaterlande zu Gränzhof, und starb am 22sten Aug. 1740. Seine Schriften sind: 1) Argumenta Historiam Curlandiae complectentia, Praeside Conr. Sam. Schurzfleischio, Wittenb. 1683. 2) Duae dissertationes historicae, in quarum prima genuina gentis Curlandiae origo; in secunda Curlandiae gentis mores recensentur. Respond. Io. Christophoro Ernesti, Thuringo. Wittenb. 1683. in 4. Diese Abhandlungen sind zu der Zeit bekannt genug geworden. Hermelin, Hoppe, Phragmenius führen sie an. Arndt meynet, Rhanäus habe Beobachtungen in den breslauischen Sammlungen mitgetheilt. Gewisser ist es, daß er eine lesenswürdige Vorrede zu dem gränzhöferischen und kukerischen Gesangbüchlein geschrieben hat. Er starb in einem von Ruhm begleiteten hohen Alter, und sammlete in seinem ganzen Leben Handschriften zu einer vollständigen kurländischen Geschichte. Das Glück war ihm bey diesem patriotischen Vorsatz so günstig, daß er viele Bände zusammen brachte. Diese beneidenswürdige Sammlung gerieth zwar, nach Tetschens Zeugniß, in würdige Hände, wurde aber, als man sich Hoffnung machen konnte, sie gut angewendet zu sehen, durch eine Feuersbrunst der Nachwelt entrissen.

§. 80.

Johann Georg Weygand.

Dieser würdige Mann, den Arndt Wigand nennet, erblickte das Licht dieser Welt zu Bauske am 6. Hom. 1680. Nachdem er sich auf die Arzeneykunst geleget hatte, wurde er Doktor, ließ sich in Goldingen nieder, übete daselbst mit Ruhm seine Kunst, und starb am 4. März 1740. Man findet seine Beobachtungen und Beyträge zur Naturgeschichte in den breslauischen Sammlungen. Dreyzehen starke Bände in Folio hat er von Handschriften, die zur Geschichte seines Vaterlandes gehören, gesammlet. Diese Sammlung ist nach seinem Tode veräußert, und nicht allein in fremde Hände gerathen, sondern auch aus dem Lande geschaffet worden. Der Hofgerichtsadvokat Schneider kaufte sie und nahm sie mit sich nach Hamburg. Nach Schneiders Tode wollte ein mitauischer Gelehrter sie von dort aus an sich bringen, aber er konnte nicht einmal erfahren, was für ein Schicksal diese Sammlung gehabt habe. Dieses Schicksal, welches die weygandische und rhanäische Sammlungen betroffen hat, sollte billig alle Liebhaber der vaterländischen Geschichte aufmerksam machen, und sie bewegen, für die Erhaltung alles dessen, was sie noch in Händen haben, durch den Druck zu sorgen.

§. 81.

Freyherr von Blomberg.

Er war kurländischer Abgesandter an verschiedenen Höfen, und schrieb in englischer Sprache: An Account of of Livonia with a Relation of the Rise, Progreſs and Decay of the Marian Teutonik Order, ſo zu London 1701 in groß 8. gedruckt iſt. Die franzöſiſche Uebersetzung führet dieſen Titel: Deſcription de la Livonie, avec une Relation de l'origine, du progrès et de la décadence de l'Ordre Teutonique. Des revolutions qui ſont arrivées en ce pays jusqu'à nôtre tems, avec les guerres que les Polonois, les Suedois et les Moscovites ont eues enſemble pour cette province. On y décrit les duchés de Courlande et de Semigalle et la province de Pilten. Enfin on y trouve le Voyage de l'Auteur de Livonie en Hollande l'an 1698. Avec quelques remarques ſur la Pruſſe, Brandebourg, Hanover, Heſſe, et pluſieurs autres Cours d'Allemagne. à Utrecht, 1705, in 12. Beyde, Original und Uebersetzung, haben an ihrer Stirn das Bildniß des Herzoges Friederich Wilhelms von Kurland. Der Verleger, Wilhelm von Poolſum, hat die Uebersetzung zweenen Danzigern, Johann Georg Roſenberg und Karl Ludwig Wahl, und zweenen Rigiſchen, Martin Schreiber und Hermann Meiners, die damals zu Utrecht ſtudireten, zugeſchrieben. Die Landkarte tauget nichts. Sonſt iſt dieſes Buch in 17 Briefen eingetheilt. Der erſte enthält Gründe, warum die Nordländer am erſten bewohnet worden, und worinn ſie den Südländern vorzuziehen ſind. In dieſem Briefe erzählt er, daß verſchiedene Plettenbergen mit den größeſten römiſchen Feldherren verglichen hätten. In dem ſechſten Briefe ſagt er, S. 78, daß ein großer Mann unter den Franzoſen, welches mich ſehr Wunder nimmt, behauptet hätte, es wären in der

Welt nur drey Helden gewesen, Alexander, Cäsar und Plettenberg. Der zweyte bis zum siebenten Briefe erzählt die Geschichte Livlandes zur Zeit des Ordens, das ist ein Auszug aus dem Kelch, wiewohl der Urheber überdieß Kranzen, Peter von Duisburg, Henneberger, de Thou, Löwenklau, Guagninus und Venator anführet. Von dem Guagninus rühmet er, S. 91, er habe schöne Untersuchungen in der livländischen Historie angestellt. Allein, das hat er nicht gethan, sondern den Bredenbach geplündert, den er nicht anführet. Die Belagerung des Schlosses Neuhausen, im Stifte Dörpat, im Jahre 1381, erzählt Blomberg eben so, wie es Bredenbach zuerst berichtet hat. Arndt hat diese Begebenheit auch angeführet. Es gründet sich dieses alles auf die mündliche Erzählung Philipp Olmens, dem ich eben nicht trauen würde, weil weder Russow, noch Kelch, noch Hiärne davon Erwähnung thun. Es kann wohl seyn, daß Neuhausen belagert worden, daß die Belagerten den Großfürsten erschossen haben, daß die Belagerer dieser Tod bewogen habe, die Belagerung aufzuheben; daß aber das übrige wahr seyn sollte, daran zweifele ich billig, so lange man keinen anderen Gewährsmann als Bredenbachen anführen kann, obgleich Guagninus, auf welchen Blomberg sich stützet, ihm solches nachgeschrieben hat. Das ist vielleicht eine von seinen schönen Entdeckungen, welche unser Verfasser rühmet, mit dem Zusatze, Guagninus hätte sich selbst nach Livland begeben, um sich desto besser nach den Umständen der in der Geschichte berühmten plettenbergischen Schlacht zu erkundigen. Von dieser Schlacht führet Blom-

Blomberg manche Besonderheiten an, und unter andern den Bericht eines Geschichtschreibers, welchen er nicht nennet. Allein dieser ungenannte Geschichtschreiber weis nicht einmal das rechte Jahr anzugeben. Im Jahre 1500 hat Plettenberg mit den Russen nicht geschlagen, sondern 1501 und 1502. Fabricius verdient auch nicht den Glauben, welchen unser Blomberg ihm beymißt. Im 8ten Briefe findet man eine sehr magere Erzählung von dem, was in Livland nach der Theilung zwischen den Polen, Schweden und Russen vorgegangen ist. Am Ende lieset man zweene Briefe, die der König Erich von Schweden an seinen Bruder, den Großfürsten Johann, aus seinem Gefängnisse geschrieben hat. Der neunte Brief handelt von dem Herzoge Magnus von Holstein, den Zaren Iwan Waßiliewitsch, seinem Tode, und den Mishälligkeiten zwischen Schweden und Polen, Livlandes wegen, und zwischen Polen und Dännemark, in Ansehung des Bischofthums Kurland, oder Pilten. Man findet in diesem Briefe nichts anders, als was Henning und Kelch von diesem Zeitraume gesagt haben; und dieses ist noch von dem Verfasser verderbet. Also saget er, Heinrich von Valois wäre 1574 König in Polen geworden. Er wurde aber schon den 16. May 1573 zum Könige ausgerufen. Herzog Magnus suchte vielmehr die Freundschaft des Königes in Polen, als dieser die Seinige, wie Blomberg vorgiebt. Johann Büring war kein Livländer, wie unser Schriftsteller irrig meynt, sondern ein Braunschweiger, welcher sich aber in Livland durch seine tapferen Thaten sehr berühmt gemacht hat. Eigentlich war er aus Helmstädt, wie Hiärne bezeuget. Der Friede zwischen Polen und Rußland wurde nicht zu Wilda geschlossen, wie Blomberg aus Irrthum erzählet, sondern zu Kiwerowahorka, ob er gleich in der Geschichte der zapolskische Friede gemeiniglich genennet wird. Die Fabel, daß der König Stephan die livländischen Bauren von der Ruthenstrafe befreyen, diese aber solche königliche Gnade nicht annehmen wollen, wird auch von unserm Verfasser angebracht, jedoch weit wichtigere Neuerungen, die der König vornahm, kaum berühret. Der zehnte Brief erzählt, was in Ansehung Livlandes von des Königes Stephan Tode bis auf den 26jährigen Stillstand zwischen Schweden und Polen vorgefallen. Zamoiski war in Ansehung seines Gemüths ein großer Mann, eben so gelehrt als tapfer, eben so geschickt in Verwaltung der Reichsgeschäffte als in Anführung der Kriegsheere: aber von Person unansehnlich. Maximilian, den er überwand und gefangen nahm, sagte einmal zu ihm: er sähe aus wie ein Schulmeister. Zamoiski antwortete hierauf: Ew. Hoheit haben Recht; denn es ist mein Amt, den eitlen Ehrgeiz junger Prinzen zu bestrafen. Er foderte den Herzog von Südermannland zu einem Zweykampf aus. Dieser drohete ihm mit dem Prügel. Der polnische Feldherr schrieb ihm einen Brief, den unser Verfasser von Wort zu Wort anführet; welcher sehr nachdrücklich ist. Bey allen großen Eigenschaften war Zamoiski ein Feind der Protestanten, ob er gleich in ihrer Religion erzogen worden. Er war hauptsächlich Ursache, daß die päpstliche Lehre in Livland wieder Wurzel faßte. Unser Verfasser verwechselt mehr als einmal Kirkholm und Kexholm

mit

mit einander. Von den Lehrern der hohen Schule zu Dörpat führet er keinen andern an, als Joachim Crell, weil er den Aristoteles auswendig wußte. Er war von der Insel Rügen. Der eilfte Brief hebet mit dem Kriege an, womit König Karl Gustav Polen überzog, und endiget sich mit dem Jahre 1679. Der Herzog von Kurland erhielt anfangs die Neutralität. Der Adel im Stifte Pilten unterwarf sich dem Herzoge. Alexei Michailowitsch bekriegete die Schweden in Livland. Karl Gustav schaffte sich die Russen vom Halse, jagete die Polen aus Livland, und ließ den Herzog von Kurland in Mitau gefangen nehmen und nach Iwanngorod führen. Mit dem letzten Auftritte ist Blomberg zwar nicht zufrieden. Er vermeynet, der Herzog hätte die Neutralität sehr heilig beobachtet, welche aber von dem Könige gebrochen wäre. Vermuthlich will er nicht wissen, daß der Herzog dem Könige in Schweden unter dem Schein der Neutralität vielen Schaden zufügete, daß er den Stillstand mit dem Zaren zu hindern trachtete, daß er den Kuhrfürsten von Brandenburg bewegete, mit Schweden zu brechen, und daß er endlich heimlich mit dem Könige in Polen unter einer Decke lag. Es ist auch wohl zu merken, daß Douglas hierinn die Vorschrift des Königes überschritten hat. Dieser Monarch verlangete nur, man sollte dem Herzoge die Mittel, ihm zu schaden, benehmen. Diesen Befehl überschritt der Feldmarschall, und ließ dem Soldaten bey dieser Unternehmung den Zügel schießen. Die Herzoginn war damals schwanger und gebar einen Prinzen mit einer Hand. Diese Begebenheit rührte daher, wenn wir Blombergen und seinem Gewährsmann trauen wollen, daß ein schwedischer Soldat in Gegenwart dieser Dame einem Hofdiener die Hand abhieb. Kelch saget ausdrücklich, die Herzoginn wäre hochschwanger gewesen. Desto weniger ist diese Wirkung möglich: aber in den Zeiten, als Kelch und Blomberg schrieb, legete man der Einbildungskraft der schwangeren Personen, wo nicht eine schöpferische, doch eine umschaffende Kraft, bey. Aus den Memoires de Terlon führt unser Verfasser Stellen an, welche die großen Absichten des Königes Karl Gustavs zu erkennen geben. Er gedenket auch des Johann Lübeckers, welcher sonst der blinde Valentin heißt. Er war aber nur einäugig, und ward seiner Tapferkeit wegen unter den kurländischen Adel aufgenommen. Bald hierauf kam er, wie unser Verfasser S. 272 erzählt, in Rußland ums Leben. Vorher war er ein schwedischer Unterofficier gewesen. So sehr dem Könige Karl XII. diese Beschreibung Livlandes gefiel, so konnte er doch den zwölften Brief gar nicht dulden. In diesem Briefe handelt Blomberg von der livländischen Reduktion. Derowegen wurde das Buch in Riga verbothen, wie Arndt berichtet. Der folgende Brief ist hauptsächlich dem Herzogthume Kurland gewidmet, wovon auch der vierzehente und funfzehente handeln. S. 272 meldet der Verfasser, daß eine Verordnung des Königes Stephan von 1570 vorhanden wäre, die dem kurländischen Edelmann das unumschränkte Eigenthum über die Metallgruben gäbe, welche er auf seinem Grunde finde. Aber 1570 regierete kein Stephan. S. 292 wird erzählt, woher das Schloß Pilten seinen Namen haben solle. Es ist wahr,

wahr, er erzählt es so, wie es in den gedruckten Geschichtbüchern steht. Wenn aber Blomberg wirklich der Verfasser dieses Buches ist, folglich als ein Kurländer die letthische Sprache verstanden hat: so ist es beynahe ein Wunder, daß er sich nicht erinnert hat, Pils heiße in dieser Sprache eine Burg, oder Schloß. Pilten ist demnach nichts anders als Pils, oder, wie es bisweilen heißt, Danipils, das ist, die Burg der Dänen. Wenn Herr Doktor Büsching jene Fabel in dem I. Th. seiner Erdbeschreibung, S. 1121, der fünften Auflage noch beybehalten hat: so ist es ihm als einen Ausländer nicht so sehr zu verdenken. Jedoch Arndt, mit dem der Herr Doktor im Briefwechsel gestanden, hat die richtige Ableitung des Namens Pilten schon im zweyten Theil seiner livländischen Chronik; und ich glaube, daß man ihm den Beyfall nicht versagen könne. Die Letthen nannten dieses erste Schloß in ihrer Gegend Danipils, gleichwie die Esthen das Schloß Reval in ihrer Sprache Danilin, Tanilin, und heute zu Tage Tallin heißen. Die Städte in Kurland bedienen sich des alten rigischen Rechtes. Es ist ein Irrthum, wenn unser Verfasser von dem magdeburgischen Rechte redet. Denn das rigische Recht ist das verbesserte gothländische Recht, welches bey Gründung der Stadt aufgenommen wurde. Der Flecken Zabeln in Kurland soll seinen Namen von Zobeln haben, welche die Kurländer in großer Menge von den Russen erbeuteten, die sie ohngefähr vor 200 Jahren geschlagen hatten. Der Verfasser giebt dieses nur für eine gründliche Ueberlieferung aus. Ich erinnere mich nicht, hiervon in anderen Geschichtbüchern etwas gelesen zu haben. Der Verfasser redet S. 329 - 335 von der großen russischen Gesandschaft, bey welcher sich der Zar und nachherige Kaiser, Peter der große, befand. Da diese Briefe etwa 1698 geschrieben sind: so ist es allerdings merkwürdig, daß dieser große Monarch schon damals auf die Eroberung der Stadt Konstantinopel und eines Hafens an der Ostsee bedacht gewesen. Es ist Schade, daß der Verfasser nicht gemeldet hat, wenn, und wo sie geschrieben seyn. Die beyden letzten nämlich, der 16. und 17., sind 1698 im Haag aufgesetzt. In dem ersteren unter diesen beyden meldet er den Tod des Herzoges von Kurland, welcher am 22. Jänner 1698 starb. Denn es ist ein Druckfehler, wenn in dieser französischen Uebersetzung der Tod des Herzogs auf den 22sten Junius gesetzt wird. Die verwittwete Herzoginn ernannte den Baron Blomberg, unsern Schriftsteller, zum Abgesandten, um den Todesfall ihres Gemahls an verschiedenen Höfen bekannt zu machen, und die bisherige Freundschaft mit denselben zu unterhalten. Am Ende des Aprils 1698 reisete er von Mitau nach Königsberg, wo er bey dem Kuhrfürsten Gehör hatte. Er handelt also in dem sechzehenten Briefe von Preußen. Am 1. Brachmonates kam er über Sust und Quibitz zu Berlin an. Von dannen begab er sich nach Zeitz, Merseburg, Hanover, Herworden, Kassel, Homburg, Köln, Sigen, und dem Haag, wo er bey dem Könige von Großbritannien und den Herren Generalstaaten Audienz hatte. Dieser Schriftsteller, von dem ich sonst keine Nachrichten erhalten können, war aus einer sehr alten Familie, die, wie er uns berichtet, schon 1237 mit den Grafen von

Dannen-

Dannenberg und von der Lippe nach Livland gekommen ist. Sie mag also wohl nichts mit der schlesischen Familie dieses Namens gemein haben. Sebastian Freyherr von Blumberg wurde 1684 an die Zaren in Rußland gesandt, um sie im Namen des römischen Kaisers zu einem Bunde wider die Türken zu bewegen. Gordon setzt diese Gesandschaft in das Jahr 1683. Beydes kann richtig seyn, wenn man annimmt, sie sey 1683 in Rußland angelanget, und 1684 wieder zurück gereiset. Ich will aber bey der livländischen Familie bleiben, wovon das Gut Blumbergshof in Letthland seinen Namen hat. Siegfried von Blomberg wurde 1369 Erzbischof von Riga. Der Orden verlangte, die Geistlichen sollten mit den Ordensrittern einerley Kleider, nämlich wie die Prämonstratenser, tragen. Dieser Erzbischof erlangete von dem Papste die Erlaubniß, den Augustinerhabit anzulegen. Der Ordensmeister, Wilhelm von Freymersen, empfand diesen Kleiderwechsel so hoch, daß er dem Erzbischofe den größten Theil der Stiftsgüter nahm. Siegfried wandte sich an den Papst und reisete selbst nach Avignon: wo er, ohne etwas auszurichten, 1373 starb, und bey den Predigermönchen begraben wurde. Im funfzehenten Jahrhundert waren Heinrich und Otto von Blomberg berühmt, in großem Ansehen, und wohneten 1414 der kostnitzer Kirchenversammlung bey. Barbara Blomberg wird von vielen für eine Mutter des Johanns von Oesterreich gehalten, der ein natürlicher Sohn des Kaisers Karls V. war. Allein Barbara hat nur den Namen hierzu hergegeben; welches sie, wie unser Verfasser versichert, einer Königinn zu gefallen gethan hat.

hat. Im vorigen Jahre war ein Blomberg Oberhauptmann, und wurde in dem Streit des piltischen Kreises wegen bekannt. Man rühmet ihn als einen gelehrten, rechtschaffenen und gottesfürchtigen Mann. Vielleicht war er der Vater unsers Schriftstellers und des Freyherren, Johann Ernst von Blomberg, welcher im Anfange des gegenwärtigen Jahrhunderts in dem Kriege zwischen Rußland und Schweden oft genennet worden. Er war Oberster von des Zaren Leibwache, und wurde 1700 bey Narva gefangen. Liuonica, Fasc. V. p. 18. und 30. Gordon, Geschichte Peters des großen, Th. I, S. 156 und 158. Der damalige russische Großbothschafter im Haag beschuldigte ihn der Verrätherey. Liuon. Fasc. VII. p. 5. Der Freyherr von Blomberg vertheidigte sich dagegen in der Abgenöthigten Ehrenrettung, welche man in den Liuonicis, Fasc. VII. S. 10 - 18 von Wort zu Wort lieset. Zu unsern Zeiten war Sophia Elisabeth Freyherrin von Blomberg mit dem Vicepräsidenten Melißino vermählet, dem sie, so viel ich weis, zweene Söhne, den Geheimenrath und den General, nebst einer Tochter geboren hat, welche zuerst mit dem General Hirschheid vermählet war, hernach aber eine Gemahlinn des Generals Yhermann ward. Als Wittwe bekam die Frau Vicepräsidentinn 1760 das Gut Altkasserits in Livland zur Arende.

§. 82.

Karl Ludwig Tetsch.

Mit diesem würdigen und fleißigen Manne will ich dieses Hauptstück schließen. Er sandte mir am 28sten Hornung

Hornung 1767 seinen Lebenslauf und ein Verzeichniß seiner gedruckten und ungedruckten Schriften, nebst einem verbindlichen Schreiben zu. Weil ich aber bald hernach eine Reise antreten mußte, deren Ende entfernt zu seyn schien: so hat er denselben im zweyten Theil seiner Kirchengeschichte abdrucken lassen. Das merkwürdigste ist folgendes. Königsberg ist der Ort, wo er am 12. April 1708 auf die Welt kam. Sein Vater, Christoph Tetsch, war anfangs kurländischer und hernach preußischer Rath und Archivarius, ein Sohn des Doktoren und Hofgerichtsraths Christoph Tetschens. Seine Mutter, Anna Katharina von Sommerfeld, stammete aus einem bekannten adelichen Geschlechte her, welches noch itzt im schwibusischen Kreise in Schlesien blühet. Aus diesem Geschlechte war Georg Friederich von Sommerfeld, welcher als General der kuhrbraunschweigischen Infanterie, Gouverneur zu Hannover und Oberster der Leibwache zu Fuß, am 12. Weinmonates 1760, den Weg alles Fleisches ging. Tetsch wurde schon im dreyzehnten Jahre seines Alters unter die akademischen Bürger seiner Geburtsstadt aufgenommen. Dieses hatte er dem treuen Unterrichte seines Lehrmeisters zu danken. Josua Schusterus hieß dieser geschickte Mann, der hernach Prediger zu Kreuzburg wurde. Auf dieser hohen Schule waren seine Lehrer, Golz, Ammon, Göttlich, Hahn, Schöneich, Gehrke, Burchardt, Quandt und Behm. Im Jahre 1723 mußte er, weil er groß war, und keine Lust hatte, den Soldatenstand zu erwählen, nebst Gottscheden und vielen anderen

deren seinen Landesleuten die Flucht ergreifen. Er wandte sich nach Danzig, wo er Abichts, Schelswigs und insonderheit Weickhmanns Lehrstunden besuchte. Im folgenden Jahre zog er nach Rostock und hörete Dragheim, Fechten, Weidener, Engelke, Aepin, Becker und andere; bis er 1728 Magister ward und hierauf den Studirenden die Weltweisheit vortrug. Im Jahre 1730 reisete er mit grosser Gefahr zu Wasser nach Libau, wo ihm Bilfinger, als er auf der Reise nach St. Petersburg begriffen war, die Adjunktur bey der petersburgischen Akademie antrug. Im Jahre 1732 ward er dem alten Prediger der deutschen Gemeinde zu Libau an die Seite gesetzt, dem er sieben Jahre behülflich war. Hierauf wurde er wirklicher Pastor. Im Jahre 1744 erhielt er die Stelle eines Ehrenmitgliedes in der deutschen Gesellschaft zu Königsberg. Weil er viel arbeitete, und sehr fein schrieb, nahmen seine Kräfte ab, und sein Gesicht wurde so schwach, daß er weder etwas lesen noch schreiben konnte. Er bath also den Herrn von Masser, diesen berühmten Augenarzt, welcher sich in St. Petersburg aufhält, daß er zu ihm kommen möchte. Masser ging von Amsterdamm über Hamburg und Kopenhagen nach Libau, und befreyete ihn am 29. April 1760 durch einen glücklichen Schnitt in beyden Augen, innerhalb vierzehen Minuten, von dem Staar, der ihm seine Augen verdunkelt hatte. Ich muß hier etwas anführen, welches mir ein glaubwürdiger Mann, aus Tetschens Munde, erzählt hat. Dieser hatte dem Masser, wenn er ihn heilen würde,

sein

sein ganzes Vermögen versprochen. Als der Kranke genas, wollte er sein Wort halten. Der Herr von Masser war so großmüthig, daß er mit einer Dose, welche etliche Rubel werth war, sich begnügte, die er bloß zum Andenken mit sich nahm. Tetsch stand hierauf seinem Amte bis 1766 vor, da er es am 2. April, gerade an dem Tage, da er vor 35 Jahren zu demselben berufen worden, niederlegte. Seine Ehegattinn, Anna Elisabeth Wilkens, eines Rathsherren Tochter, hat ihm neun Söhne und zwo Töchter geboren. Er starb am 11. April 1771, da er, bis auf einen Tag, 63 Jahre alt geworden war. Nur drey Tage lang lag er zu Bette, ohne Gefühl, war beständig im Schlafe und redete gar nicht. Kurland betraurete öffentlich einen Mann, der, außer seinen Schriften, noch dieses Verdienst hatte, daß er Stifter der Kirchenbibliothek zu Libau war: welche mit der Eldwichischen Bibliothek vermehret, und von einem libauischen Kaufmanne, Namens von der Haven, 1767 mit einem milden Vermächtnisse begabet worden. Seine gedruckten Schriften sind folgende:

1) Dissert. philosophica de ludis et lotteriis prouidentiae diuinae subiacentibus. Rostoch. 1728, d. 18. Dec.

2) Hymenaea gaudia Zastrouii Rectoris Bützouiensis votis completa. Rost. 1729.

3) Die schwere doch glückliche Erlösung eines mit der Sonne bekleideten Weibes aus den Trübsalen dieser Welt. Danzig, 1737, in Fol. 9 Bogen.

4) Die grünende Hütte der Gerechten. Königsb. 1740, 4 Bogen.

5) Eine Leichenrede. Mitau, 1740, in Fol.

6) Die erste Leiche im Jahr, die erste Leiche in der neuen Kirche. Mitau, 1759.

7) Von dem Zustande der Evangelischen in Kurland. Gedruckt in den weimarischen Actis Historico-Ecclesiasticis, B. XI. Nr. 4.

8) Herrnhutische Bewegungen in Livland und Kurland. Gedruckt ebendas. B. XLIV. Nr. 9.

9) Verfolg der Nachrichten vom Herrnhutianismo in Livland und Kurland. Gedruckt ebendas. B. XLVIII. Nr. 7.

10) Leben und Ende sel. Herrn Johann Wilhelm Weinmann, Propstes und Pastoren zu Grobin in Kurland. Gedruckt ebend. B. XLVIII. Nr. 6.

11) Kurländische Liedergeschichte. Kopenhagen, 1751. Siehe die göttingischen Zeitungen, 1751, S. 871. und die hamburg. Ber. 1751, S. 890.

12) Neuerbauete Kirche zu Libau in Kurland. Gedruckt in den weimarischen Act. Historico-Ecclesiasticis, Band LIV.

13) Kurländischer Kirchengeschichte erster Versuch, von dem Anfange und Fortgange der Kirche Gottes zu Libau. Königsb. 1743, in 4.

14) Kurländische Huldigungspredigt. Mitau, 1763, in 4.

15) Kurländischer Kirchengeschichte von dem Zustande dieser Provincialkirche bis zum Ableben Gotthards, ersten Herzogs zu Kurland, nebst der gegenwärtigen äusserlichen kirchlichen Verfassung dieses Herzogthums. Erster Theil. Riga und Leipzig, 1767. Zweyter Theil. Königsb. und Leipzig, 1768. Dritter

ter Theil. Ebendas. 1769, in 8. Der erste Theil fängt mit einer Einleitung an. Darauf handelt der Verfasser im ersten Kapitel von dem Religionszustande der alten Einwohner Kurlands. Man kann leicht denken, daß hier nichts besonderes vorkommen kann. Mangel und Dunkelheit der Nachrichten aus diesem Zeitraume verstattet solches nicht. Daher denn mit einiger Wahrscheinlichkeit alles, was alte und neue Verfasser von den angränzenden Völkern, den alten Preussen, Litthauern, Liven, Esthen und Letthen gesaget haben, auf die mitten unter ihnen wohnenden Kuren angewendet wird. Im zweyten Kapitel trifft man den Zustand der Religion in der mittlern Zeit an, wodurch man verstehen muß, was von Einführung der christlichen Religion an bis an die Lehrverbesserung im Jahre 1522 geschehen ist. In den zehen ersten Paragraphen wird erzählt, wie das Christenthum in Kurland entstanden, wobey denn der vier ersten livländischen Bischöfe gedacht wird. Darauf werden im zehenten §. alle livländischen Erzbischöfe von Albrecht Suerbeer bis auf Wilhelm von Brandenburg angeführet. Hier hatte Arndt schon gut vorgearbeitet; ich weiß also nicht, warum Tetsch ihm nicht gefolget sey, oder wenn er dieses nicht thun wollte, warum er nicht die Bewegungsgründe angeführet habe. Johann von der Fechten soll mit den Ordensmeistern Heinrich von Dummerhagen und Bruno viel zu schaffen gehabt haben. Jedoch der Erzbischof Johann starb eher als der Ordensmeister Heinrich von Dumpeshagen. Dummerhagen ist vermuthlich ein

Druckfehler. Der Erzbischof Johann starb 1295, und sein Nachfolger, Johann von Schwerin, stieg nicht 1294, sondern erst 1296 auf den erledigten Stuhl. Der zehnte Erzbischof hieß Johann von Sinten, aber nicht Siethen. Der zwölfte Erzbischof, Johann Habundi, war vorher Bischof von Chur, aber nicht von Kurland. Er starb schon 1423. Hier hat Tetsch gewiß ohne Grund den Kelch dem Arndt vorgezogen. Nach diesem Johann setzt Tetsch einen Thumpropst Heinrich auf den rigischen Stuhl. Er gesteht hierbey, daß außer Russow kein livländischer Geschichtschreiber seiner gedacht habe. Russow begehet hier einen Irrthum, und hat für Henning Heinrich gesetzt. Henning wurde schon am 11. Okt. 1423 zum Erzbischofe bestätiget, wenn wir dem Arndt folgen wollten, wo sich ein Druckfehler eingeschlichen haben muß. Allein die Urkunde, welche Dogiel aus dem Originale abdrucken lassen, lehret uns, nicht allein daß die Bestätigung am 15. Oktober geschehen, sondern auch, daß zwischen Johann Habundi und Henning von Scharfenberg kein anderer Erzbischof gewesen sey. Der 15te, oder vielmehr 14te Erzbischof, Silvester Stobwasser, gab seinem stiftischen Adel das neue Mannrecht, welches nicht die Grade, sondern Gnade, heißt. Tetsch erzählt, der Ordensmeister, Johann Osthof von Mengden, habe Kockenhausen erobert, und das ganze erzbischöfliche Archiv verbrannt. Russow, Hiärne und Kelch sind hierinn seine Vorgänger. Dagegen findet man beym Arndt, es wäre dieses von Bernhart von der

Borch geschehen. Die Sache verdient eine genauere Untersuchung, wobey man die LXXXIVste Urkunde im Codice diplomatico Liuoniae brauchen kann. Ich weiß, man hat den seligen Arndt einer Schmäucheley gegen die mengdische Familie beschuldiget. Dergleichen Sachen werden leicht gesaget, aber nicht so leicht erwiesen. Der 19te, oder vielmehr 18te Erzbischof, Johann Blankenfeld, soll zu Poletruó gestorben seyn. Wenn dieses nicht ein Druckfehler ist: so hätte ich gewünscht, daß Tetsch gesaget hätte, wo dieser Ort läge. Nach der gemeinen Meynung soll Blankenfeld in Spanien gestorben seyn. Ich meyne aber, in meiner Geschichte des Stiftes Dörpat erwiesen zu haben, er sey auf der Reise nach Rom in Polen zu Plocz gestorben. In dem letzten §. werden die livländischen Bischofthümer genannt, welche vor der Reformation gewesen. Diesem Kapitel ist eine Nachricht angehenget von dem Bischofthume Kurland, oder Pilten. Der Verfasser erkläret in dem ersten Paragraphe dieser Nachricht, daß er aus den Schranken einer bloß kirchlichen Geschichte nicht schreiten wolle, und hält den König Waldemar II. von Dännemark für den Stifter des Bischofthumes und Erbauer der Stadt Pilten. Ich wollte, daß dieses mit mehrerer Kritik geschehen wäre, und daß man nicht die höchst irrige Meynung von dem Namen dieses Ortes wieder aufgewärmet hätte. Die ersten Bischöfe besaßen beynahe den dritten Theil des Landes als weltliche Herren, in geistlichen Sachen aber hatten sie über ganz Kurland zu urtheilen. Im 7. §. erzählt er die Bischöfe, wie sie auf einander gefolget sind. Ernemund läßt er billig weg, und fängt die Reihe mit Hermann an. Alsdenn folget Heinrich I, Emund, Bernhart, Johann I, Baldin, Otto, Johann II, welcher gewiß nicht hierher gehöret, Gottfried, Johann III, Paul, Martin, Heinrich II, Hermann II, Johann IV. Bey Arndten lautet die Reihe der kurländischen Bischöfe ganz anders. Was Tetsch hierauf weiter von der Beschaffenheit des Kirchenwesens saget, das ist sehr kurz und fast von Wort zu Wort aus dem Einhorn genommen. Das dritte Kapitel handelt von dem kurländischen Religionszustande in der letztern Zeit, das ist, von 1522 bis auf den heutigen Tag. Das Licht des Evangeliums ging freylich zu erst in Livland und insonderheit zu Riga auf, breitete sich aber bald hernach auch in Kurland aus. Es mag aber wohl eine geraume Zeit verflossen seyn, ehe man die Früchte des Reformationswesens in Kurland genossen hat. In der That weiß Tetsch, ehe Kurland ein Herzogthum geworden, nichts erhebliches anzuführen. Dieses geschah 1561. Tetsch hat hier die Vollmacht des livländischen Adels, das Land der Krone Polen zu untergeben, wieder abdrucken lassen. Sie steht sonst in den Collectaneis livonicis, S. 5. Arndts Chron. Th. II, S. 272. Cod. diplom. Polon. T. V. S. 235. Nunmehr war dieser Herzog darauf bedacht, in seinem Lande ein rechtschaffenes Kirchenwesen anzurichten, wobey ihm, Henning, Bülau, Einhorn, Wigand und

David

David Chyträus, an die Hand gingen. Das Gymnasium zu Bauske, worauf dieser Herr nebst seinen durchlauchtigen Nachfolgern bedacht war, ist nicht zu Stande gekommen. Die erste Kirchenvisitation geschah 1566. Der Herzog versah sein Land mit Kirchen, und die Prediger mit Besoldungen. Die Kirchenreformation wurde 1572 in 4. zu Rostock gedruckt. In eben demselben Jahre und an eben demselben Orte verließ die erste kurländische Kirchenordnung die Presse. Zwey Jahre vorher geschah die zweyte Visitation von Alexander Einhorn, Salomon Henning und Christian Schröder. Man drang hierbey auf Abschaffung der Buschgötter. Die Evangelien, Luthers Katechismus, der Psalter nebst einigen Liedern wurden in die lettische Sprache übersetzt, und 1587 auf Kosten des Herzogs zu Königsberg gedruckt. Damit endiget sich das dritte Kapitel. Hierauf folgen Diptycha Curonica, oder Nachricht von der kurländischen Superintendentur, und denen, die diese Stelle von der Reformation an bis hierher bekleidet. Die Superintendenten sind folgende: M. Stephan Bülau; 2) Alexander Einhorn; 3) Paul Oderborn; 4) Heinrich Mayer; 5) Paul Einhorn; 6) Nikolaus Franke; 7) Daniel Hafftstein; 8) Heinrich Adolphi; 9) M. Gerhard Remmling; 10) M. Johann Adolph Hollenhagen; 11) Alexander Gräven; 12) Joachim Baumann; und 13) Herr Christian Huhn, welcher itzt diesem wichtigen Amte mit vielem Ruhme vorsteht. Darauf folget eine Nachricht von den Präposituren in Kurland. Diese Propsteyen wurden 1636 gestiftet. Es sind derselben sieben in den sieben folgenden Kreisen, dem mitauischen, bauskischen, seelburgischen, doblenischen, kandauischen, goldingischen und grobinischen. Doch hat der mitauische keinen besonderen Propst, sondern der Superintendent hat die unmittelbare Aufsicht hierüber. Die Pröpste sind zugleich Beysitzer im geistlichen Gerichte zu Mitau. Man findet hier die Instruktion der Pröpste von Wort zu Wort abgedruckt, nebst einem Verzeichniß aller gewesenen Pröpste in Kurland und Semgallen. Diesen ersten Theil beschließt der Verfasser mit einer Nachricht von den sämmtlichen Kirchen in Kurland und Semgallen und ihren jetzigen Lehrern. Daraus erhellet, daß in diesen beyden Herzogthümern 136 Kirchen angetroffen werden. In dem zweyten Theil kömmt zuerst vor, die Geschichte des piltischen Kreises in der letzteren Zeit. S. 6. finde ich folgende Worte: „Er (Herzog Magnus von Holstein) vermählete sich hiernächst mit einer russischen Prinzessinn und Wittwe Iwans; da er denn bey seinem „Beylager die russischen Popen — — — mit einem Stocke derbe die Köpfe zerschlagen.„ Es ist nicht anders möglich, als daß hier im Drucken etwas weggelassen worden. Die Prinzessinn, welche Magnus heurathete, hieß Maria. Nach der gemeinen Meynung war ihr Vater, Andreas, ihr Großvater, Wolodimer, und ihr Altervater, Iwan Wasiliewitsch, Großfürst aller Reussen. Neustädt, ein gleichzeitiger Schriftsteller, der in Rußland sehr bekannt war, meldet, sie wäre gewesen eine Tochter des Knäsen Wolodimers, den der Großfürst, das ist, Zar Iwan Wasiliewitsch, nebst seinem Sohne umbringen

bringen lassen. Das Beylager geschah zu Nowgorod 1573, den 12. April, am Sonntage Jubilate. Nicht Magnus, sondern der Zar schlug bey diesem Beylagersfeste die Geistlichen. Die Feyerlichkeit beschreibet Prinz von Buchau. Ich kehre zu Tetsch zurück. Dieser erzählt die Veränderungen des piltischen Kreises in bürgerlichen und Kirchensachen; ferner hat er die geistliche Jurisdiktion im königlichen Kreise Pilten von 1622 von Wort zu Wort abdrucken lassen, welche nichts anders als eine Kirchenordnung ist; darauf folget die Konföderationsakte des piltischen Kreises vom 14 May 1767; hernach lieset man einen Auszug aus dem Traktat zu Warschau vom 1. December 1767, den piltischen Distrikt betreffend; dann kömmt die Ordnung der Superintendenten und Senioren des piltischen Kreises, worunter der verstorbene Wölfert und der noch lebende Herr Magister David Scheunevogel, ihrer Schriften wegen, bekannt sind; endlich wird die Geschichte der Kirche des piltischen Kreises mit einem Verzeichniß der sämmtlichen Kirchen und ihren ehemaligen und itzigen Lehrern beschlossen: worunter Samuel Rhanäus, Melchior Bilterling und Johann Wischmann die merkwürdigsten sind. Der letzte ließ seinen undeutschen Opitz, oder Anleitung zur lettischen Dichtkunst 1697 zu Riga in 8. drucken, welcher in der rigischen Stadtbibliothek vorhanden und sehr rar ist. Den meisten Raum in diesem zweyten Theile nimmt die Geschichte der libauischen Kirche ein; denn sie erstreckt sich von der 63sten bis zur 256sten Seite; wobey man die Geschichte des zu Libau 1710 gestifteten Ordens de la Reconnoissance antrifft. Den übrigen Platz füllt die Geschichte der grobinischen Kirche. Im dritten Theil kommt die wichtige Geschichte der Bibelübersetzung vor, welche in sechs Hauptstücken verfaßt ist. Das erste handelt von der Uebersetzung der Bibel überhaupt. Das zweyte von der Uebersetzung der russischen Bibel. Hier wird des livländischen Propstes Glükk rühmlich gedacht. Das dritte handelt von der Uebersetzung der polnischen Bibel. Hier lieset man, wie viel Geld der Fürst Nikolaus Radziwil, der eine Zeitlang im Namen des Königes von Polen Livland regieret hat, auf die Uebersetzung der heiligen Schrift verwendet, und was für Männer er dazu gebrauchet habe. Man sehe auch Wedekinds ausführliches Verzeichniß von raren Büchern, S. 608. f. Im vierten findet man Nachricht von der esthnischen Bibel. Die esthnische Sprache hat verschiedene Mundarten, die revalische, die wieksche, und dörpatische. Im dörpatischen Kreise sind zwo Mundarten, die revalische und dörpatische. Jene wird an der nordlichen, diese an der südlichen Seite des Embachs gesprochen. Die dörpatische Mundart ist in einigen Wörtern so verschieden, daß einer den anderen, wenn er diesen Unterschied nicht weiß, auch nicht versteht. Der General, welcher den Vorschuß zum esthnischen Bibeldruck that, hieß Bone, nicht Bode. Diese Bibel ist nun für den grössesten Theil des dörpatischen Kreises unbrauchbar. Sollte es aber so vielen Predigern, wenn sie die Arbeit unter sich theileten, schwer fallen, dem Bauersmann eine dörpatische Bibel in die Hände zu liefern? Mir deucht, es müßte die-

ses

ses sehr leicht zu bewerkstelligen seyn, weil wir das neue Testament schon in der dörpatischen, die ganze Bibel aber in der revallischen Mundart haben. Das fünfte Hauptstück beschäfftiget sich mit der Uebersetzung der litthauischen Bibel, und zwar derjenigen, welche den brandenburgischen Litthauern zum Besten gemachet worden, deren Sprache von derjenigen, die in dem polnischen Litthauen wohnen, gar sehr unterschieden ist. S. Wedekind, S. 593. Endlich beschäfftiget sich Tetsch im sechsten Hauptstücke mit der Uebersetzung der kurischen, oder, welches einerley ist, der letthischen Bibel. Diese ist zum erstenmal 1689 an das Licht getreten. Johann Rivius wird mit Heinrich Möllern verwechselt. Dieser widersetzte sich dem gregorianischen Kalender, und Rivius war sein Nachfolger. Tetsch ist hier dem Kelchen gefolget, welcher aber augenscheinlich irret, wie ich sehr leicht aus dem gleichzeitigen Geschichtschreiber, Franz Neustädt, beweisen kann, der dem Kalenderstreit beygewohnet hat. S. 111. stehe ein Druckfehler; man muß ohne Zweifel für die geringsten lesen die gelehrtesten. Der König Karl XI. gab zu den Unkosten 30000. Fl., oder zehen tausend Reichsthaler Alberts her. Das Papier wurde aus Frankreich verschrieben. Das damit beladene Schiff fiel einem algierischen Seeräuber in die Hände. Als er dieses Papier fand, und auf seine Frage, wozu es gebraucht werden sollte, die Antwort erhielt: es sollte darauf der Name Gottes gedruckt werden: gab er nicht allein das Papier, sondern auch das ganze Schiff mit Volk und Ladung frey; welches dergestalt wohlbehalten in Riga ankam. Indessen

sen ist diese Ausgabe so rar geworden, daß ein Liebhaber sie gerne mit 12 Rthlrn. und höher bezahlt. Gleichwie man nun die erste Ausgabe dem Vater, Johann Fischer, zu danken hatte, also bemühete sich sein Sohn, Jakob Benjamin Fischer, um die zweyte Ausgabe, welche 1739 in Königsberg vollendet wurde. Es ist Sr. Durchlaucht dem Herzoge Ernst Johann von Kurland sehr rühmlich, daß Höchstdieselben die kurländischen Prediger, welche mit dieser Arbeit beschäfftiget gewesen, aus Dero fürstlichen Kammer unterhalten haben. Weiter lieset man in diesem dritten Theile die kurländischlettische Liedergeschichte, welche schon vorher zu Kopenhagen gedruckt, hier aber vermehret worden. Hierauf folget des Hrn. Pastoren, Gotthart Friederich Stender, Lebenslauf. Es ist aber darinn der Waschmaschine nicht gedacht, welche er doch erfunden hat. Die erste Beschreibung der Maschine, und ihre Abbildung, findet man in den königsbergischen gelehrten und politischen Zeitungen, 1765, St. 56, S. 226. Sie ist hernach besonders und vermehrter zu Königsberg gedruckt worden. Hr. Schukies, ein Mechaniker zu Königsberg verfertigte sie und überließ sie den Liebhabern um einen billigen Preis. Hr. Johann Gottlieb Schäfer zu Regensburg verfertigte sie und gab deshalben 1766 heraus: Die bequeme und der Wirthschaft in allen Rücksichten höchst vortheilhafte Waschmaschine. Ein Frauenzimmer in Stockholm, Fr. Margareta Dorothea Müllerinn geb. Murray, suchete die Maschine noch vollkommener zu machen, und ließ zu dem Ende 1768 auf einem halben Bogen in 4. hervortreten: Beskrifning an en Trattmachine med därtill horande Afritning i Kopparstick. Nichts desto weniger

niger hat der Herr Professor Titius, im ersten Theile seiner gemeinnützigen Abhandlungen, aus eigener Erfahrung zu zeigen sich bemühet, daß diese gerühmte Waschmaschine gar keinen Nutzen habe. Ferner findet man in diesem dritten Theile Geschichte der über den Gebrauch der Segensworte, 4 Mos. VI, 24-26. in der kurländischen Kirche ehedem entstandenen Bewegungen, Geschichte von Salomon Henning; Geschichte der Kirchen zu Nieder- und Oberparthau; Geschichte der Kirchen zu Rutzau und Heiligenaa; und endlich Geschichte der Kirche zu Kruhten. Der vierte Theil dieser Geschichte, der noch ungedruckt ist, enthält Auszüge aus allen Landtagschlüssen, die Versicherung der augsburgischen Konfession, das Patronatrecht, die Kirchenvisitationen, die Synoden und andere zur Kirche und zum Predigtamte gehörigen Anstalten. Es ist zu vermuthen, daß Se. Durchlaucht, der itztregierende Herzog, Peter von Kurland, welche den Druck der drey ersten Theile unterstützt haben, auch dem vierten Theile Höchstdero gnädige Fürsorge nicht entziehen werden. Ich wünsche aber, daß in unserem Livlande sich Männer finden möchten, welche ihren Fleiß auf die Kirchengeschichte richteten.

Die übrigen ungedruckten tetschischen Schriften sind: Curonia nummis illustrata. Widerlegte Vorurtheile im Christenthum. Unterschied zwischen Natur und Gnade. Predigten über die Litaney. Der Predigtstuhl auf Golgatha. Das Marter A B C Jesu. Das Leidens A B C Jesu. Bußpredigten. Versiegelungsreden. Predigt am verordneten allgemeinen Dankfeste bey vollzogener Vermählung des durchlauchtigen

tigen Erbprinzen Peters von Kurland mit der durchlauchtigen Prinzessin Karolina von Waldeck, 1765.

Hiermit endige ich das vierte Hauptstück. Das folgende und letzte werde ich den itztlebenden Geschichtschreibern und denen widmen, die ich etwa in den vier ersten übergangen habe.

Fünftes Hauptstück.

Von itztlebenden und in den vorigen Hauptstücken übergangenen Geschichtschreibern.

§. 83.

Sammlung rußischer Geschichte. Neunter Band. St. Petersburg, 1764, in 8.

Diese sehr brauchbare Sammlung hat mehrentheils der Hr. Kollegienrath, Gerhart Friederich Müller, ein Mann, der sehr vieles zur Erläuterung der rußischen Historie beygetragen hat, veranstaltet. Er war lange Zeit Professor der Geschichte zu St. Petersburg, wobey er die Stelle eines beständigen Konferenzsekretärs bekleidete. Mit diesem Amte hat es folgende Bewandniß. Es sind bey der Akademie der Wissenschaften zu St. Petersburg wöchentlich zwo Konferenzen oder Zusammenkünfte der Herren Professoren im akademischen Saale. Die eine wird gehalten am Montage und Freytage, die andere an der Mittwoche. Jene wird die akademische und diese die historische genennet. In der akademischen

demischen werden über Kommentarien und neu verfertigte Schriften; in der historischen aber, bloß über historische Sachen, Untersuchungen und Prüfungen angestellt. Hr. **Müller** führete das Protokoll in diesen Konferenzen und den Briefwechsel mit auswärtigen Akademien. Dieses Amt bekleidete er von 1752 an und genoß dafür jährlich 500 Rubel. Vorher verwaltete es bald dieser bald jener, als Winzheim, Grischow und andere. Ja es haben dieses Amt auch Personen versehen, welche keine Professur hatten, z. B. der nachmalige Geheimerath Goldbach. Im J. 1765 erhielt er die Aufsicht über das Findlingshaus zu Moskow, wobey er zum Kollegienrath ernennet, und mit einem jährlichen Gehalt von 1800 Rub. versorget ward. Im J. 1766 wurde ihm das Reichsarchiv mit einer Besoldung von 2200 Rub. anvertrauet. Als die Gesetzkommission das folgende Jahr eröffnet wurde, war er bey derselben als Deputirter der Akademie der Wissenschaften. Er ist ein Mitglied der Societät der Wissenschaften zu London. Von der Sammlung der russischen Geschichte sind nur 9 Bände vorhanden, und ich zweifele, ob man bey den weitläuftigen Geschäfften dieses verdienten Mannes, mehr zu erwarten habe. Der Hr. Prof. Schlözer wünschet, daß man 30 Bände von dieser Sammlung haben möchte. So nützlich sieht er sie an, und man kann ihm, als einem ächten Kenner in diesem Stücke trauen. Von dieser Sammlung gehöret aber bloß der 9. Band hierher, welcher folgendes enthält. Aufgaben, warum Narwa im Russischen Rugodew oder Rugigorod und warum Reval in eben dieser Sprache Koliwan heiße? Von dem letzten Orte hat Jemand behaupten wollen, Kolivan wäre so viel als Iwans Thurm; denn

denn die Stadt Reval sey schon in den ältesten Zeiten in russischen Händen gewesen. Wie man dieses behaupten könne, sehe ich nicht ab. Die livländische Geschichte lehret, daß Reval im 13. Jahrhunderte von den Dänen erbauet und nicht eher als im gegenwärtigen Jahrhunderte von den Russen erobert worden. Nach diesen Aufgaben folgen Nachrichten von den ehemaligen Universitäten zu Dörpat und Pernau von dem Hrn. Inspektor Backmeister. Hierauf erscheinet eine Abhandlung von der Stadt Riga Ursprunge und merkwürdigen Begebenheiten; deren Verfasser der Hr. Bürgemeister in Riga, Melchior von Wiedau ist. Se. Magnificenz haben auch eine Beschreibung dieser Stadt, nach ihrem jetzigen Zustande, angedenket. Alsdann lieset man eine geographische und historische Nachricht von der Stadt Pernau, und derselben Stadt- und Patrimonialgütern, die 1760 von dem schon verstorbenen Justizbürgemeister, Friederich Thomas Zange, aufgesetzt ist. Nachrichten von der Stadt Dörpat, deren Urheber Johann Jakob Sahmen ist. Nachrichten, die im Herzogthum Livland und dessen wendischen Kreise gelegene Stadt Wenden betreffend. Ich weiß nicht, wer sie aufgesetzt habe. Nachricht von der Stadt Wolmar. Diese rühret vermuthlich von dem itzigen Propste, Hrn. Hilde, her, und ist sehr kurz gerathen. Historische und geographische Beschreibung der Stadt Fellin. Diese hat der sel. Hr. Pastor Winkler verfaßt. Ich habe hierbey nur anmerken wollen, daß Wolmar und Fellin heutiges Tages Flecken sind, die von einem Aeltesten regieret werden. Es fehlen hier die Beschreibungen der Städte Reval, Narva, Walk und Habsal, und der Flecken Wäsenberg, Weißenstein und Lemsal.

lermsal. Sonst verspricht der Herr Kollegienrath, S. 261, eine ausführliche Landbeschreibung der Herzogthümer Liv- und Esthland, die nächstens in dieser Sammlung erscheinen solle; allein itzt ist solche kaum zu hoffen. Nun sind noch zwey Stücke in diesem 9. Bande übrig. 1) Eines livländischen Patrioten Beschreibung der Leibeigenschaft, wie solche in Livland über die Bauren eingeführet ist. Dieser Patriot ist der Hr. Pastor Johann Georg Eisen zu Torma im dörpatischen Kreise. Er war mit dem Abdrucke so, wie er geschehen, nicht zufrieden. Darum ließ er in die berlinischen privilegirten vossischen Zeitungen 1765 S. 391 eine Anmerkung einrücken. Von diesem Manne werde ich Gelegenheit haben, in meiner livländischen Bibliothek mehr zu reden. 2) Kurzer Auszug der Privilegien und vornehmsten öffentlichen Verbriefungen der livländischen Ritterschaft. Die Privilegien, woraus dieser Auszug gemachet worden, sind meistens von Wort zu Wort gedruckt. Für den Ausländer ist er gut. Hätte der Herr Kollegienrath diese Sammlung fortgesetzt, würden wir noch manches zur livländischen Historie erhalten haben. Ich will nur noch seine übrigen Schriften hinzufügen, so viele nämlich mir bekannt worden. 1) Das russische Journal, welches 1755 seinen Anfang nahm, und in den göttingischen Anzeigen von gelehrten Sachen, S. 104, unter dem Titel: St. Petersburgische akademische Anmerkungen; angekündiget wurde. Es kömmt alle Monate ein Stück heraus, und sechs Stücke machen einen Band. Der Inhalt dieser Monatsschrift betrifft die Geschicht- und Naturkunde, die Sittenlehre, kleine Gedichte u. s. w. Das meiste besteht in Uebersetzungen. Ich kann nicht mit Gewißheit sagen, ob es noch fortgesetzet werde. 2) Origines gentis et nominis Russorum. Diese stehen in des Hrn. Präsidenten Gatterers allgemeinen historischen Bibliothek, B. V. S. 283-340. Seine hierinn geäusserte Meynung, als ob Rurik ein preußischer Waregar gewesen, will dem Hrn. Bring in seiner schwedischen Reichshistorie nicht gefallen. 3) Genealogia Principum de Galizin, in Büschings Abhandlungen und Nachrichten aus und von Rußland, B. I, S. 103-112. 4) Die Generalinstruktion für die Gesetzkommission Ihrer Majestät der Kaiserinn Katharina der großen, hat der Hr. Geheimerath, Graf von Münnich, der Herr Etatsrath von Klingstedt und der Herr Kollegienrath Müller auf Befehl der im Kriege und Frieden weisesten Monarchinn aus der russischen in die deutsche Sprache übersetzt. Dieses ist es, was ich itzt von diesem Schriftsteller zu sagen weiß.

§. 84.
Hartwich Ludwig Christian Backmeister.

Der Name Backmeister ist in der gelehrten Welt bekannt genug. Aber wie das Geschlecht zu diesem Namen gekommen, möchte nicht einem jeden kund geworden seyn. Dieses würdige Reiß aus dieser Familie giebt mir Gelegenheit darauf zu kommen. Lüdke Wilms lebete am würtembergischen Hofe und versorgete denselben mit so herrlichem Brode, daß er den Namen Backmeister erhielt, annahm, und nebst dem heutigen Wapen auf seine Nachkommen brachte. Sein Sohn, Johann, war ein Bürger zu Lüneburg, in welcher Stadt seine Nachkommen ansehnliche Aemter bekleidet haben, wovon

wovon mir Heinrich, Propst zu St. Johann, und Heinrich, ein Rathsherr, itzt beyfallen. Obgemeldeter Johann zeugete seinen Sohn Lukas im Jahre 1530. Ich will ihn den ersten nennen. Er wurde Professor der Theologie zu Rostock, starb 1608 und hinterließ drey Söhne, Heinrich, Matthäus und Lukas II. Alle drey haben ihrem Namen durch ihre Schriften ein Gedächtniß gestiftet. Lukas II. starb als Superintendent des güstrowischen Kreises im Jahre 1638. Sein Sohn Lukas III. war, wie sein Vater und Großvater ordentlicher Lehrer der Gottesgelahrheit zu Rostock und der älteste Lehrer dieser hohen Schule, als er im Jahre 1679 zu seinen Vätern versammlet wurde. Er zeugete einen Sohn mit Namen Johann, welcher Prediger zu Dassow im Herzogthum Mechelnburg wurde und 1692 das Zeitliche mit dem Ewigen verwechselte. Dessen Sohn, Johann Christoph, erlangete das Pfarramt zu Herrenburg, und war ein Vater meines Freundes, von dem ich itzt reden werde. Herrenburg ist ein Dorf im Fürstenthum Ratzeburg. In diesem Orte wurde Herr Backmeister am $\frac{1}{12}$ März 1730 gebohren. Er verlor schon 1739 seinen Vater. Unterdessen besuchte er die Thumschulen zu Ratzeburg und Lübeck, studirete zwey Jahre zu Jena, wo er sich der Rechtsgelehrsamkeit widmete, und hierauf in dreyen verschiedenen Häusern die Jugend unterrichtete. Er hatte Gelegenheit eine Reise nach den Niederlanden zu thun, und kam endlich im Jahre 1760 nach Livland. Er hielt sich zwey Jahre lang in unserer Nachbarschaft auf, und ich werde die Stunden allemal hoch schätzen, die ich in seiner Gesellschaft zugebracht habe. Im Jahre 1762 begab er sich nach St. Petersburg, wo von Sr. Erlaucht, dem Herren Oberhofmeister, Grafen von Panin, die Söhne des Archiaters Condoidi ihm anvertrauet wurden; welche er in dem Hause des Hrn. Prof. itzigen Kollegienrathes, Müller, eine Zeit von dreyen Jahren, unterrichtete, und 1765 nach Stockholm begleitete. Herr Backmeister kam noch in diesem Jahre von dannen nach St. Petersburg zurück. Es währete nicht lange: so ärntete er die Früchte seines Fleißes. Das Inspektorat beym Gymnasium wurde ledig, und man trug kein Bedenken, diese Stelle einem Manne anzubiethen, von dessen Geschicklichkeit man unläugbare Proben in Deutsch-Liv- und Rußland gesehen hatte. Er trat dieses Amt 1766 an, und legete es zwar, nachdem er nicht viel über ein Jahr darinn gestanden hatte, nieder; aber 1768 im Hornung wurde er von neuem damit bekleidet. Er hatte schon in Göttingen mit dem Hrn. Professor Schlözer eine genaue Freundschaft gepflogen, und in St. Petersburg dieselbe erneuret. Hr. Backmeister genoß an dem letzteren Orte seiner Anführung in der schwedischen und russischen Sprache. Es ist bekannt, daß Hr. Schlözer in beyden stark ist, und man bedauret nichts mehr, als daß er seine angefangene russische Grammatik nicht geendiget hat. Hr. Inspektor Backmeister, welcher ein Mitglied der deutschen Gesellschaft in Göttingen ist, hat bisher folgendes geliefert.

1) Nachrichten von den ehemaligen Universitäten zu Dörpat und Pernau. St. Petersb. in 8. Er schrieb diese Nachrichten zu einer Zeit, da man hoffte, die große, die weise Katharina würde ihr Livland mit Erneurung seiner vorigen Universität beglücken, und den Mängeln

gein anderer hohen Schulen bey dieser neuen Stiftung abhelfen. Der itzige Krieg hat die Erfüllung unserer Hoffnung verschoben, aber nicht vernichtet; indem die Gesetzkommission auch ein so hohes Werk zum Gegenstande ihrer Betrachtungen gemachet hat, und die Quellen, woraus eine dergleichen Stiftung ihr Wachsthum und ihre immerwährende Blüthe erhalten muß, nicht fehlen können.

2) Des Hrn. Kammerrathes, **Andreas Botin**, Geschichte der schwedischen Nation im Grundriß. Aus dem Schwedischen ins Deutsche übersetzt. Das Original ist mit dem Beyfalle aufgenommen worden, den es verdienet. Alle Völker sollten eine gleiche Geschichte haben, und die Art und Weise, wie Hr. Botin angefangen hat, die Historie seines Volkes zu behandeln, machet die Kenner lüstern, die Fortsetzung davon zu lesen, welche aber zweifelhaft ist. Jedoch erinnere ich mich, daß man vor einiger Zeit von neuem Hoffnung dazu gemachet hat. In einer gelehrten Zeitung hat man wider diese Uebersetzung, welche zu Riga und Leipzig 1767 in zweenen Theilen in 8. herausgekommen, verschiedenes gesaget, welches eben nicht erheblich ist.

3) **Michael Lomonossow** alte russische Geschichte. Aus dem Russischen ins Deutsche übersetzt. Riga und Leipzig, 1768, in 8. Das Original trat 1766 ans Licht, befriedigte aber nicht die Kunstrichter. Die Uebersetzung ist mit sehr vielem Fleiße verfertiget und mit Anmerkungen zum Behuf der deutschen Leser versehen. Aus dieser deutschen Uebersetzung hat Herr

Eidous *) eine französische seinen Landesleuten zum Besten gemachet.

Mit dem ehesten haben wir von dem Hrn. Inspektoren Backmeister zu erwarten

4) Allgemeine russische Bibliothek, welche allerley gelehrte Neuigkeiten aus dem russischen Reiche enthalten wird.

5) Eine Uebersetzung von dem Tagebuch Peters des großen, das seit kurzem in russischer Sprache erschienen ist.

6) Eine Abhandlung von den Buchdruckereyen in Rußland, welche unter der Presse ist. Man kann allen diesen Schriften eine gute Aufnahme vorhersagen.

§. 85.

Johann August Hylzen.

Das Geschlecht dieses erlauchten Schriftstellers hat seinen Ursprung in Deutschland genommen, wo noch heutiges Tages die Herren von Hülsen im Flor sind. Es ist wenigstens im vierzehenten Jahrhundert nach Livland gekommen, von dannen es sich in Litthauen und Polen verbreitet hat. Man giebet vor, der Ordensmeister, Hiob von Hülsen, wäre derjenige gewesen, der seine Familie nach Livland gezogen hätte. Die Regierungsjahre dieses Herren sind sehr ungewiß. Arndt rechnet sie von 1376 bis 1390. Der Name wird sehr verschieden

*) Wenn man die neueste Ausgabe von La France litteraire, 1769, ansieht: so erstaunet man über die Menge derer Schriften, die dieser ehemalige Kriegsbaumeister aus anderen in seine Landessprache gebracht hat.

den geschrieben, Hülse, Hülsen, Huilsz, Uelzen, Ulsen, Elsen, Elzen, Oelsen und Ylsen. Ich finde einen Hennike von Ylsen, welcher schon 1325 eine Urkunde unterschrieben hat, worinn die esthländische Ritterschaft sich anheischig machte, dem Könige Christoph in Dännemark 2000 Mark Silbers zu bezahlen, welche sie seinem Vater Erich gelobet hatte. In Polen schreibet sich dieses Geschlecht Hylzen. In Livland sind meines Wissens keine mehr vorhanden; wohl aber in Kurland. Ich erinnere mich, daß ich auf der Universität zu Königsberg mit einem kurländischen Edelmanne dieses Namens vor 30 Jahren in einer genauen Freundschaft gelebet habe. Der Hr. Johann August Hylzen, von dem ich hier handele, ist ein leiblicher Bruder des verstorbenen gelehrten Bischofs von Smolensk. Er wurde vortrefflich erzogen, zu den Rechten seines Vaterlandes angeführt, und gewann dadurch ein solches Vertrauen bey seinen Landesleuten, daß sie ihn, da er noch sehr jung war, schon auf die allgemeinen Reichstäge nach Warschau und Grodno schickten. Hier fand er Gelegenheit seine Gaben zu zeigen, welche ihm die Gewogenheit des litthauischen Großkanzlers, Grafen Johann Friederich Lukas Sapieha, und die Regentschaft der litthauischen Kanzeley zuwege brachten. Der König August III. gab ihm die Starostey Braslaw und ernannte ihn zum Kastellan in Polnischlivland. Im Jahre 1750 führete dieser kluge und beredte Herr auf dem litthauischen Tribunal den Marschallstab mit einem allgemeinen Beyfalle und großem Ruhme; worauf ihm 1754 die Woiwodschaft Minsk und der Orden des weissen Adlers zu Theil ward. Eben, da ich dieses schreibe, muß dieser so sehr verdiente Herr ein Raub des Kossakowski werden; welcher von ihm 30000 Dukaten foderte, und ihn, weil er nur 16000 erlegen konnte, in Verwahrung nahm. Seine Schriften sind

1) Inflanty w dawnich Swych u. s. w. Das ist, Liefland nach seinen alten und verschiedenen Geschichten und Veränderungen bis auf unsere Zeiten, wobey die Würde und das Alterthum basigen Adels, wie auch die Gerechtigkeiten und Freyheit, so er vor diesem und itzt hat, dargethan worden, Polen zur Nachricht. Dieses Buch trat im Anfange des Jahres 1750 in polnischer Sprache zu Wilda in 4. ans Licht. Es enthält 2 Alph. und 14 Bogen. Hr. Hofrath Mizler hat einen Auszug in seiner warschauer Bibliothek versprochen, aber nicht geliefert. Dagegen findet man in Friesens Journal litteraire de Pologne, Th. I, S. 1-59 einen ausführlichen, sehr fleißig ausgearbeiteten, und mit nöthigen Anmerkungen wohl erläuterten Auszug. Die leipziger neuen Zeitungen von gelehrten Sachen, 1752, S. 121, haben es auch hinlänglich beschrieben, und wie der Hr. Janozki versichert, richtig beurtheilt. In der livländischen Ritterschaft Bibliothek ist von diesem bey uns seltenen Buche ein Exemplar vorhanden. Nur wäre zu wünschen, daß Jemand uns mit einer deutschen Uebersetzung beschenkte.

2) Seine Reden, die er bey den wichtigsten Gelegenheiten gehalten, stehen in der Suada polonica, einem Werke, das ein russischer Edelmann, Johann Danenkowicz, in zweenen dicken Folianten zum Druck befördert hat.

3) End-

3). Endlich hat der Hr. Woiwod ein Encomium Bibliothecae Zaluscianae, aufs prächtigste in Folio drucken, und, wenn ich nicht irre, 1755 auf dem Reichstage unter die Magnaten austheilen lassen. So viel ist mir itzt von diesem gelehrten Herren bekannt. Sein Sohn, Joseph Hylzen, Starost von Braslaw, wurde im 22sten Jahre seines Alters, seiner hervorstechenden Gemüthsgaben halben, Kastellan von Livland.

§. 86.

Christian von Nettelbla.

Ich trage kein Bedenken, einem gelehrten Woiwoden einen gelehrten Reichskammergerichtsbeysitzer an die Seite zu setzen. Beyde haben ihre Verdienste um die livländische Geschichte. Christian von Nettelbla war der Sohn eines deutschen Kaufmanns zu Stockholm, der Kaspar Nettelbladt hieß: welchen Namen der Hr. Reichskammergerichtsbeysitzer nachmals in den schwedischen Nettelbla verwandelte. Er wurde am $\frac{1}{11}$ Oktober 1696 zu Stockholm gebohren, und gab schon in seiner Jugend große Hoffnung, die er hernach reichlich erfüllete. Im zwanzigsten Jahre seines Alters wurde er Bürger auf der Universität zu Upsal, und studierete daselbst die Weltweisheit und Gottesgelahrheit. Beyde, Benzel und Lorenz Molin, der vorher in Dörpat gelehret hatte, unterrichteten ihn, bis er sich nach der rostockischen hohen Schule wandte. Auch hier studirete er die Theologie, und legete sich auf die hebräische und griechische Sprache. Allein, er verwechselte die Theologie mit der Rechtsgelehrsamkeit, und begab sich nach Jena, von wannen er, nach einem zweyjährigen Aufenthalt, nach Halle reisete, um den Thomasius, Ludovici, Ludewig, Böhmer und Gundling zu hören. Als er fünf Jahre in Deutschland zugebracht hatte, reisete er wieder nach Hause, und lag den Wissenschaften mit einem erstaunenden Fleiße ob. Im Jahre 1720 wurde er Kanzelist bey der schwedischen Gesandtschaft, welche zu Braunschweig an einem Frieden arbeitete. Als diese Handlungen sich fruchtlos zerschlugen, begab er sich erst nach Hamburg und von dannen nach Greifswald, wo er unter Gerdes 1721 eine Abhandlung vertheidigte, welche betitelt war: Prodromus differentiarum iuris feudalis liuonici et communis longobardici, vna cum breuissima feudorum Liuoniae historia. Er hatte schon damals Lust Professor in Greifswald zu werden. Weil sein Anschlag fehl schlug, reisete er wieder nach Stockholm, von da nach Danzig, und hierauf wieder nach Stockholm. Nun ernannte ihn der König zum Lehrer der Rechte in Greifswald, welches Amt er im Ausgange des Jahres 1724 antrat, nachdem man ihm vorher zu Gröningen den Doktorhut aufgesetzt hatte. Fünf Jahre hernach nahm ihn die gelehrte Gesellschaft zu Upsal zu ihrem Mitgliede auf. Im Jahre 1734 wurde er Assessor und zwey Jahre hernach Direktor des Konsistoriums zu Greifswald. In ebendemselben 1736sten Jahre erhielt er die erste Stelle in der Juristenfakultät. Um diese Zeit etwa, nämlich 1738 bin ich sein Zuhörer im Kriminalrechte gewesen. Der König ernannte ihn, als Herzog von Pommern, zum Reichskammergerichtsbeysitzer, welche vorzügliche Stelle er am 22. April 1743 antrat. Nicht lange hernach erhielt er den Adelstand und 1746 den Nordsternorden. Er ist in seinem ganzen Leben bemühet

mühet gewesen nützliche Schriften auszuarbeiten, wovon theils in Mosers Lexicon, theils in Weidlichs zuverlässigen Nachrichten von den jetztlebenden Rechtsgelehrten ein Verzeichniß zu finden ist. Hieraus will ich aber nur diejenigen anführen, welche zu meinem Zweck gehören, aber auch diejenigen hinzufügen, welche jene nicht angeführet haben. 1) Fasciculus rerum curlandicarum primus, cum praefatione de iure Sueogothorum in Curlandiam peruetusto, nunc primum ex Mſ. in lucem editus. Rostochii, 1729, in 4. Die Vorrede handelt von dem Rechte der Schweden auf Kurland. Dieses wird ausgeführet bis auf die Zeit, daß das Christenthum in Livland und Kurland eingeführet worden. Der Hr. Verf. verspricht diese Materie in dem folgenden Theile fortzusetzen. Was nun die Urkunden betrifft, welche der Hr. von Nettelbla allhier an das Licht gebracht hat: so hat er solche bey einer Versteigerung gekaufet. Sie hatten einem kurländischen Legationsrathe gehöret, welcher sich am schwedischen Hofe aufhielt und starb. Nach seinem Tode wurden sie durch den Meistboth verkaufet. Der Hr. von Nettelbla bezeuget, daß einige unter diesen Stücken Originäle, andere aber vidimirete Kopeyen gewesen sind. Das erste Stück ist also: Formula regiminis Curlandiae a Commissariis Sigismundi III Regis Poloniae anno 1614 proposita et a Rege ac Nobilitate confirmata anno 1617. Sie ist hier in zwey Theile getheilet, wovon der erstere das Staatsrecht, der letztere das Privatrecht enthält. So angenehm dieses Stück damals, als es aus der Dunkelheit ans Licht trat, gewesen seyn mag; so ist es doch heutiges Tages viel vollständiger abgedruckt im Codice diplomatico Liuoniae, Nr. CCXXVIII,

S. 368

S. 368-395. Das zweyte Stück sind die kurländischen Statuten. Es ist nichts anders als eine deutsche Uebersetzung des letzteren Theils von der Formula regiminis. Das dritte Stück ist ein Gränzbrief zwischen dem Stifte Kurland und dem deutschen Orden. Es ist Schade, daß die Vidimation nicht mit abgedruckt worden. Ein Original scheint es nicht zu seyn, sondern eine fehlerhafte Abschrift. Der Anfang muß also heißen: „Wy Broder „Johann van der Gnade Gottes Bischoff, Broder Hinrich van Hawel Probst, Broder Conrad van Gothingen Decken, Broder Johann Lange Domherr„ (an der Richtigkeit dieses Wortes zweifele ich) „un dat gemeene „Capittel der Domherrn to Curland, Broder Eberhard „von Monheim, Broder Reimer Mumme to Velien, „Broder Hermann Gutacker to Goldingen, Broder Hinrich van Hannover to Riga, Domherr„ (dieses Wort ist gewiß unrecht und muß Komthur heißen) „un dat gemeene Capittel der dütschen Bröder to Liefland u. s. w.„ Da Eberhard von Manheim sich nicht einen Meister deutschen Ordens nennet: so ist dies abermal ein Beweis, daß es eine fehlerhafte Abschrift ist. Der Schluß dieses Briefes lautet also: „Dese Dinge sind geschehen, im „Dasebeesch yß gegenen an den Jahren Goddes Gebohrt „dusent dreyhundert un achte un dörtig. To Golding an „unsre Fruen Dage der leisten.„ Man sieht hieraus, daß die Abschrift von einem Manne herrühre, welcher des Plattdeutschen nicht kundig gewesen. Man muß obenstehende Schlußworte also lesen: Dese Dinge sin geschehen, un dese Breef yß gegeuen in dem Jahre na Godes Gebohrt dusend dre hundert un acht un dörtig. To Golding an unse Fruen Dage der leisten, d. i. Mariä Geburt.

Nicht

Nicht Russow, nicht Hiärne, nicht Kelch, ja nicht einmal Arndt haben diese Urkunde gekannt, noch weniger ihren Inhalt angeführet. Ich wüßte auch nicht, wo sie sonst anzutreffen wäre. Doch hat Tetsch in seiner kurl. Kircheng. Th. I, S. 102 etwas daraus angeführet. Ob er aber eine richtigere Abschrift gehabt, weiß ich nicht. Broder Gerhard von Münheim finde ich bey ihm auch. Das vierte Stück ist ein Privilegium des Herzogs Gotthart von Kurland, welches er seinem Adel am 25. Jun. 1570 zu Mitau verliehen, und der König Stephan von Polen im Lager vor Pleskow am 28sten Wintermonates 1581 bestätiget hat. Das herrliche Privilegium ist in deutscher, die königliche Bestätigung aber in lateinischer Sprache. Das fünfte Stück ist der Vergleich zwischen Dännemark und Polen, des Bischofthums Kurland wegen, vom 10. April 1585, in deutscher Sprache. In lateinischer Sprache findet man ihn im Cod. dipl. Pol. Th. I, S. 372. Nr. X. Copia compositionis pacis cum Curonibus ethnicis ratione tributi annui A. 1230. ist das sechste Stück. Das siebente heißt: Copia priuilegii Nicolai Episcopi super tertiam partem Osiliae, Curlandiae Semigalliae ciuibus Rigensibus concessam A. 1231. quinto idus Augusti. Das achte, Copia instrumenti Wilhelmi de Vrenbach, M. Ordinis Teutonicorum de tertia parte Coroniae Diese Urkunde ist zu Venedig den 7. May 1223 gegeben. Diese Jahrzahl kann unmöglich richtig seyn. S. Arndt, Th. II, S. 46. Das neunte, Copia instrumenti Petri Episcopi Albanensis et Wilhelmi Sabinensis de tertia parte Semigalliae et Coroniae. Das letzte St. ist betitelt: Kurze und wahrhafte Vorstellung der Herzogen von Churland, ihres Sitzes und der dazu kommenden

den Hoheit. Von wem diese Abhandlung herrühre, weiß ich nicht. Ich glaube aber, daß die Welt nichts verloren hätte, wenn sie niemals wäre ans Licht gebracht worden.

2) Der zweyte Fasciculus ist unter dem Titel Anecdota Curlandiae zu Greifswald und Leipzig 1736 in 4. gedruckt. Ich habe ihn nicht gesehen. Er enthält eine Sammlung verschiedener Urkunden vom Bischofthum Pilten, welche er selbst in der Vorrede zum ersten Pack §. 12. und Weidlich Th. III, S. 12 anführet.

3) Scriptores rerum liuonicarum. Als der Hr. von Nettelbla noch in Greifswald war: so versprach er diese Sammlung heraus zu geben. Die Sache muß damals Schwierigkeit gefunden haben. Vielleicht würde sie itzt erleichtert werden. Außer denen von Hrn. Weidlich angeführten Schriften hat der Hr. Reichskammergerichtsbeysitzer noch herausgegeben

4) Nachlese von alten und neuen, fremden und eigenen, einheimischen und ausländischen Abhandlungen, Anmerkungen rc. Stockholm, gedruckt auf dem Brunkenberge. Erstes Stück. 1763, in 4. Aus diesem Stücke gehöret hierher Nr. VI. und VII. Jene ist betitelt: Singularia Stiernhielmiana, oder besondere Merkwürdigkeiten den berühmten Georg Stiernhielm betreffend. Dieser Mann war ein Livländer und bekleidete die wichtigsten Ehrenstellen in seinem Vaterlande. Seine Gelehrsamkeit war so groß, daß seine Landesleute ihm einen Spiritum familiarem beylegeten. Diese, nämlich Dissertatio de Othino, und Obseruatio de etymo vocum, Fader, Moder, Broder, Amma, Barn, Dotter, Son, ist von Georg Stiernhielm verfasset, welcher behaupten will, daß Othin, Mann und Theut eine und eben

dieselbe

dieselbe Person sey. Zweytes Stück, 1764. Hier habe ich eben nichts gefunden, was Livland anginge. Drittes Stück. 1765. Ob der Hr. von Nettelbla, welchen Hr. von Selchow einen Freyherren nennet, diese Sammlung fortgesetzet habe, weiß ich nicht zu sagen.

5) Abgeforderter Bericht vom Ursprung, Beschaffenheit, Umständen und Verrichtungen der kaiserlichen Reichskammergerichtlichen Visitationen rc. Leipzig und Freyburg, 1766, in 4. Diese Ausgabe hat der Hr. von Nettelbla zu unterdrücken gesucht, und im folgenden Jahre zu Freyburg oder Frankfurt am Mayn seinen vermehrten und verbesserten Bericht ans Licht gestellet. Der Hr. Etatsrath von Moser Reichsstaatshandbuch, Th. II, S. 111.

§. 87.

Johann Gottlob Böhme.

Maskows Schüler und Nachfolger bauet hauptsächlich das historische Feld, wovon man sehr vielfältige Früchte sieht. Leipzig hat ihn demnach belohnet, und ihn mit einem Amte nach dem andern und mit Einkünften begabet. Große Fürsten und auswärtige Gelehrte haben seine Verdienste erkannt und öffentliche Beweise hiervon abgeleget. Er ist itzt chursächsischer Hofrath, und Historiograph, der Weltweisheit Doktor, der Geschichte ordentlicher Professor, der churfürstl. Stipendiaten Ephorus, der Akademie Decemvir, des großen Fürstenkollegiums Senior, Arkadischer Schäfer der Akademie zu Pesaro, des Historischen Institutes zu Göttingen, der Gesellschaft der freyen Künste zu Leipzig, der Gesellschaft der Wissenschaften zu Duisburg, der kuhrmannzischen

schen Akademie nützlicher Wissensch. zu Erfurth, der lateinischen und deutschen Gesellschaft zu Jena Mitglied. Seine gründlichen und in einem vortrefflichen römischen Latein verfaßten Schriften haben ihm die Lobsprüche der gelehrtesten Männer zuwege gebracht. Häberlin erkennet ihn für einen Richter und unterwirft sich seinem Ausspruche. Im Jahre 1766 erhielt er einen Beruf nach Utrecht, wo er das Natur- und Völkerrecht, nebst dem deutschen Staatsrechte, lehren sollte: aber er blieb zu Leipzig. Von seinen Schriften gehören seine Acta pacis oliuensis hierher, welche in zweenen Quartbänden zu Breßlau 1763 und 1766 im Drucke erschienen sind. Der olivische Frieden betraf hauptsächlich Livland. Also kann einem Livländer dieses Werk, welches vortreffliche Materialien zur Geschichte des 17. Jahrhunderts enthält, nicht gleichgültig seyn. Außer den öffentlichen Urkunden, die hier meistentheils zum erstenmal gedruckt sind, hat Hr. Hofrath Boehme noch sehr gelehrte und brauchbare Observationen hinzugefüget. Unter jenen sind die Vindiciae liuonicae; Informatio super Liuonia; Interesse familiae Burggrauiorum a Donau und Reuersales Ducis Curlandiae merkwürdig. Von den Observationen zeichne ich für die Livländer folgende aus: de praecipuis pacificationis Oliuensis scriptoribus; Praetermissa de antiquo iure Imperii R. G. in Liuoniam; Contentio Sueciae et Poloniae super Liuonia ante Pacificationem Oliuensem in Pacificatione oliuensi; Contentio de sacris Liuoniae in conuentu flumdorfiano. Von dem Rechte des deutschen Reiches auf Livland ist noch in diesem Jahrhunderte disputiret worden. Die Bemühungen Boclers, Arndts und des Herren Hofraths Boehme liegen vor aller Menschen

schen Augen. Als ich diese Arbeit geendiget hatte, erhielt ich den 8. Theil des vortrefflichen häberlinischen Auszuges, in dessen Vorrede von dieser Materie und zwar S. XVII. etwas zu finden ist. Ob solches Nutzen haben könne, weis ich nicht. In Ansehung Preussens hat der Hr. Tribunalsrath Ohlius erwiesen, daß Preußen niemals zum deutschen Reiche gehöret hat; und wenn Livland jemals dem deutschen Reiche unterworfen gewesen: so hat es entweder Plettenberg oder doch Kettler davon los gemacht. Ich kann nicht umhin, allhier meinen Landesleuten bekannt zu machen, daß der Herr Hofrath Boehme in Leipzig und Hr. Prof. Schlözer in Göttingen die livländische Historie in besonderen Stunden vortragen. Jener war schon 1769 Willens eine livländische Historie dem Druck zu übergeben: welches durch einige Umstände unterbrochen, jedoch nur aufgeschoben worden. Vielleicht kömmt der Hr. Prof. Schlözer ihm hierinn zuvor; welcher nicht abgeneigt [illegible]gleichen Arbeit zu unternehmen. Von des Hrn. Hofr. Boehmes Schriften besitze ich noch folgende: 1) de Iside Sueuis olim culta. Es sind zwo Exercitationes Academicae, wovon eine 1748, die andere 1749 gedruckt ist. 2) de commerciorum apud Germanos initiis Commentat. 1751, in 4. 3) de Sigismundo Hungariae rege S. R. I. Vicario generali, 1755, in 4. Hr. Hofr. Boehme ist der Meynung, daß diese Würde dem Könige erst 1402 beygeleget worden. Man kann aber mit einer Urkunde darthun, daß es 1396 schon im Werke gewesen. 4) de Saxonibus Euciis, 1756, in 4. 5) de Henrico VIII, Angliae rege imperium romanum post obitum Maximiliani Imi adfectante, 1756, in 4. 6) Selecta Capita ex Historia Caroli V. Imperatoris, 1757, in 4. 7) de Henrico Leone Bauariae et Saxoniae duce, numquam Comite Palatino Saxoniae, 1758, in 4. Damals wurde er ordentlicher Prof. der Geschichte. 8) de Viti Beringii Historia obsidionis hafniensis ἀνέκδοτον litterarium, 1758, in 4. 9) Epitome rerum germanicarum, Lipſ. 1760, in 8. Die Vorrede und Anmerkungen sind von dem Hrn. Hofrathe. Er hat diese kurze Geschichte dem seiner deutschen Historie wegen nicht gleich belobten Kanzler der hohen Schule zu Paris, Hrn. Joseph Barre, zugeschrieben, und zugleich von dem Urheber, der noch nicht ausgemacht ist, von den verschiedenen Auflagen und Uebersetzungen seine Meynung gesaget und Nachricht ertheilet. Mit diesem Werkchen überschickte er dem Hrn. Barre 10) seine Oration. de Philippi Melanchthonis in academiam lipsicam insignibus meritis, welche auch 1760 in 4. erschienen ist. 11) Specimen litteraturae lipsicae seculo XVI in quo de Richardo Croco Britanno graecarum litterarum in academia lipsica instauratore exponitur, 1761, in 4. 12) Ioannis de Curiis Dantisci poemata et hymni, cum prooemio, Vratislauiae, 1764, in 8. In der Vorrede, welche an den Rath der Stadt Danzig gerichtet ist, erzählet der Hr. Hofrath das Leben des Poeten. 13) de ordine draconis instituto a Sigismundo Imperatore, Prolusio 1764 in 4. Außer diesen Schriften, die ich selbst besitze, sind mir noch folgende bekannt worden. 14) de Principe, exemplis Regum et Imperatorum Germanicorum instituendo, Oratio Aditialis, Lipſ. 1750, in 4. 15) Antiquitas inuestiturae Feudorum Imperii in Camera, Lipſ. 1755, in 4. 16) de Augustiuo Olomucensi et patera eius aurea Commentariolus, Dresdae, 1758, in 8. 17) Oratio de bonarum litterarum, in Saxonia efflorescentium statu, ftatu, Lipf. 1758, in 4. 18) Diff. de Barbara Cilleienfi. Sigifmundi Imp. altera coniuge, Lipf. 1759, in 4. 19) Das Leben Gustav Adolphs des großen, Königs von Schweden; aus dem Engl. des Hrn. Walther Harte übersetzt von Georg Heinrich Martini, und mit einer Vorrede und Anmerkungen begleitet von Joh. Gottlob Boehmen. Leipz. 1760, in 4. Der damalige Kronprinz und itzige König von Schweden war mit dieser Arbeit des Hrn. Hofr. so sehr zufrieden, daß er ihn mit der schönen goldenen Medaille beschenkte, welche auf Verordnung der Reichsstände dem Prinzen zu Ehren, mit der Aufschrift gepräget war: Laetitiae crefcenti. Der Hr. Hofr. ließ deshalben ein lateinisches poetisches Danksagungsschreiben an den Prinzen drucken, worinn er diesen Herren auf dem Wege zu dem Ruhme des großen Gustav Adolphs darstellet. Diese Weissagung geht nun in ihre Erfüllung. Es hatte der Hr. Hofrath, nach Anleitung des Hrn. Arkenholz, bemerket, daß die Stadt Nürnberg dem Könige Gustav Adolph ein Denkmaal stiften und solches an dem Orte setzen wollen, wo der Held sein Leben beschlossen hatte. Dieses gab Gelegenheit zu folgender Aufgabe in dem ersten Stücke der altorfischen Bibliothek: „Ob es an dem „sey, daß die Stadt Nürnberg dem Könige in Schwe„den, Gustav Adolph, auf der Stelle, wo er seinen Geist „aufgab, ein prächtiges Denkmaal aufrichten wollen, wo„zu die Bildsäule bereits fertig gewesen; oder was zu „diesem vermuthlich falschen Gerüchte Anlaß gegeben?„ Hr. Arkenholz hat sich auf das nürnberg. Rathsprotokoll berufen. 20) de ftudii et doctrinae publicae hiftoriarum in academia lipfienfi ortu, Oratio. 1762, in 4. 21) de Mauricii, Ducis Electoris Sax. in Academiam Lipficam insigni fauore, Oratio, Lipſ. 1763. in 4. 22) de nationis germanicae in Curia Romana protectione. 1763 in 4. S. Selchows Jurist. Bibl. B. I, S. 445-450. 23) de Augusti, Saxoniae Ducis, S. R. I. Septemviri, singulari in litterarum et artium studia amore, Oratio, Lipſ. 1764 in 4. 24) In dem bekannten Groschenkabinet, dessen erstes Fach 1765, das zweyte 1769 zu Leipzig an das Licht gekommen, hat er die sächs. meißnischen und thüring. Münzen beschrieben. s. Leipz. n. Zeitungen von gel. Sachen, 1763, S. 788. Betrachtungen über die neuesten histor. Schr. Th. I, S. 540. 25) Geschichte des Hauses Sachsen, davon sind nur einige Bogen abgedruckt worden. Leipz. n. Zeit. 1763, S. 789. Königsb. gel. und pol. Zeit. 1765, S. 159. 26) de Origine vera Rutae Saxonicae, liber singularis, Lipſ. 1756. S. Weidlichs zuverlässige Nachrichten, Th. II, S. 386. 27) Antiquitatum Burggraviatus misnensis specimina duo. Lipſ. 1770, in 4. S. Betracht. über die neuesten histor. Schr. Th. II, S. 540. 28) Er hat überdieß eine Samml. seiner latein. Gedichte drucken lassen, zuerst Carminum Latinorum Specimen, zu Leipzig, 1749, in 8. und Carmina Latina, zu Braunschweig, 1756, in 4. 29) Endlich hat der Hr. Hofr. an der neuesten Ausg. der lipenischen jurist. Bibliothek mitgearbeitet. Weidl. Zuverl. Nachr. Th. II, S. 288.

§. 88.

Ziegenhorn.

Ich kann dieses Hauptst. nicht besser beschließen, als mit der angenehmen Nachricht von des Hrn. Geheimen Justiz- und Tribunalsrathes von Ziegenhorn Staatsrechte der Herzogthümer Kurland und Semgallen, welches noch in dem 1771. Jahre zu Königsberg in Fol. ans Licht

Licht treten, und außer dem Staatsrechte die kurländische Staatsgeschichte, nach ihren neun Epochen, enthalten soll, nebst einer kurzen Historie des piltischen Kreises. Weil ich in diesen fünf Hauptstücken einige Geschichtschreiber ausgelassen habe, deren Zeitalter ich nicht zu bestimmen wußte, oder welche mir im Schreiben nicht beygefallen sind: so will ich solche in einem Anhange nachholen.

Anhang

Von denen Geschichtschreibern, deren Zeitalter ungewiß ist, oder die in den vorigen Hauptstücken übergangen worden.

§. 89.

Heinrich von Tiesenhausen.

Das tiesenhausische Geschlecht ist eines der ältesten in Livland, und schon im Anfange des dreyzehenten Jahrhunderts nach Livland gekommen. Ob sie aus Pommern, oder Westphalen, oder Holstein herstammen, das kann zu einer anderen Zeit untersucht werden, wenn ich nämlich an die livländische Adelshistorie Hand legen werde. Itzt will ich nur sagen, daß die Herren von Tiesenhausen selbst ihren Ursprung und die Güter ihrer Vorfahren in Holstein und der Stadt Lübeck suchen. Von dem Geschichtschreiber aber will ich anführen, was Arndt Th. II, S. 214 saget; denn weiter habe ich noch nichts erfahren können. „Hr. Heinrich von Tiesenhausen zu Berson und Kalzenau, der ältere, giebt „diesem Herren (Johann von der Recke) ein länger Regiment,

„giment, und widerleget in dem Verzeichniß der rus„sowischen Irrthümer unsere Geschichtschreiber, mit „dem Vorgeben, daß Galen erst 1554 zur Regierung „gekommen. Allein obgleich die tiesenhausischen Ver„besserungen oft manche schöne Wahrheit bestätigen, so „will doch diese nicht Stich halten, weil sie außer den „Dokumenten auch noch durch die vorhandenen Mün„zen umgestoßen wird.„ Es ist zu bedauren, daß Arndt, welcher vermuthlich die tiesenhausische Handschrift in Händen gehabt, nicht mehr Nachricht davon ertheilt hat. Da er aber gesteht, daß sie manche schöne Wahrheit enthält: so wäre es zu loben, wenn derjenige, der sie besitzt, Sorge trüge, sie durch den Druck gemein zu machen.

§. 90.

Paykull.

Die noch blühende paykullische Familie ist unter dem livländischen Adel sehr alt. Der Name ist esthnisch; daher denn einige vermeynen, sie wäre schon vor Ankunft der Deutschen in diesem Lande gewesen. Andere aber wollen behaupten, sie stamme aus Deutschland her und habe ihren deutschen Namen Schöndorf in den esthnischen Paykull verwandelt. Von unserm Geschichtschreiber kann ich weiter nichts anführen, als was der Herr Oberpastor von Essen mir in einem Briefe vom 15. Weinmonates 1769 gemeldet hat. „Ich „weis eines Paykulls ungedruckte livländische Ge„schichte an einem Orte, die mir sehr gerühmet wor„den, und habe Hoffnung, sie zu bekommen.„

§. 91.

§. 91.

Hermann Becker.

Er war aus Lemsal und Magister zu Wittenberg, wo er verschiedene Disputationen geschrieben hat, wovon mir folgende bekannt geworden sind. 1) Liuonia certis propositionibus comprehensa, praeside C. S. Schurzfleischio, 1700. d. 28. April. 2) Liuonia in sacris suis considerata, 1700. d. 22. Maii, resp. Christiano Braunschwigio, Belgardia-Pomerano. Den Inhalt dieser Abhandlung führt Hoppe mit folgenden Worten an: Argumentum hoc in tria distinctum capita exhibuit, quorum primum de impio Liuonorum cultu, alterum de religionis cultu in ecclesia romana recepto, tertium de renouato et instaurato per D. Lutherum cultu agit. Der Herr Hofrath Boehme handelt von dem Zwiste wegen der Religion in Livland bey den Stumsdorfer Unterhandlungen in den Actis pacis Oliuens. T. II. p. 609. und bedient sich dieser Worte: Nec superuacaneum hoc studium nostrum fuerit post Herm. Beckeri libellum tam incultum ac tenuem illum, vt pactionem Stumdorfianam, quae ad rem vel maxime pertinebat, alto inuolutam silentio animaduertas. 3) Fridericus Sapiens, Elector Saxoniae et academiae wittenbergensis fundator, resp. Jo. Phleps, Kisselkino-Transylu. Wittenb. 1702 in 4. 6 Bog. Außer dem Titel, den Dunkel in seinen historischkritischen Nachrichten B. III, S. 6. anführet, ist mir hiervon nichts bekannt.

§. 92.

Johann Arnold von Brand.

Die Familie, woraus dieser Schriftsteller herstammet, soll aus Flandern der reformirten Religion wegen entflohen seyn. Arnold von Brand, sein Großvater war, zu den Zeiten des Prinzen Friederich Heinrichs von Oranien, Oberster und Statthalter zu Deventer. Dessen Sohn, Christian, hat das Amt eines kuhrbrandenburgischen Regierungs- und Kammerrathes zu Kleve bekleidet. Er war der Vater Johann Arnolds, welcher zu Deventer am 29. Heumonates 1647 die Welt betrat. Nach vollendeten akademischen Studien, hielt er sich einige Zeit bey dem Rechtsgelehrten, Johann Hinsen, in Wesel auf. Der Kuhrfürst, Friederich Wilhelm, der große, schickte 1673 eine Gesandschaft an den Zaren, womit Brand diese Reise that. Nach seiner Wiederkunft erhielt er die Doktorwürde 1680, und dienete den Rechtenden bey dem klevischen Hofgerichte. Jöcher saget, er wäre zum Staatsrathe erwählet worden. Dieses ist gewiß, daß er 1683 den juristischen Lehrstuhl zu Duisburg erhalten, aber ihn nicht länger, als bis 1691 bekleidet hat, in welchem Jahre er am 26sten May, wie man saget, von übermäßigem Studiren, starb. Er hat purgationem veteris iuris, und welche hier am meisten zu merken ist, eine Reisebeschreibung durch die Mark Brandenburg, Preußen, Kurland, Livland, Pleskow, Nowgorod, Twer und Moskow, nebst einer Beschreibung Sibiriens hinterlassen, welche Heinrich Christian von Hermin 1702 zu Wesel in 8. ans Licht gestellt hat. Sie ist in die holländische Sprache übersetzt, und schon 1703 zu Utrecht in 8. der Presse übergeben worden. Ob sie aber auch in lateinischer Sprache vorhanden sey, daran zweifelt man billig. Die Nachrichten von der lettischen, esthnischen, litthauischen und russischen Sprache

che machen, wie Dunkel versichert, das beträchtlichste Theil des Buches aus, und Christian Gryphius hat in Miscell. Lipſ. T. X. Obſ. 202. von den Fehlern dieses Buches gehandelt. Man muß ihn nicht mit Adam Brand verwechseln, von dem man eine chinesische Reisebeschreibung hat, woraus ein Auszug in Gordons Geschichte Peters des großen zu finden ist.

§. 93.

Hugo von Terlon.

Dieser französische Staatsmann war der Sohn eines Prokuratoren. Nichts desto weniger wurde er bey dem Kardinal Mazarin Edelknabe und hernach Johanniterritter. Erwähnter Kardinal schickte ihn an den König von Schweden, Karl Gustav, um ihm zu seiner Vermählung Glück zu wünschen und ein vergoldetes Tafelgeschirr zu überreichen. Bey diesem Monarchen hatte er sich durch sein aufgeräumtes Wesen und Scherzen so gut gesetzt, daß der Kardinal, wie wohl ungerne, in Betracht seiner geringen Abkunft, ihn nach Avaugours Tode, zum Bothschafter am schwedischen Hofe ernannte. Er bemühete sich ungemein, den Frieden zwischen Schweden und Polen zuwege zu bringen. Es war ihm auch, nebst dem Anton von Lombres, das Mittleramt bey dem olivischen Friedensgeschäffte zugedacht; allein Lombres wollte diese Ehre mit Niemanden theilen. Seine Memoires pour rendre compte de ses negociations depuis l'an 1656 jusqu'en 1661 sind zu Paris 1681 in 8. heraus gekommen, und enthalten sehr wichtige Nachrichten, die man anderswo vergeblich suchet.

§. 94.

Johann Heinrich Böcler.

Zweene Schriftsteller dieses Namens, der Großvater und sein Enkel haben sich mit Livland, obgleich nur in kleinen Schriften beschäfftiget. Jener war zuerst Professor zu Straßburg, hernach zu Upsal, und endlich wieder zu Straßburg, wo er 1672 starb. Man saget, er habe seinen Tod durch starkes Tobackrauchen befördert. Man war zu der Zeit noch wider den Toback eingenommen. Camden erzählt in seinen Annalibus Elisabethae von einem Bischof zu London, er habe sich zu Tode gerauchet. Damals muß also der Toback andere Wirkungen gehabt haben, als in dem gegenwärtigen Jahrhunderte. Hr. Tissot ist noch sehr dawider eingenommen. Ich komme wieder auf Böcler, der zu seiner Zeit in großem Ansehen stand. Denn er war kaiserlicher und maynzischer Rath; die Königinn Christina von Schweden bestellete ihn zu ihrem Geschichtschreiber mit einer jährlichen Einkunft von 800 Rthlrn.; und Ludwig XIV. gab ihm jährlich 2000 Pfund. Der Kaiser Leopold hatte ihm eine Besoldung von 500 Rthlrn. ausgemachet, und ihn mit der Pfalzgrafen Würde dergestalt begabet, daß auch nach seinem Tode allemal der älteste unter seinen Söhnen dieser Würde genießen sollte. Seine Schriften werden angeführet in Wittens Memoriis philosophorum, Dec. IX. p. 563. und in Jöchers Allgem. G. Lex. Th. I, S. 1166. Aber darunter ist diejenige nicht, welche eigentlich hierher gehöret: Tractatus de superst. Aestiorum, welche ich zwar nicht gesehen, aber aus Hermelini Disquis. de origine Livonorum, §. 8. p. 25. erfahren habe. Daß man ihn zum Verfas-

ser

ser folgenden Werkes: Animorum in Europa et vicina Asia motus de suecici belli motu in Polonia machen wollen; und daß der wahre Urheber, Johann Frischmann, französischer Resident zu Straßburg, ist: das hat schon Placcius, und aus demselben Hoppe angemerket. Und so viel von dem Großvater. Nun von dem Enkel. Dieser war ein berühmter Jurist zu Straßburg, wo er 1679 das Licht der Welt erblickte, und 1732 starb, nachdem er Anfangs die Institutionen und das Staatsrecht, hernach den Kodex und das Lehnrecht erkläret und gelehret, wie auch die Würde eines Thumherren, Dechanten und Propstes bey dem Thomaskapitel nach und nach bekleidet hatte. Er war nur 13 Jahre alt, als er das Bürgerrecht auf der hohen Schule in seiner Vaterstadt erhielt. Ulrich Obrecht ging 1698 nach Frankfurth am Mayn, um als französischer Gesandter die Streitigkeiten zwischen dem Kuhrfürsten von der Pfalz und dem Herzoge von Orleans beyzulegen. Böcler, der damals das 19. Jahr erreichet hatte, war bey dieser wichtigen Angelegenheit sein Geheimschreiber, und seiner Gemahlinn Bruders Sohn. Seine Abhandlung de acquisito et amisso imperii romano-germanici in Livoniam iure kam 1711 in 4. zum Vorschein. Hr. Präsident Gatterer zählet sie unter die Schriften des Großvaters. Das ist wohl nichts anders, denn ein Gedächtnißfehler. Böcler giebt zu, daß das deutsche Reich all sein Recht an Livland verloren hat. Arndt suchet zu beweisen, daß das Reich niemals ein Recht gehabt hat. Hr. Hofrath Boehme ist mit beyden nicht zufrieden, sondern will beweisen, daß das römische Reich nicht allein ein Recht auf und an Livland gehabt, sondern auch noch

habe.

habe. S. die götting. allgem. histor. Bibliothek B. X. S. 163-165. Dieser ganze Streit ist heute zu Tage von keiner Erheblichkeit.

§. 95.

Eines Ungenannten handschriftliche lettische Chronik führet Arndt an, Th. II, S. 99. Anm. h).

§. 96.

Chronik von den Landmeistern in Livland.

Diese befindet sich auf der Schloßbibliothek zu Königsberg. Erl. Preußen, Th. I, S. 754.

§. 97.

Anmerkungen über die sarmatische Provinz Kurland.

Eine unvollkommene Handschrift, wovon Tetsch bezeuget, daß der ungenannte Verfasser sich mit ziemlichem Erfolge bemühet, die alten Einwohner dieses Landes von Noah herzuleiten. Kircheng. Th. I, S. 6. Soll das Scherz oder Ernst seyn?

§. 98.

Dissertatio historica de ciuitatibus hanseaticis cum in genere, tum de nonnullis ac praesertim liuonicis in specie, in florentissima propter Salam vniuersitate: Praeside M. Vdalrico Heinsio ac Respondente Henrico Meiero, Riga-Liuono. A. 1684. habita. Diese führet Hoppe an, und daselbst wird angemerkt, daß sie ins Deutsche übersetzt und zu Jena in 4. gedruckt worden. Die Stadt Dörpat gehörete zu dieser großen Hanse, und zwar zum danziger Quartiere. Sie hat die Tagefahrten fleißig besuchet, und ist noch am 12. Jul. 1651 dazu eingeladen worden. Diese Urkunde ist zwar im Stadtarchive anzutreffen, aber halb vermodert. Ich will sie, so weit sie noch leserlich, hersetzen.

„Unsern

„Unsern freundtlichen gruß und wünschung alles guten beuor, Edle, Ehrenveste, Namhaffte und Wollweise Herren, insonders günstige gute Freunde.

Was maßen nun ein zeithero zu restabilirung des alten hänsischen Bundts und hinfallende Commercien nötig erachtet und anges. . . . einen general häußischen Conveu. . . . . . und außzuschreiben, solches werden E. . . . aus beygehender Copey des bey unß ein . . . nen lübeckischen schreibens unschwer zur gnüge vernehmen können. Weill aber üblich und altem gebrauch gemes ist, daß solches Ausschreiben allgemeinen hänßischen Conventus, denen zur Hänße gehörigen Städten, gebürlich intimiret werde, damit sie auf selbigem durch ihre abgeordnete erscheinen, und was die hänßische Wolfahrt auch das aufnehmen der Commercien betreffen thut, mit gutem Einrathen befordern helfen mögen, es auch von den Erb. von lübeck, alß bey denen das Directorium gemeiner Hänße, an unß gesucht und begehret worden ist, Wie denen in unßerm respectiue Quartier und Bezirck gelegenen HänseStädten solch ausschreiben kundt und offenbar machen und die capita deliberanda von ihnen überkommen, communiciren und zuschicken mochten, Alß haben wir nicht absein wollen unßerer gebur und geschehenen billigen ansuchen, Vnnd thun E.E.N.W. hiemit freundtlich andeuten, daß der obgedachte Conuentus hanseaticus auff den I. Septemb. styl. vet. dieses Jahrs in lübeck angesetzet worden ist. Vbersenden Ihnen auch dabey die capita deliberandi, f. Hoffnung, Sie sich dieser gelegenheit bedienen und was zu beforderung gemeiner teutschl. Hänße, wie auch aufhelffung der commercien zutreglich bey ihnen befunden, zeitig in communi einrathen ten und beybringen werden. Dieselbe hiemit den Schutz des Höchsten trewlich empfehlende. Datum Dantzig den 12. Julii 1651.

E. E. N. W.

Freundwillige Burgermeistere undt Rath der Stadt Dantzig

Aufschrift:

(L. S.)

Denen Ehrenvesten Namhafften und Wollweisen Herren Burgermeisteren und Rath der Stadt Derpt, unsern insonders günstigen guten Freunden ꝛc.

In liefflandt.„

Die Capita deliberanda sind verloren gegangen, und die Protokolle der Stadt von 1651 bis 1662 nicht mehr vorhanden. Daß, außer Dorpat, in Livland, die Städte Riga und Reval in diesem Hänsebunde gewesen sind, das weis man wohl. Von anderen livländischen Städten aber weis man es nicht. Wenigstens habe ich bisher keinen Beweis davon gefunden.

Solchergestalt beschließe ich diese meine Abhandlung von den livländischen Geschichtschreibern. Ich wünsche, daß diejenigen, welche zu dieser Abhandlung Beyträge thun können und wollen, dieselben an mich selbst, oder den Hrn. Hartknoch gelangen lassen mögen. Ich werde alles zum Nutzen des Vaterlandes und der Geschichte desselben in meiner livländischen Bibliothek anwenden.

www.ingramcontent.com/pod-product-compliance
Lightning Source LLC
Chambersburg PA
CBHW031941230426
43672CB00010B/2008
* 9 7 8 3 7 4 1 1 9 2 6 8 5 *